A BRIEF HISTORY

匈奴简史

长 风 著

OF XIONGNU

中华书局

图书在版编目（CIP）数据

匈奴简史/长风著. —北京：中华书局，2023.7
ISBN 978-7-101-16016-1

Ⅰ.匈… Ⅱ.长… Ⅲ.匈奴-民族历史-研究 Ⅳ.K289

中国版本图书馆 CIP 数据核字（2022）第 231521 号

书　　名	匈奴简史	
著　　者	长　风	
责任编辑	傅　可	
责任印制	管　斌	
出版发行	中华书局	
	（北京市丰台区太平桥西里 38 号　100073）	
	http://www.zhbc.com.cn	
	E-mail：zhbc@zhbc.com.cn	
印　　刷	三河市宏达印刷有限公司	
版　　次	2023 年 7 月第 1 版	
	2023 年 7 月第 1 次印刷	
规　　格	开本/920×1250 毫米　1/32	
	印张 11½　插页 2　字数 200 千字	
印　　数	1-3000 册	
国际书号	ISBN 978-7-101-16016-1	
定　　价	58.00 元	

目 录

第一章

胡马度阴山

第一节　匈奴缘起

　　所谓游牧，是相对于农耕的一种生产生活方式，其最显著的特征就是随着牲畜生息而季节性迁徙，具有游动性、武装性和快速移动能力。人类历史上，先出现定居农业，并在此基础上衍生出畜牧业。这种以牧为主、农牧结合的畜牧业存在了相当长时间，随着气候的变化、人口的增长、生产技术的提升等诸多因素，尤其是马的驯化与成熟的骑马技术出现，使畜牧业发展出专业化的游牧成为可能。

　　最早的游牧人群出现的时间不早于公元前1000年，随即在草原地区迅速发展，到公元前7世纪左右，整个欧亚草原地区都已经被游牧族群占据，典型的游牧族群代表是斯基泰人。虽然各种游牧文化都有其自身的特点，但是在地理环境高度一致的欧亚草原上，游牧文化具有高度的一致性，即斯基泰三要素——发达的武器、马具和动物纹装饰。

　　欧亚大陆北纬40度至50度之间的中纬度地区，自多瑙河下游起，呈连续带状往东延伸，经东欧平原、西西伯利亚平原、哈萨克丘陵、蒙古高原，直到大兴安岭，构成了地球上最宽广的欧亚草原。自公元前7世纪到公元前3世纪，欧亚草原无疑是斯基泰人的时代，而匈奴的主体族群很可能就是在这个时期兴起于蒙古高原上，并很快吸收了斯基泰文化。

地理与人口

蒙古高原位于欧亚草原东部区域，是匈奴的兴盛之地。蒙古高原东界为大兴安岭，西界为阿尔泰山脉，北界为萨彦岭、兴安山（今俄罗斯雅布洛诺夫山脉），南界为阴山—燕山山脉。现今，蒙古高原主体在蒙古国境内，其南部区域为中国内蒙古自治区，西北部分则属于俄罗斯图瓦共和国（即唐努乌梁海地区）。

蒙古高原有个广阔的弧形地带为戈壁沙漠，也称"大漠"。戈壁属于荒漠的一种，不同于沙漠，戈壁所呈现的地貌特征主要为大片裸露的砾岩，便于行军作战。大漠的界限，北抵阿尔泰山和杭爱山（即燕然山），东接大兴安岭，南至阿尔金山、北山（马鬃山、合黎山和龙首山）和阴山，西达天山东部。其主体主要在今天的蒙古国南部，一部分在中国内蒙古自治区。

大漠以北称漠北，其中杭爱山、色楞格河、肯特山（即狼居胥山）构成的区域是匈奴主要的经略之地，在色楞格河上游设有漠北王庭。漠北之北缘是贝加尔湖及西北的萨彦岭，此区域为森林、草原地带，生活着丁零、坚昆等部落族群，苏武牧羊的北海就是贝加尔湖地区；漠北之东缘是大兴安岭地区，也涵盖了今呼伦贝尔及锡林郭勒草原，这里生活着东胡部落族群。

大漠以南称漠南，包括阴山及其以南的河套、鄂尔多斯高原等构成的农牧交错地带，阿拉善戈壁深处的居延绿洲，以及燕山北麓的坝上草原、燕山与大兴安岭缺口处的科尔沁草原。

阴山山脉位于内蒙古自治区中部，山脉自西向东分别为狼山、乌拉山、大青山、阴山丘陵。其西部和中部，也就是呼和浩特以西的西段（狼山、乌拉山、大青山一段）地势高峻，脉络分明；呼和浩特以东的东段（介于阴山主脉与燕山山脉之间的阴山丘陵）地形复杂，主要是一片杂乱无章的丘陵。

　　阴山阻挡了西伯利亚冷空气的南侵，阴山以北降水少，以牧业为主；南部较湿润，又有黄河冲积平原，农牧皆宜。阴山无论对游牧族群还是农耕族群都非常重要，若中原王朝占据阴山一带，游牧族群则会被迫退往漠北；若游牧族群占据阴山南麓则实力大增，中原王朝将失去屏障。明代魏焕在《皇明九边考》中总结道："中国得阴山，则乘高一望，寇出没踪迹皆见，必逾大碛而居其北，去中国益远，故阴山为御边要地。阴山以南，即为漠南。彼若得阴山，则易以饱其力而内犯。"

　　阴山地区草木繁茂，鸟兽众多，适合游牧。阴山的树木，可以用来做弓矢，或是木车与穹庐（帐篷）的架子。匈奴人以此为基地，繁衍生息壮大。历史记载的匈奴第一位单于头曼在这里建立了漠南王庭——头曼城（今内蒙古自治区巴彦淖尔市乌拉特中旗）。

　　阴山北部坡度平缓，滑向蒙古高原，南部坡度则陡降，与河套平原落差约千米。黄河沿着贺兰山向北，由于阴山阻挡再向东，后沿着吕梁山向南，形成"几"字形，故称"河套"。黄河的"几"字走势冲击出三大平原，即贺兰山以东的银川平原（西套平原），狼山以南的后套平原，大青山以南的土默川平原（前套平原或呼和浩特平原），这三处平原合称"河套平原"。由于享黄河灌溉之利，河套平原可耕可牧。"敕勒川，阴山下。天似穹庐，笼盖四野。天苍苍，野茫茫。风吹草低见牛羊。"描绘的就是土默川平原的情景。

　　河套西、北、东三面环以黄河，三座高山横亘黄河外侧。套里则为鄂尔多斯高原，作为一个相对独立的地理单元从蒙古高原切割出来。由于河套地区与鄂尔多斯高原之间的关系紧密，所以鄂尔多斯高原也被称为河套高原。

鄂尔多斯高原南限为陕西白于山、宁夏大罗山一线。行政区划上包括内蒙古自治区鄂尔多斯市全境、乌海市海勃湾区，陕西省榆林市域大部分，宁夏回族自治区的吴忠市利通区、灵武市、盐池县。鄂尔多斯高原地理位置特殊，是游牧族群与农耕族群必争之地。秦汉时期，鄂尔多斯高原及其毗邻地区被称为"河南地"。

从鄂尔多斯高原俯瞰四周，西侧是银川平原，西北侧是后套平原，东北侧是前套平原，东侧与南侧是黄土高原。鄂尔多斯高原可以说是游牧的天堂，但其地理位置离关中平原太近，对农耕世界的核心区域构成重大威胁。每当中原王朝强盛时，统治者便将军事防线推进到黄河北岸的阴山一带，囊括鄂尔多斯高原在内的整个河套地区，秦、汉与唐朝都是如此。

除了本部，匈奴强盛时期一度控制了今华北北部、河西走廊、新疆和中亚北部。匈奴人口最多的时候可能达到百余万。

族源与语言

司马迁认为"匈奴，其先祖夏后氏之苗裔也，曰淳维。唐虞以上有山戎、猃狁、荤粥，居于北蛮，随畜牧而转移"（《史记·匈奴列传》）。可这一结论已经不被认可。

从考古发掘的坟墓来看，到底是匈奴、鲜卑，还是乌桓，根本无法确定。没有任何证据说明某些人体遗骸可以归为匈奴人，这就造成即便采用分子人类学进行分析，也不会得出确切结果。

从对"胡"的来源和人种认识看，匈奴自称"胡"，有人认为他们是商周以来出于西北的印欧人，有人则认为他们是战国以后来自北方的蒙古人种的北亚类型，均是各执一词。

就目前了解的情况看，战国时，匈奴及其他草原游牧部族，大多以"胡"为名，定居族群的人们统称这些游牧部族为"胡人"。游牧部族有其特殊性——时大时小、忽弱忽强、兴衰不定。鉴于各个游牧部族有相似的社会习俗，定居族群的人们以简单的方式统一称呼。正如，古希腊人称所有欧亚地区的游牧族群为"斯基泰"，而波斯人称所有中亚地区（包括欧亚草原东部）的游牧族群为"萨迦"或"塞族"。

战国时，匈奴及中原以北的草原各游牧部落，大多以"胡"为名。当时常见的"胡"的称谓有两种含义，一是统称秦、赵、燕各国北边的游牧部族为"诸胡"，二是分指其中的林胡、东胡、楼烦、中山或匈奴。

匈奴崛起后，以往只是北方"诸胡"之一的"匈奴"部族，跃居草原的统治地位，成为北方"诸胡"唯一的政治代表。战国时的北方"诸胡"到汉初只剩"胡"或者"匈奴"。此时的"胡"是"匈奴"，"匈奴"也是"胡"，二者合一，相互指代。不过当匈奴从中国历史上消失后，"胡"还是被延续了下去，中原王朝还是习惯性地称游牧民为"胡人"。至于为什么称"匈奴"，没有明确的解释。不像"斯基泰"，语义比较明确，指"擅长射箭的人"。

从形体相貌来看，匈奴人究竟长什么样？匈奴虽然作为一个族群存在，但在其征服其他族群的过程中，也融合了其他族群，这就使匈奴的族群呈现多样化。匈奴被称为"百蛮大国"，就意味着匈奴是多族群、多种族的联合体。即便如此，匈奴中也一定有个主体族群，他们的形体相貌可以参考著名的"马踏匈奴"像。

"马踏匈奴"雕刻于西汉武帝时期（前117），为霍去病墓石刻中的主体雕刻，现收藏于茂陵博物馆。石像真实雕刻了汉人眼中的匈奴人形象：马腹下有一匈奴人，左手持弓，右手执短剑欲刺马胁。面宽多须，头大而后仰，小眼睛，唇厚而鼻平，低额大耳。

即便如此，依然能得出完全对立的结论：有人根据匈奴人满脸胡须，得出是北欧人种；有人根据颧骨甚高、面阔多须、唇厚鼻平、细眼睛、眼睑三角形，得出是蒙古人种。

事实上，无论是司马迁还是班固，都在长安见过匈奴人，而且班固本人直接参与了对匈奴的战争，对匈奴人的形象有更直观的了解。如果匈奴人相貌与汉人存在巨大差异，作为一流的史学家，他们一定会如实记录。他们没有特意说明匈奴人的相貌，却强调匈奴是夏后氏之苗裔，更加说明匈奴人与汉人乃同一人种，相貌区别不大。事实上，当匈奴人进入中原后，史书中在记载他们的相貌时，如刘渊、赫连勃勃等，其相貌与汉人并无甚区别。

匈奴人没有文字，多采用汉字书写。其语言一般认为属于阿尔泰语系，究竟属于该语系的蒙古语还是突厥语，也是各说各理，多数学者倾向于突厥语。匈奴语属于复音系。例如，匈奴谓"天"为"撑犁"，谓"子"为"孤涂"，谓"贤"为"屠耆"。在匈奴强盛时，匈奴语作为一种通用语在蒙古高原以及西域地区使用，从张骞出使西域时选用匈奴人做翻译可见一斑。除了主张匈奴语是蒙古语、突厥语外，还有人主张是原始阿尔泰语、伊朗语、叶尼塞语，等等。

经济与生活

匈奴人生于草原，过着游牧生活。他们骑着马，拉着车，赶着牛、羊，按季节周期性迁徙放牧。除了马、牛、羊外，他们还会养些骆驼、驴、骡等牲畜。他们以牲畜的乳、肉为食，以皮毛为衣，用发酵的乳制成各种食品和饮料，用羊毛、驼毛纺织各种纺织品或制成毡。游牧生活不需要固定的住所，只需要用毡搭成易于拆装、便于转场的毡帐（穹庐）即可，聚集的毡帐就组成了部落。每个部落都分有领地，有专门的人来管理。他们凭借山区的森林，以木头制作弓矢、穹庐（毡帐）木架以及车轮，并在林中狩猎。他们也会采矿冶铁，打制兵器。

受气候影响，蒙古高原植被覆盖由北向南，依次跨越森林、森林草原、典型草原、荒漠草原、戈壁荒漠。游牧需要专业化的知识，他们会根据环境、气候、植被等情况进行周期性迁徙。一般而言，如果在非山区，夏天往北而冬季往南，逐水草水平移动；如果在山区，夏季往高山而冬季向低谷，垂直移牧。原因在于，夏季的高山融雪可提供充足饮水，冬季谷地背风向阳，人畜可以躲避风寒。

水草丰美的地方宜养牛、马，干旱的地方宜养骆驼和羊。羊可以供应生活所需的食物、衣料、燃料。除此之外最为重要的是，羊对恶劣的环境有极强的适应力，可减低自然灾害带来的畜产损失，而它们的快速繁殖力也可以让牧民在畜产损失后迅速恢复生计；牛可用来牵引大车，骆驼可以用于长程的乘骑、载物运输；马作为坐骑可以节省许多游牧人力，实现羊群长距离迁徙并给予控制和保护，也是武装骑兵的战略资源，而且超快的移动速度可以用来传递信息。虽然牛、马的产肉、产乳、繁殖力，以及对环境的适应力远不如羊，但它们是游牧生活必需的劳力。

蒙古高原属温带大陆性气候，风大，天气变化快。冬季寒冷而漫长，夏季炎热、干旱而短暂。严重的气象灾害是暴风雪，多发生在春季。暴风雪发生时，一般风力为7~8级，降雪量大于等于8毫米，降温大于等于8°C，常常是风雪迷漫，能见度差，在外的人和家畜遇到这种天气，睁不开眼，辨不清方向，会造成人畜严重损失。除了暴风雪，持续的干旱也会对人畜造成巨大的生存威胁。

游牧经济的一切资源来自草食性动物，而草食性动物同样受制于环境，具有不稳定性，是一种脆弱的经济形态。游牧民为了避免出现巨大的损失和生存威胁，要尽快把马、牛、羊交换成稳定生计所需要的粮食、纺织品和其他手工业产品。这决定了游牧经济的外向性，他们通过贸易或掠夺的方式积极扩大对外部资源的利用。

匈奴帝国建立后，强制西北与东边的森林草原的游牧部落提供动物皮毛；在西域建立机构专门负责收取供赋，占据部分绿洲国家进行农业生产，控制欧亚草原上的经贸之路；对南边的汉帝国，采取贸易、掠夺和不对等的和亲协议获取资源。通过这些外部资源的获取，匈奴帝国的经济与政治才能保持稳定，一旦失衡，其帝国便会面临严重的内部危机。

宗教与习俗

匈奴的宗教属于原始宗教萨满教。萨满是巫师，也是智者，巫师要具备专门的知识与能力。萨满教相信灵魂的存在，对自然、动物、祖先保持崇拜。匈奴人祭天地，拜日月，崇祖先，信鬼神。

匈奴每年举行三次集会，都与祭祀有关。"岁正月，诸长小会单于庭，祠。五月，大会茏城（龙城），祭其先、天地、鬼神。秋，马肥，大会蹛林，课校人畜计"（《史记·匈奴列传》）。这段记载里的单于庭、茏城、蹛林是集会地点的名称，也是祭祀的场所。

正月的单于庭当位于单于居住的冬场，此时尚处于越冬期，参加集会的都是部落首领，他们要朝拜单于并参与祭祀活动；五月的茏城处于水草丰美的夏场，可能是由毡帐聚集而成，人畜非常集中，此次参会人员也最多，祭祀也相当隆重；秋季的蹛林集会，一般是在九月围绕林木而举行，主要目的是核查人口数目和统计牲畜繁殖情况，同时也要进行感恩天神并祈福的祭祀活动。因为时间正处在最繁忙的大规模游牧向越冬过渡，此时战马最为肥壮，匈奴往往会借着集会发布战争动员，去庄稼成熟的中原农耕区抢掠。

匈奴以"天"为最高神灵，"常以正月、五月、九月戊日祭天神"（《后汉书·匈奴传》），"单于"有"天子"的含义，"单于姓挛鞮氏，其国称之曰'撑犁孤涂单于'。匈奴谓天为'撑犁'，谓子为'孤涂'，单于者，广大之貌也，言其象天单于然也"（《汉书·匈奴传》）。天是神，单于为天之子，尊天自然尊单于，与中原王朝很相似。

匈奴人拜日月，突出表现在军事行动上。在战争状态下，单于早晨走出大帐，朝着太阳祭拜，到了晚上则向月亮祈祷。月盈之际，出兵征讨，月亏之际，退兵休整。"国之大事，在祀与戎"的精神同样适合游牧帝国。

匈奴人祭拜偶像和祖先，死后有棺椁和殉葬之风。匈奴人相信鬼神，不仅祖宗死后有神灵，其他人死后也一样有神灵，还可以降吉凶。如果一个人病了，就是鬼神作祟。行军打仗，如果不敌对方，就会认为敌人有神灵护佑。

匈奴的萨满教信仰后来传到汉朝，间接导致了"巫蛊之祸"的发生。

匈奴人看重壮健者，轻视老弱者，强壮的人优先获得肥美的食物，老年人则只能吃剩余的食物。匈奴人的这种风俗是基于残酷环境下对族群延续的需求。

匈奴还有收继婚制，"父死妻其后母，兄弟死皆取其妻妻之"（《史记·匈奴列传》）。此风俗在汉人看来无法理解，但是匈奴人并不这样认为。在匈奴，男女有明确分工，男人游牧、狩猎、作战，女人则负责制作食品与缝制衣服，而且青壮年妇女也会随军出征，负责后勤方面的重要事务。所以，匈奴的妇女地位很高，可以分得家产。采用收继婚制，不仅有效保护赡养失去丈夫的女人与孩子，同时也避免女人再次出嫁造成的财产流失。尤其在掌握权力的贵族中，收继婚制不但会留住妇女的财产，更重要是以婚姻的形式保存了政治实力。

至于匈奴人"父子乃同穹庐而卧"的居住方式，汉人也是非常不习惯，但就当时的条件只能如此，而且他们在礼仪上也没有中原人那么多讲究。

军事与政治

匈奴人是天生的马上族群，是真正的"马上战斗为国"（《汉书·匈奴传》）。他们是马上弓箭手，"人不弛弓，马不解勒"（《淮南子·原道训》），"儿能骑羊，引弓射鸟鼠；少长则射狐兔，用为食"（《史记·匈奴列传》），他们从小就练习射猎，在羊背上射，在马背上射，长期的训练塑造出他们精力充沛、能征善战的特质。他们的射猎不仅以射鸟兽作为食品或娱乐，而且以之作为一种军事训练。成年的匈奴男子则成为身披铠甲的骑射战士。无战事时，他们游牧、狩猎；有战事时，则练习攻战，随时侵袭掠夺。远距离作战时使用弓箭，近身作战则使用刀。

马鞍和马镫的发明，彻底解放了游牧民的双手，让他们在策马飞奔时可以自由拉弓射箭。当然马上作战对服饰也有很大影响，裤的发明就缘于此。这些因素决定了游牧民在作战中具有机动性与灵活性，往来快捷，出没无常，更具攻击力。

匈奴人在攻伐征战时，杀敌或者抓获战俘多者，会得到一壶酒的奖赏，其所缴获的战利品归其所有，所抓获的人可以充当自己的奴婢。如果他们将战死的同伴尸体运回来，就可得到死者的全部家财。这些都鼓励他们崇尚武力、崇尚强者。征战之时，每个人都会积极追逐自己的利益。"其见敌则逐利，如鸟之集；其困败，则瓦解云散矣""利则进，不利则退，不羞遁走"（《史记·匈奴列传》）。一切以利益为先，为了利益奋勇作战，团结一心，但是一旦危及生命利益，则马上撤退，队伍也作鸟兽散。他们并不以逃跑为羞耻，没有任何心理与精神上的负担，作战时也就非常灵活。

匈奴的军事实力表现在骑兵数量大，这与他们拥有大量的马匹有关，草原能够产出的马匹远远超出其内部需求。马不但具备交换价值，同时是战争必不可少的资源。欧亚大陆上的一切战争都离不开马，直到热兵器枪炮的普遍使用才退出历史舞台。匈奴通过关市以马匹交换得到其他生活必需品，或者干脆通过马匹以武力掠夺所需物品。因为游牧族群有足够多的战马，使其军事技术在冷兵器时代取得了对农耕族群的压倒性优势。

匈奴冒顿单于围困汉朝皇帝刘邦于白登山七日，其精兵就有四十万骑。除此之外，当然还有其他功用的马。所以，汉人与匈奴的贸易交往中，购买最多的就是马匹。汉武帝要征伐匈奴，就必须解决战马的问题。武帝两次远伐大宛（约在今乌兹别克斯坦共和国费尔干纳盆地），主要就是为了获取大宛的汗血宝马。中原王朝虽有养马经验，却苦于无大规模的牧场。

随着匈奴的强大，其统治区域也随之扩大，为了有效管理这些区域，匈奴也制定了一套规范制度。匈奴的政治权力主要集中在几大家族手中，并且世袭。单于出自挛鞮氏，其世袭采取父死子继或兄终弟及。单于死后，其亲近之人将跟随陪葬，多至数十人或上百人；王侯、大将、大都尉、大当户等重要权力执掌由显赫贵族承袭。如呼衍氏、兰氏、须卜氏。《史记·匈奴列传》载："诸大臣皆世官。呼衍氏，兰氏，其后有须卜氏，此三姓其贵种也。"对于普通匈奴人而言，他们有名但没有姓。

冒顿单于时期，匈奴的统治地域分为三部分：中部是王庭（单于庭），位于帝国中心区域；左部是左贤王庭，负责帝国东部的管理，由于匈奴以左为尊，左贤王一般会成为单于的继任者；右部是右贤王庭，负责帝国西部的管理。

可以看出，匈奴的社会组织从家庭开始，实行军牧合一的制度，平时游牧，战时皆兵。上自单于、左右贤王，下到当户，都分别统兵作战，其统兵的数量，数千到万骑不等。

左贤王、右贤王、左谷蠡王、右谷蠡王等四个王，每个王下置左大将、右大将、左大都尉、右大都尉、左大当户、右大当户等六个将领。这样四个王共计统领"二十四长"，而"诸二十四长，亦各自置千长、百长、什长、裨小王、相、都尉、当户、且渠之属"。都尉、当户、且渠等都是中下级将领，身份不高。对于普通士兵而言，升官的机会不多，主要靠征战获得一定赏赐。

匈奴的法律很简单，"其法，拔刃尺者死，坐盗者没入其家；有罪小者轧，大者死。狱久者不过十日，一国之囚不过数人"（《史记·匈奴列传》）。这也是由游牧生活的特征决定的。

应该讲，匈奴建立的一系列制度主要基于游牧生活的习俗与信仰，但同时也必须看到匈奴所建立的多部族、多种族的军事联盟，有时候与游牧的基本规律矛盾。例如，在本该冬场休养的时候，却以国家的名义发动战争，打乱了游牧生活的固有规律。

第二节　百蛮之国

草创基业

头曼单于是史书上明确记载的匈奴第一位单于，他带领族群在草原活动的时间非常长。当时的匈奴并非草原霸主，在他们西部有活跃在河西走廊、祁连山一带的月氏，在他们东部则有生活在大兴安岭地区的东胡，在他们南面则有正在向北推进的战国北边三国赵、燕、秦。

赵国、燕国、秦国的疆域向北持续推进，与临边的匈奴、东胡冲突加剧。三国开拓疆土的同时，修筑长城，设立郡县，在地理与政治方面努力建立农牧分界线。

赵国占有今山西中部、北部以及河北中部和西北部，赵武灵王时（前325—前299）赵国进行了"胡服骑射"改革，彻底改变了中国北方的作战方式。想要压制游牧军队，必须以骑兵对抗骑兵。

改革后的赵国军事实力大增，一举击败地处燕赵之间的中山国（都灵寿，今河北省灵寿县）后，乘胜开拓北面疆域，把原居住在晋北及土默川平原（前套平原）上的林胡、楼烦部族驱赶到黄河西面的鄂尔多斯高原。赵国势力沿大青山、乌拉山南麓向西推进到狼山，扩展疆域到河套边沿，占据了阴山以南至黄河东流段两岸的平原地带（包括土默川平原和后套平原），于是在河套北部修筑长城，自代（今河北省蔚县）西傍阴山山脉至高阙（今内蒙古自治区巴彦淖尔市杭锦后旗西北）。又在长城沿线设置云中（治云中，今内蒙古自治区托克托县）、雁门（治善无，今山西省右玉县）、代郡（治代县，今河北省蔚县）三个郡。赵孝成王时期（前265—前244），赵国征服鄂尔多斯高原大部，游牧此地的楼烦归附赵国。这意味着河套平原（包括后套平原及前套平原）和鄂尔多斯高原的绝大部分已经属于赵国所有。

燕国原有河北北部和辽南一带。战国时期，东胡的势力强大起来，接连发兵进攻燕国。燕国为了缓和东胡的压力，派人质到东胡。燕昭王时（前311—前279），在东胡为人质的秦开获得东胡人的信任，他也因此得以熟悉东胡地形政情。回国后，秦开率领军队大败东胡。东胡后退千余里,被迫迁往西辽河的上游老哈河、西拉木伦河流域。为进一步防范东胡,燕国沿燕山修筑了长城。长城西起造阳(今河北省赤城县北独石口附近),穿过内蒙古自治区赤峰市等地区,东到襄平(今辽宁省辽阳市),又东至满番汗(今朝鲜清川江一带)与朝鲜分界。燕国沿长城设置了上谷(治沮阳县,今河北省怀来县)、渔阳(治渔阳县,今北京市密云区西南)、右北平(治无终县,今天津市蓟州区)、辽西(治阳乐县,今辽宁省义县西)、辽东(治襄平,今辽宁省辽阳市)五郡。

秦国占有今陕西大部和甘肃东南部。魏国则占有今山西南部和河南北、中、东部。秦、魏二国沿今山西、陕西之间的黄河对峙并展开持续战争,秦国志在夺取魏国黄河以西的西河郡(今陕西东部黄河西岸地区)与上郡(今陕西省北部及内蒙古自治区乌审旗等地)。秦惠文王八年(前330),魏国将河西地区献给秦国。两年后(前328),魏国将上郡献给秦国。秦国最终得到两大战略要地,其东北境也抵达白于山一带。秦昭襄王时(前306—前251),义渠戎国还很强大,垂帘听政的宣太后采取怀柔政策拉拢义渠,做了义渠王的情妇,"情投意合"三十年,宣太后为义渠王育有二子。最终,宣太后欺骗并杀死了义渠王,出兵灭了义渠,占据今庆阳、平凉和固原部分区域,西北疆域推进至鄂尔多斯高原南部。秦国在义渠故地设立陇西(治狄道县,今甘肃省临洮县南)、北地(治义渠县,今甘肃省庆阳市西南)两郡。秦灭了义渠后,其接管魏国的上郡辖区也向北大幅度扩展,其治所也向北迁至无定河边的肤施(今陕西省榆林市东南),以便重兵镇守整个秦国的北大门。为巩固战果,同时也为抵御匈奴和赵国,秦国在陇西、北地和上郡外围大规模修筑长城。昭襄王长城基本修建于黄土高原和鄂尔多斯高原之上,是秦国着力打造的边防线。

长城没有阻止匈奴崛起南下的步伐。赵国的长城刚刚竣工,匈奴的骑兵就越过赵长城进入"河南地"。赵国也只能放弃后套平原,在代、雁门两地屯驻重兵防御,守住土默川平原。匈奴虽然没有突破秦国昭襄王长城,但是昭襄王长城以北的鄂尔多斯高原、后套平原皆为匈奴所有。

"河南地"的"河"当指"北河",即今天内蒙古自治区巴彦淖尔市乌加河。"河南地"范围是北迄乌加河黄河段(向东至准格尔旗段黄河),南界昭襄王长城,东达准格尔旗昭襄王长城段,西至黄河北流段,与黄河"几"字弯区域大致相同,主要包括鄂尔多斯高原大部及其毗邻的贺兰山(宁夏平原)和阴山(后套平原)地区。更多的时候,人们会把鄂尔多斯高原及其毗邻地区简称为"河南地"或"新秦中"。

匈奴占领了包括后套平原、鄂尔多斯高原大部在内的"河南地",无疑对关中地区造成了巨大的威胁。公元前221年,秦国最终统一六国,建立了秦帝国。公元前215年,有传言"亡秦者胡也",秦始皇认为"胡"就是匈奴,派将军蒙恬率领大军北击匈奴。

蒙恬大军由"河南地"南界昭襄王长城出发,向北进攻驻牧鄂尔多斯高原的匈奴部落,取得胜利后,战线向北推进到黄河南岸一线,占据鄂尔多斯高原。接着北渡黄河占领高阙,夺回阴山以南的后套平原,将匈奴势力彻底逐出"河南地",解除了匈奴骑兵对关中的直接威胁。

为了永久占领"河南地",秦帝国在云中郡西部的九原县城增

置了九原郡 (治九原县，今内蒙古自治区包头市九原区)，辖区包括后套平原以及鄂尔多斯高原北部，并迁徙了大量移民充实边地。而原本处于"河南地"边缘的上郡、北地郡的范围也大为扩展，其中上郡范围向北扩展进入鄂尔多斯高原中部地区，北地郡由原本"河南地"西南缘向北扩大到银川平原和鄂尔多斯高原西部。

秦帝国修筑了从都城咸阳直达九原的军事交通要道——直道——连接关中平原与鄂尔多斯地区，九原城一跃成为秦帝国北疆的军政中枢。秦帝国命蒙恬率三十万大军驻扎上郡。为什么要驻扎上郡呢？

首先，上郡位于"河南地"、关中、河东三地连接处，地处交通要冲。由上郡向南，可至关中；由上郡往北，可达鄂尔多斯高原腹地，进而渡河至阴山、漠北；由上郡向东，渡黄河渡口可至山西高原。

其次，上郡对关中具有居高临下的战略优势。战国时期，秦国在没有夺取魏国上郡之前，战略态势十分被动，直到秦国夺取了上郡，才完成保障关中平原的战略任务。

再次，上郡攻防兼备，易守难攻。上郡位于陕北高原白于山东部，核心地域是无定河流域、白于山东南麓地区，可依托白于山一线进行防御。秦昭襄王时期在白于山上和肤施 (今陕西省榆林市东南) 四周修筑长城，更加确保了无定河流域和白于山防线的安全。另外，上郡以北的鄂尔多斯高原平衍宽阔，易于骑兵驰骋，可上攻辐射整个"河南地"。上郡以南的陕北高原沟壑交错，不利骑兵作战，利于有效防守。

蒙恬驻军上郡，说明秦帝国重在防御，保持战略上的攻防兼备,确保其关中政治中心的安全。可一旦大军调离,北边的黄河防线就很容易被突破,尤其在黄河的枯水期与结冰季,匈奴骑兵更容易突破,中原王朝的防线只得退守"河南地"南缘的白于山和陇西六盘山一线。

为了防范匈奴南下,秦帝国将秦、赵、燕长城修缮连接、延长,西起临洮(今甘肃省岷县),东至辽东(今中朝边界鸭绿江边),长达万余里,在黄河的南北都有长城防御加持。万里长城建在农牧交错区,是两个文明的分界线,也是两个族群的军事分界线。

经过秦帝国的打击,头曼单于只能退到阴山以北,"不敢南下而牧马"。农耕世界的骤然强大,也迫使匈奴产生巨大危机感。即便是草原上,匈奴此时也不是最强的。而要与南方统一的农耕王朝抗衡,整合草原部落,建立统一的游牧军事帝国就显得非常必要,最终完成这一任务的是头曼单于之子冒顿。

征战大漠

虽然头曼单于是史书记载的匈奴第一位单于,但可想而知,在他之前应该还有单于,并且匈奴在单于的继任上一度实行类似中原王朝的嫡长子继承制。匈奴人都知道他们未来的单于将是太子冒顿,可头曼单于却要废掉太子。

头曼有位漂亮的阏氏,但并非单于王后,而仅是单于众多女人中的一位,当然她得到了宠幸,这点与中原王朝的故事颇为相似。阏氏希望头曼废掉冒顿的继承权,而让她年幼的儿子继承。破坏祖制要冒巨大的风险,但头曼单于相信自己可以驾驭此事。

当时的月氏非常强大,匈奴太子冒顿作为人质留在月氏。头曼要废掉冒顿的继承权，遂谋划借刀杀人。头曼以出兵袭击月氏引发两国战争，为月氏名正言顺杀掉冒顿提供了理由。冒顿毕竟不是等闲之辈，他夺得一匹骏马，突出重围，返回匈奴。史料中没有记载头曼的冒险行动是否遭到月氏的报复，可匈奴与月氏的关系彻底回到了敌对状态。

冒顿的果敢表现完全有担任未来单于的特质，头曼对他也刮目相看，权衡之后，便放弃废掉冒顿的想法，同时挑选一万精锐骑兵交给冒顿统领。头曼此举不仅承认了冒顿享有继承权，而且也试图弥合父子感情之间的裂痕。可冒顿却不这样认为，至少他并不觉得自己会平稳坐上单于之位。

冒顿努力打造一支属于自己的近卫军，他发明了一种射出带有声响的鸣镝箭，只要他射向哪里，他的部众就要把利箭射向哪里。为此，冒顿分别以自己的爱马、自己的爱妻、头曼单于的爱马作为射杀对象，凡是不敢射击的一律处死。这样，他为自己打造了一支死士部队。借着与头曼单于狩猎之际，冒顿把鸣镝箭射向父亲，结果可想而知，头曼单于就这样死在了自己儿子手里。接着，冒顿又把头曼的阏氏及其子女和反对他的人一律诛杀。公元前209年，冒顿正式成为匈奴的新单于。

想要在游牧族群建立威权，最直接的方式就是军事征战，抢掠或征赋。当时的情况是，匈奴政变刚刚结束，内部并不稳定，东边的东胡看到了机会，虽然东胡曾遭到燕国痛击，但并不把匈奴看在眼里，便接二连三到匈奴勒索。

第一次他们要头曼留下的良马，冒顿的属下多不同意，冒顿却大方地表示，不就一匹马嘛，牵走！第二次他们要冒顿宠爱的美女，冒顿的属下很气愤，冒顿却大方地表示，不就一个女人嘛，带走！第三次他们要匈奴与东胡之间的一块缓冲地带，冒顿的属下表示该地没什么用，可以给。冒顿大怒道："地者，国之本也，奈何予之"（《史记·匈奴列传》），凡是同意送地的一律处死。接着，冒顿集结部队对东胡发动突然袭击，东胡王战死。大约公元前206年，匈奴控制了大兴安岭西麓，包括西拉木伦河谷以及下游辽河流域的草原地带，这原属于东胡领地。东胡瓦解后，一支由呼伦贝尔进入大兴安岭北部的鲜卑山，另一支则逃到了大兴安岭南部的乌桓山。

取得了东部战争胜利之后，大约在公元前205年至公元前202年间，匈奴开始对西部的月氏发兵。月氏游牧于河西走廊、祁连山一带，并非东亚人种，他们使用吐火罗语。从当时的形势分析，月氏控制了西域诸多绿洲国家，是一个实力强劲的大国，否则匈奴也不会把太子作为人质留在月氏。匈奴击走月氏人，占据河西走廊及今内蒙古自治区阿拉善地区。

冒顿单于东征西讨，并不担心南边的中原王朝，因为秦帝国已经灭亡，驻扎在上郡的三十万大军早已撤离。中原地区战乱频仍，各方势力无暇顾及北方防务。匈奴乘机夺回高阙等战略要地，重新占领后套平原。渡过黄河，吞并楼烦、白羊两部所在的鄂尔多斯高原大部，全部收回秦帝国占据的"河南地"，与中原王朝的边界恢复到战国时期的赵长城—秦昭襄王长城一线。

冒顿并没有急于继续南下进攻中原，而是北上征服丁零等部落，以解除后顾之忧。至此，冒顿单于基本完成了对蒙古高原诸部的统一，建立了蒙古高原上首个统一的游牧帝国。

匈奴把统治地区分为东、中、西三部分，实行的左右翼区划制也更加完善。

中部为单于庭。匈奴在漠南、漠北分别设置了单于庭。漠北单于庭居于帝国核心区域的色楞格河流域，漠南单于庭最早在头曼城（今内蒙古自治区巴彦淖尔市乌拉特中旗），后受到中原军事打击，迁到今乌兰察布中部的阴山北麓一带。漠南单于庭是匈奴南下进军的前方基地，直接威胁着山西高原，相应地，中原王朝设有云中、雁门及代三郡防守。

东部为左贤王庭。驻牧区域在肯特山以东至大兴安岭地区，核心区为克鲁伦河流域，即呼伦贝尔草原地区。东部区域是不间断的草原走廊，包括呼伦贝尔草原、锡林郭勒草原、坝上草原、科尔沁草原。势力范围直接威胁整条燕山防线及华北平原。中原王朝在燕山防线设有上谷、辽西、辽东三郡。

西部为右贤王庭。驻牧区域为东萨彦岭—杭爱山—狼山西南，核心区为大湖盆地。其向南扩张主要区域为西套平原、后套平原、鄂尔多斯高原、河西走廊。右贤王的势力本来远离中原农耕区，但当单于把前套平原、后套平原以及鄂尔多斯高原也划入右贤王的管辖范围后，其势力就成为悬在中原王朝头顶的一把利剑，威胁着关中平原。中原王朝也在该区域加大了防御力度，设有陇西、北地及上郡防守。

匈奴三部分成品字结构，两边拱卫中央，相互策应，进退自如。

白登之围

公元前206年，刘邦建立了汉帝国，史称西汉。在楚汉相争中获胜后,帝国北部边地问题也提上了日程。此时汉匈边界恢复到战国时期的赵长城—秦昭襄王长城一线,汉帝国代北(今山西北部及河北西北部一带,即云中、雁门、代三郡所在区域)直接面临匈奴漠南单于庭的军事压力。

后套平原、九原郡西部区域虽已丢失,但前套平原还保留着,其涵盖了九原郡的核心区域与云中郡。究其原因,主要是地理因素与坚固的防御工程。西北的乌拉山、北面的大青山、东面的蛮汗山、南面的黄河,山河天险成为九原、云中二郡第一道防线;修建于蛮汗山、大青山、乌拉山南麓的赵长城,以及长城沿线修筑的障城、烽燧等防御工程成为九原、云中二郡第二道防线。这才让疲于应付内乱、兵力吃紧的秦王朝守住了九原、云中二郡。

云中郡保障代北左翼的安全;代郡则负责代北右翼的安全,主要是防护燕山西段至太行山北段重要关口,如飞狐口、张家口、居庸关,隔绝游牧部族从此攻入华北平原腹地;介于云中郡与代郡之间的是雁门郡,其地处山西北部,由于阴山丘陵地貌破碎,不能形成有效屏障,成为游牧部族南下必经之地和中原王朝反击的前沿阵地,北边有杀虎口要道通往漠南。

雁门郡据有几乎整个大同盆地,盆地东北的重镇平城(今山西省大同市)是全晋之屏障、北方之门户,防止游牧部族从阴山丘陵、张家口向南侵扰;西南的重镇马邑(今山西省朔州市)防止游牧部族从西面的河套地区向山西高原攻击。这样,雁门郡不但要保障自身安全,也要承担对代郡、云中郡的支援。一旦大同盆地失守,代北防线随即瓦解,中原王朝只能依靠大同盆地南部的恒山(句注山)防守。恒山西接吕梁山,东连太行山,把山西北部与中南部隔断。

由于大同盆地北部没有明显的地理屏障，匈奴骑兵可以轻易进入，而阴山丘陵与燕山山脉缺口处的张家口亦被匈奴占据。张家口是重要的关口，通过张家口不仅可以南下进入大同盆地，还可以向东出居庸关进入华北平原。

此时的匈奴正在崛起，而汉朝则刚从战火中建立，实力差距明显，导致代北防线压力过大。有鉴于此，汉朝希望通过分封建国加强对代北的控制。汉高祖六年（前201），刘邦划出云中、雁门、代郡五十三县，立兄长刘喜为代王，建都平城（今山西省大同市）。不仅如此，刘邦下诏将太原郡三十一县划出，建立韩国，命韩王信从颍川（治阳翟，今河南省禹州市）迁到新封地，建都晋阳（今山西省太原市），加强防御匈奴的力量。

韩王信认为都城晋阳离边塞过远，不利于防御匈奴进攻，就把都城建在了马邑（今山西省朔州市）。马邑位于大同盆地西南，南控楼烦、雁门两个关口。据朔州旧志记载，秦朝大将蒙恬率秦军北击匈奴，在此筑城养马，故名马邑。

韩王信到了封国不久，匈奴的军队南下围攻马邑，而大同的防线显然没有建立，此时代王刘喜可能还没有就国。韩王信多次派使者出使匈奴，谋求和解。汉帝国虽然发兵前往支援，但也对韩王信起了疑心，认为韩王信与匈奴频繁往来，存有二心，便毫无道理地派人去指责。韩王信见自己不被信任，索性献出马邑，投降匈奴，将整个大同盆地拱手让与匈奴，匈奴与韩王信联兵南下，越过句注山（恒山）进攻太原，抵达晋阳，深入今山西东南部。

公元前200年冬季，汉高祖刘邦御驾亲征，效仿他心目中的大丈夫——"大丈夫当如是"——秦始皇。除了平叛韩王信，还要扫荡北方，击退匈奴。战事进行得相当顺利，铜鞮（今山西省沁县一带）一战大胜后，刘邦大军乘胜追击，在晋阳击败了拦阻汉军北上的匈奴左、右贤王与韩王信余部联军，并乘胜追至离石（今山西省吕梁市），再次击败匈奴与韩王信余部联军。匈奴在楼烦（今山西省宁武县）西北集结兵力，被汉战车部队和骑兵击溃。虽然汉军取得重大胜利，但也付出了巨大的代价。恰逢隆冬，天又大雪，汉军士兵冻掉手指者占到二三成。

晋阳的刘邦得知冒顿单于屯兵恒山之南的代谷（今山西省忻州市代县），想一鼓作气击败匈奴。他前后派了多人侦察，报告都是匈奴皆老弱之兵。刘邦虽然被胜利冲昏了头脑，但至少知道匈奴不是弱国，于是派遣亲信娄敬去了解实情。可娄敬还没返回，刘邦就急不可耐地出动三十二万大军，其主要为步兵，越过了句注山，追击向北撤离的匈奴军。

娄敬返回后告诉刘邦，两国战争，主动示弱一定是匈奴的障眼法，目的是让汉军掉以轻心。刘邦并不以为然，责骂娄敬扰乱军心，并把他拘押在广武（今山西省代县）。

正如娄敬所言，这的确是冒顿单于的计策，只不过他没想到刘邦会轻易上当。刘邦率轻骑部队一路绝尘，把大军远远甩在后面，追杀匈奴军队到平城白登山（今山西省大同市东北马铺山），却不料冒顿单于提前在白登山设下埋伏。四十万匈奴大军将白登山团团围困，汉军内无粮草、外无援兵，刘邦组织几次突围，都以失败告终。

此时的刘邦才冷静下来，呈现在他眼前的匈奴军队并非老弱之兵。匈奴骑兵西面是清一色白马，东面是清一色青马，北面是清一色黑马，南面是清一色红马。可见冒顿治兵之严整，军队实力之强大。要知道，经历了秦末战争、楚汉相争，中原社会经济遭到了毁灭性的破坏，连大臣上朝都只能乘牛车。

刘邦被困白登山七天七夜。无奈之下，陈平再出奇计，找到受冒顿单于宠幸的随军阏氏，送上厚重礼品，说辞了一番。阏氏劝冒顿放刘邦一马，理由主要是，两国君主不该相互为难；匈奴即便得到中原土地也无法居住；被困七日军中不乱，说明刘邦有神灵护佑。阏氏所言理由中，后两条都能从匈奴的习俗信仰中找到依据，可第一条理由不知道依据在哪里。

冒顿考虑后决定放过刘邦，当然不全因为听信阏氏的话。作为纯粹的草原游牧民，匈奴对农耕生活根本不感兴趣，只想留在草原，而中原农耕地区无非是他们的资源补给地。现实的情况是，韩王信余部没有如期会军，令人生疑，加之汉朝大军马上赶到，于是冒顿网开一面，让刘邦率部趁着大雾逃跑。

白登之围是游牧帝国与农耕帝国的首次军事较量。匈奴向汉帝国表明了自己在世界的位置。白登之围加速了汉匈和亲缔约。白登之围后不到一年（前199），匈奴入侵代国，身为代王的刘喜弃国逃回洛阳。刘邦虽然大怒，却也无可奈何，向娄敬问策。娄敬认为，天下初定，人们厌恶战争，不宜采用武力，他建议与匈奴和亲。

和亲政策

蒙古草原霸主匈奴与中原大汉帝国第一次巅峰对决有惊无

险，为此后的汉匈关系建立打下了基础。尽管中原再次实现了大一统，建立了汉帝国，但与之相应地，北部也多了一个统一的游牧政权。这已经是无法回避的客观事实。

当年，秦帝国北上征伐匈奴的一幕已经成为过去。对从现实着眼的刘邦而言，过去的范式已经失效，他必须为汉匈关系找出最佳的长效解决方案。刘邦不太看重面子，是个彻底的现实主义者、实用主义者。

白登之围已证明，要以武力解决匈奴对中原王朝的威胁根本不可行。娄敬提出和亲政策，通过持续的和亲，以血缘建立与匈奴王室的亲属关系，来保障两大族群长期和平共处。刘邦同意和亲，于是汉帝国与匈奴达成了双边和平协议。

协议内容规定，汉方以皇室公主嫁给单于，且要每年向匈奴供应一定物资。原则上双方以赵长城—秦昭襄王长城一线为界，这点在汉文帝时期（前179—前156）更加明确下来："长城以北引弓之国，受令单于；长城以内冠带之室，朕亦制之。"

刘邦同意和亲，并不是把亲生女儿鲁元公主嫁出去，当时鲁元公主已经成婚，遂在宗室中找了一位公主。后历经惠帝、文帝、景帝，到汉武帝初期，汉帝国基本很好地奉行了和亲政策。

和亲政策是最有效的政策，避免了战争，为汉帝国的休养生息、积蓄实力提供了外部环境。和亲作为汉朝对外的一种政策，后来被推广到西域的乌孙国（伊犁河流域）。必须说明的是，尽管和亲政策适合当时的情况，但对于汉帝国而言，这项政策显得有失尊严，并且被解读为权宜之计，这也是后来主战派压倒主和派的一个重要原因。六十余年后，汉朝在马邑设伏，终结了汉匈和亲政策。

谩书受辱

公元前194年，刘邦去世，刘盈继位，即惠帝（前194—前187在位），实际掌权者为惠帝的母亲吕后。冒顿闻知刘邦去世，送来书信表示要娶吕后为妻。匈奴有收继婚制习俗，大概冒顿觉得既然汉帝国的皇帝去世了，不妨把他的妻子娶来，似乎也没什么不可，也算是一种和亲。不过，冒顿此举无疑是对汉廷的冒犯，吕后也异常震怒。

主战派认为匈奴如此大不敬，应该整顿兵马，扫荡匈奴王庭。心情倒是可以理解，尤其对那些刚从战场上走过来的开国将领而言。但是主和派却有不同看法，他们认为白登之围已用事实证明，大汉实力远逊于匈奴，开战的结果只会自取其辱，辱上加辱。更何况，作为文明礼仪之邦，面对文明落后的野蛮人，实在没必要跟他们计较，那会失去大汉的君子之风。

过去的教训，现实的考量，自我的安慰，让汉廷决定低调处理此事。吕后命人复信冒顿，以自己年迈、不能侍候单于为由婉拒。语气很是低微，于强悍的吕后而言，忍受如此羞辱并非易事。史料记载，冒顿单于自觉惭愧，向吕后表示歉意。

这次外交冲突和平解决后，冒顿认识到，相当长时间内，南边的汉帝国不会对匈奴造成实质性威胁，匈奴整体实力具有压倒性的优势。

引弓之家

接下来的近二十年，汉匈之间维系着和亲，大规模边界战争并没有发生。但随着实力的与日俱增，匈奴开始试图向南扩大影响力。

汉文帝三年（前177），匈奴右贤王率部从原来的驻牧地大湖盆地（阿尔泰山脉与杭爱山脉之间）进驻河南地，并攻袭上郡（治肤施县，今陕西省榆林市东南），驱赶居守边塞的蛮夷部落，杀掠民众。"河南地"距离汉朝京师长安不足千里，匈奴的骑兵疾驰一日一夜便可到达。不过此处有托于六盘山、白于山之上的秦昭襄王长城为屏障，上郡还有重兵防守。

对匈奴的军事侵略，汉文帝刘恒（前179—前156在位）给予严厉谴责，指责匈奴违背以往的既成事实与和亲约定。刘恒在成为皇帝之前，于公元前196年被册封为代王，对匈奴与边地情况很熟悉。为了显示汉帝国拥有强大的军事实力护卫边境，他下令丞相灌婴率领八万五千名战车兵，前往上郡高奴（今陕西省延安市东）支援。

这是继白登之围后，汉匈双方第一次大规模出动军事力量。汉朝的出兵起到了震慑作用，两国并没有直接发生正面冲突。右贤王见势不利，退到塞外。汉朝因为济北王起兵反抗朝廷，加之右贤王已经撤离，也顺势退兵。

右贤王此举应该是为之后的军事行动做准备，至少试探汉王朝的反应。关于此次匈奴入侵，冒顿单于在给汉文帝的书面解释中强调，因为汉边的小吏辱骂右贤王，右贤王未曾汇报，擅自发兵造成边境局势紧张，"绝二主之约，离兄弟之亲"（《史记·匈奴列传》）。冒顿表示，因为小吏破坏了两国合约，他给予了处罚，命令右贤王去征服西域。很明显冒顿是在向汉文帝炫耀肌肉。

西域，是玉门关、阳关以西地区的总称，核心区域是新疆及其以西的中亚地区。匈奴右贤王的任务是继续征讨被冒顿单于击溃的月氏。

冒顿第一次击败月氏后，月氏被迫西迁。他们在西迁的过程中，随手灭了地处月氏西部的乌孙。乌孙国王难兜靡被杀，余部投奔临北的匈奴。冒顿单于收养了出生不久的难兜靡之子猎骄靡，把他抚养成人，并把乌孙余部交还给他统领。乌孙得以复国，成为匈奴属国，负责监管西域。

月氏虽然西迁，应该也没有迁徙太远。作为在西域有影响力的大国，月氏不可能在遭受一次军事打击后就彻底瓦解，但他们也试图努力回避崛起的匈奴。公元前176年，冒顿单于"罚右贤王，使至西方求月氏击之"（《汉书·匈奴传》），表明匈奴要彻底消除月氏在西域的影响。

冒顿单于在给汉文帝的书信中，简单介绍了西征的战果，"以天之福，吏卒良，马强力，以夷灭月氏，尽斩杀降下之。定楼兰、乌孙、呼揭及其旁二十六国皆以为匈奴，诸引弓之民并为一家"（《史记·匈奴列传》）。

正如冒顿单于介绍的那样，月氏人被迫逃至今伊犁河流域。伊犁河流域位于新疆天山山脉西部，三面为天山山脉所包围，西面深入今哈萨克斯坦境内，是一块水草丰美之地。

月氏人打败了原居于当地的塞种人，迫使"塞王远遁"。远迁到伊犁河流域的，被称为大月氏；继续留在河西地区与当地羌人混居的，被称为小月氏。匈奴征伐月氏，不但征服了靠近河西走廊西端的楼兰，还征服了阿尔泰山南麓的呼揭。同时再次强化对驻牧哈密一带的乌孙控制，把塔里木盆地几十个绿洲国家划入自己的势力范围。蒙古高原、河西走廊、西域，所有"引弓之民"都纳入了匈奴帝国体系中。

冒顿单于最后表示，希望汉与匈"复故约，以安边民，以应始古，使少者得成其长，老者安其处，世世平乐"（《史记·匈奴列传》）。匈奴号令北方游牧部族，控制了西域，掌控中西商路，获取了帝国所需的人力、财力。冒顿单于深知，南方的汉帝国为定居农耕大国，并不容易征服，而且匈奴对占领耕地也并不感兴趣，既然和亲能获得收益，又何必付诸战争。

汉文帝与他的臣僚们研读了冒顿单于的书信，一致认为，游牧地区都是盐碱地，不宜耕种，占领毫无用处，没必要发动战争争夺，主张继续和亲。可不知为何，两年后（前174），汉朝才回复匈奴。回信中，汉文帝首先对冒顿单于"复故约，以安边民，世世平乐"继续和亲的表态给予了充分肯定，但强调违约多在匈奴。"倍约离兄弟之亲者，常在匈奴。"他也礼节性地建议冒顿单于不必过度惩罚右贤王，给出的理由是右贤王之事发生在大赦之前。汉文帝的理由一厢情愿，汉朝的法律怎么能约束到匈奴诸侯王。最后，汉文帝以冒顿单于"伐国有功，甚苦兵事"为由，给予一定的犒劳。

可能就在冒顿单于收到汉方的书信不久，这位草原霸主、一代天骄就离世了。冒顿单于在位三十六年（前209—前174），他不但统一了蒙古高原，而且建立了对后世影响深远的制度。

第三节　两个世界

优劣之辩

冒顿单于去世后，其子稽粥继位，号老上单于。汉匈之间继续维持和亲，文帝再遣宗室公主嫁给单于。当时委派燕人宦官中行说随行辅佐，中行说不情愿，并警告如果一定让他去，必将给汉朝带来祸患。没人理会他的警告，权当一时发牢骚。不曾想，他到了匈奴就站在了汉朝的对立面。

中行说长期生活在汉匈边界，对游牧与农耕两个族群有深刻的理解。匈奴以区区百万人口，仅相当于汉帝国一个郡的人口数量，却可以成为与汉帝国平起平坐的"敌国"。究其原因，无非是匈奴有其独特的地理环境与人文环境。此时，匈奴贵族阶层正掀起一股"汉风"，人们喜爱穿丝绸，食用汉朝食物。中行说警告这是巨大的风险。

匈奴是兵民合一的马上族群，穿丝绸无法骑射，食用汉地食品不利于行军作战。如果匈奴一味学习汉帝国，那么不久之后，无须作战就会成为汉帝国的附庸。老上单于非常认可中行说的观点，对他特别信任。中行说又向匈奴人传授一些记录账目的方法，成为匈奴的最高国家顾问。

中行说对两个族群理解得很深刻，也给汉匈双方的辩论提供了可能。这可能是人类历史上第一次游牧族群与农耕族群就文明优劣展开的公开辩论，辩论涉及了文化、制度、习俗等多个方面。

关于轻视老年人问题。中行说认为汉人的理解有问题，他认为汉人的父母一样省吃俭用，把厚衣美食准备给将出行戍边的儿子，与匈奴没什么不同。匈奴人正是基于种族安全的考虑，把肥美的食品提供给健壮的年轻人，让他们担负起保护老年人及整个族群的重任。

关于父子同屋而居、收继婚制、缺少朝廷礼仪的问题，汉人以农耕文明的视角看，显然前两者违背基本的伦理纲常，后者则是缺乏文明制度的构建。虽然是三个问题，但在中行说看来只是一个问题。他说道："匈奴之俗，人食畜肉，饮其汁，衣其皮；畜食草饮水，随时转移。故其急则人习骑射，宽则人乐无事，其约束轻，易行也。君臣简易，一国之政犹一身也。父子兄弟死，取其妻妻之，恶种姓之失也。故匈奴虽乱，必立宗种。今中国虽详不取其父兄之妻，亲属益疏则相杀，至乃易姓，皆从此类。"（《史记·匈奴列传》）

中行说认为，赖以生存的环境造成匈奴人的社会习俗，行事简单，约束少，君臣关系简单，上下一体，一国政务实施起来简单高效。至于收继婚制，完全出于生存环境恶劣、保护种族的需要。他反击汉朝使者，按照中原王朝的礼仪，匈奴确实伦常混乱，可是匈奴再混乱，依然保证了血缘上宗族的明确与延续，单于的继承一定是挛鞮氏子孙。中原王朝虽然讲究伦理道德，却总因为亲属关系疏远而相互残杀，甚至改朝易姓。

关于定居问题。中行说表示是否定居农耕完全由地理环境所决定。可能觉得应该打压一下中原王朝自以为是的优越感，他指出中原王朝的定居农耕存在巨大弊端。修筑宫室房屋耗尽民力，耕田种桑满足衣食、修筑城郭以求自保都会疲于应付劳动，导致在紧急状况下民众不会作战。中行说总结，中原王朝的诸多弊端就是由冗多的礼仪造成的。

中行说关于游牧文明与农耕文明优劣的公开论辩，对两个族群的文化心理产生了很大影响，无论是匈奴人还是中原人，都要接受两种文明同时存在的事实。

南北确认

老上单于即位后，依然把彻底消除月氏势力作为一项重要任务。月氏迁徙到伊犁河流域，占据了西域到中亚的交通枢纽，在西域还有一定影响力，并随时可能重新崛起。加之乌孙的猎骄靡欲报杀父之仇，主动请缨攻击月氏。老上单于派军协助乌孙攻打月氏，杀死月氏王，把其头盖骨做成饮酒器。月氏在伊犁河流域无法立足，只得再度西迁，越过天山和帕米尔高原西部，至阿姆河（今乌兹别克斯坦、塔吉克斯坦与阿富汗之间的界河）流域，征服了当地的大夏人（巴克特里亚人）。匈奴彻底消除了月氏在帕米尔高原以东的影响力。

匈奴完成了西部的军事行动，开始破坏合约，侵犯汉朝边地。公元前166年冬，老上单于亲率十四万大军侵犯汉朝边地。这次匈奴吸取了公元前177年之战中久攻上郡不下的教训，回避"河南地"东侧重兵驻守的上郡、高奴一线，沿着"河南地"西侧宁夏平原南下，到达六盘山西侧，攻破六盘山南部重镇朝那（今甘肃省平凉市西北）和萧关（今宁夏回族自治区固原市东南），突破北地郡（治义渠县，今甘肃省庆阳市西南）防线，杀死北地都尉。萧关在六盘山山口依险而立，是关中西北方向的重要屏障。萧关一旦失守，长安西北就无险可守，匈奴以破竹之势抵达彭阳（今甘肃省镇原县东）。先锋人马火焚回中宫（今陕西省陇县北），侦察骑兵逼近甘泉（今陕西省淳化县西北），离长安近在咫尺，直接威胁到帝国中心的安危。

汉文帝一方面命令两位将军率领千辆兵车、十万骑兵，屯驻长安附近防卫京师；一方面又拜五位将军加强关中沿边的上郡、北地郡、陇西郡（治狄道县，今甘肃省临洮县南）的武装力量以迎击匈奴。僵持一个多月，匈奴见无利可图，只好撤兵。汉军追出塞外即还，并无斩获。

接下数年，匈奴连年侵边，杀人抢掠。云中（治云中县，今内蒙古自治区托克托县）、辽东（治襄平，今辽宁省辽阳市）受害最为严重。汉朝只得再次主动议和，匈奴也给予了积极回应。

公元前162年，汉文帝给老上单于书信中再次重申两个文明，"先帝制：长城以北引弓之国，受命单于；长城以内冠带之室，朕亦制之"（《史记·匈奴列传》）。汉文帝以书面形式把刘邦与冒顿确立的两个文明再次重申，承认天下并非只有农耕，也有游牧。不论匈奴还是汉朝，都应该遵循大道而为。汉文帝认为，大道是公平的，无论两个文明在文化、习俗上有多么大区别，但也有一些两个文明都认可的普世价值。"朕闻天不颇覆，地不偏载。朕与单于皆捐往细故，俱蹈大道，堕坏前恶，以图长久，使两国之民若一家子"（《史记·匈奴列传》）。两国君主抛弃前嫌，遵循天道、人道等大道，遵守合约，避免军事暴力，从两国的长远利益考虑，使两国人民如同一家。

老上单于回信表示，今后匈奴人不再闯入边塞，汉朝人也不要走出边塞，如有违犯条约者处死，以保障长久亲近友好。

一年后（前161），老上单于去世，其子军臣继位。军臣单于依然维持汉匈和亲。可能由于受灾等原因，在他即位第四年（前158），匈奴侵犯汉边。匈奴分兵两路，每路三万骑，分别侵入上郡（治肤施县，今陕西省榆林市东南）及云中郡（治云中县，今内蒙古自治区托克托县），杀掠甚众。

汉文帝紧急命三位将军分别在北地郡、代地的句注塞（今恒山雁门关附近）、赵地的飞狐口（位于太行山脉和燕山、恒山山脉的交接点）等边关重镇加强防御，将匈奴入侵范围控制在大同盆地以西至"河南地"南缘的黄土高原一线；又任命包括周亚夫在内的三位将军分别驻防在长安城西的细柳、渭河北岸的棘门和霸上，守卫京师或者随时北上支援。匈奴军队一直被挡在飞狐口、句注、北地等关塞之外，汉朝开往边境的大军数月后抵达边地，匈奴见汉朝防守严密，大军又至，遂退出塞外，汉朝于是罢兵。双方未进行决战，匈奴也并未能如公元前166年那样深入汉境。这种战争对游牧国家而言是低成本，对农耕国家无疑是高成本。

公元前157年，汉文帝刘恒去世。汉文帝在位二十三年，在处理匈奴问题上明确了两个文明，主张和亲，实行休养生息。虽然与冒顿单于、老上单于、军臣单于都有过冲突，但都能积极化解，没有发生大规模的军事战争。

汉文帝去世后，其子刘启即位，是为汉景帝。汉景帝在位期间（前156—前140），依然奉行和亲政策，互通关市。即使国内发生了"七国之乱"，匈奴也没有介入。《史记·匈奴列传》载："终孝景时，时小入盗边，无大寇。"

到了汉武帝初年（前140—前134），继续奉行和亲政策，互通关市进行贸易,呈现出"匈奴自单于以下皆亲汉,往来长城下"(《史记·匈奴列传》)的祥和气象。草原游牧族群与农耕定居族群在近七十年的交往中,增进了彼此了解,尽最大可能地维持双边和平。这当然要归功于冒顿与刘邦签署的和亲协议,奠定了两个文明的基本运行规则。虽然边境冲突时有发生,但是相对大规模的战争而言,其破坏性很小。

关系探讨

匈奴与中原王朝的关系,自从秦朝李斯就有所研究,他认为始皇帝单纯用武力解决不了匈奴问题。汉朝的娄敬也认同此观点,建议以和亲的方式处理彼此关系。双方建立平等关系,认可双方的差异性,并通过边界贸易,实现物资的流动,匈奴的马匹流向汉朝,而汉朝的丝绸之类物品流向草原。

虽然汉朝每年要向匈奴提供一定的物品,但这些物品对于汉朝而言微乎其微。事实上,汉朝提供的物品对匈奴人整体而言没有太大意义,他们只提供给单于,单于再分给各个贵族、部落首领,以此维系单于的统治权。游牧的生活方式决定了其具有分权性。从单于到部落首领,要维护权威,就要给部众带来更多收益。

一个不可回避的事实是,匈奴总是违约,对汉边进行军事侵掠。有些行动单于并不知情,部落的首领要通过抢掠树立自己的威权,而抢掠并没有任何道德负担,不去抢掠倒不能显示出草原人的本色。而投降匈奴的汉人因为对汉政权的仇恨,也会主动带兵侵掠。至于单于本人亲自出兵塞外,主要是需要通过战争向汉方索要更多的物品,并强化自己的威权。当然还有一个重要原因——草原出现了天灾，为了生存和弥补损失必须抢掠。

对中原王朝而言，草原大漠范围广阔，军事上强行推进存在巨大的运输后勤补给问题，势必难以持久。即便占领草原荒漠，也不能从事农业生产，即便移民过去，结果还是会变成游牧民。凡此种种，决定了草原族群与农耕族群只能共生。

草原帝国无法接受也无法实施中原地区的官僚体制和集权管理。要保证双方睦邻友好，对中原王朝而言，就要帮助单于树立权威，给予单于大量物资，这样单于才能统领草原各部，认真遵守协议。

到了汉文帝、汉景帝时期，有学者专门就汉匈关系做了比较系统的研究，代表是贾谊（前200—前168）与晁错（前200—前154）。贾谊的思想出发点是华夷之辨，希望通过渐进的方式，"以厚德怀服四夷"，逐步同化匈奴。但是只要匈奴不脱离他们生活的游牧环境，同化根本不可行。只能同化那些投降汉朝的匈奴人或者移居到汉地的匈奴人。无论是游牧族群还是农耕族群，他们都顽强固守自己的文化，谁也不肯做出实质性的让步，事实上也不存在让步的可能。即便赵武灵王的"胡服骑射"也只是在器物层面。贾谊的思想具有长远性，事实证明，只要游牧族群离开他们的土地进入中原，他们被同化只是时间问题。

晁错提出更具实操性的方案，一个是"以蛮夷攻蛮夷"，他主张吸收边地蛮夷，与汉军组成联合特种部队，发挥各自优势；另一个是"徙民实边"，将移民按军事建制严格地组织起来，寓兵于农。汉文帝采纳了晁错的方案，进行屯田实边，开了历代屯田的先河。

匈奴与汉之间保持了近七十年的相对和平，匈奴达到历史极盛时期，疆域广大，控制了整个蒙古高原以及包括中亚在内的西域地区，成为蒙古高原首个最强大的游牧帝国。而汉帝国无为而治，休养生息，出现了"文景之治"，"都鄙廪庾皆满，而府库余货财。京师之钱累巨万，贯朽而不可校。太仓之粟，陈陈相因，充溢露积于外，至腐败不可食"（《史记·平准书》）。中原王朝渐渐恢复了元气，汉匈之间的关系也步入了拐点。

第二章

失我祁连山

第一节　和亲终结

和战之辩

近七十年来，在和亲政策约束下，历史记载中汉匈有九次冲突，其中六次较小，三次较大，但未引发大规模战争，保持了基本和平态势。汉帝国也因此休养生息，国力得以恢复。当汉景帝刘启之子刘彻继位后，汉匈关系发生了逆转。

刘彻，即汉武帝，他最可能效仿的人是秦始皇加汉高帝，欲成就一番宏图霸业。他希望彻底地解决不对等的汉匈关系，通过武力雪刷"白登之耻"与"谩书之辱"，构建一个超级大国。所以，他登基后便有意征伐匈奴，并留意相关人才。"上即位，欲事伐匈奴，而（韩）嫣先习胡兵，以故益尊贵"（《史记·佞幸列传·韩嫣》）。即位的第三年（前138），他委派张骞出使西域，目的是联合月氏共同对抗匈奴。

在武帝执政的第六年（前135），军臣单于主动提出和亲，武帝召开御前会议。负责匈奴事务的王恢主张放弃和亲政策，以武力对抗匈奴。他的理由很直接，和亲政策维系时间短，匈奴屡次背约。韩安国则认为，匈奴的地理环境与生活习俗决定了中原王朝用武力解决得不偿失，不如继续和亲。其他大臣也都附议韩安国，既然大家都觉得和亲好，武帝也就同意了。

武帝虽同意，却也不甘心，派人加强了边地防务。就在和亲一年后，有些人明显看出皇帝的心思，于是一直在汉匈之间从事贸易的商人聂翁壹通过王恢，向武帝提交了一份大胆的方案，以和亲迷惑军臣单于，让他放松警惕，再借军臣单于对聂翁壹的信任，演一出马邑官员被杀、举城投降匈奴的大戏，引诱单于大军进入马邑谷地包围圈，全部给予歼灭。

近似疯狂的方案让武帝心动，武帝又召开御前会议，并且开宗明义地讲，"朕饰子女以配单于，币帛文锦，赂之甚厚。单于待命加嫚，侵盗无已，边竟数惊，朕甚闵之。今欲举兵攻之，何如？"（《汉书·韩安国传》）在武帝看来，和亲政策使汉帝国不但支出财物，还要失去尊严，可匈奴却屡屡侵犯掠夺，到了改变这一切的时候了。他据此征询意见，摆明了让大臣支持他。果不其然，王恢立即表示，即便皇帝不说，他也早有此意，毕竟伏兵马邑的方案就是他提交的。当然王恢也不是一味地赞同，也做了充分准备，要在辩论中击败和亲派。他与韩安国的这次冗长辩论被翔实地记载在史书中。

王恢认为，代地在战国时期不过是个小国，虽然"北有强胡之敌，内连中国之兵"，但依然能保持一个国家的正常存在，人民安居乐业，匈奴不敢轻易侵犯。如今中原王朝"海内为一，天下同任"，大汉的军事、经济实力已非昔日可比。在这样的实力下，匈奴竟然还抱着以往对汉的态度，侵盗边地，已是习惯成自然，根本不惧怕大汉，应该采取武力了。王恢与武帝的想法一致，放弃绥靖政策，以武力征伐。

尽管武帝与王恢都表明了态度，但是韩安国并不认同。对王恢的一番说辞，韩安国首先回顾本朝历史。和亲政策是汉高祖放下个人仇恨，为国家的长治久安而制定的重大战略，是经过时间与实践检验的。在所有可能的政策中，是处理双方关系最好的策略，即便是汉文帝这样的圣君，也依然贯彻执行。既然"至今为五世利"，那就没必要改弦更张。虽然武帝有改变政策的意愿，韩安国还是提醒武帝注意，"夫圣人以天下为度者也，不以己私怒伤天下之功"，警告武帝不要因为所谓的皇家仇怨，去做一件伤害天下人的事，应该以高祖、文帝作为行事楷模。

王恢当然不会反驳韩安国对高祖的褒扬，他表示，高祖也是从刀光剑影走过来的，"被坚执锐，蒙雾露，沐霜雪"，之所以"不报平城之怨者，非力不能，所以休天下之心也"。王恢这段辩辞显然与事实不符。高祖何尝不想学习秦始皇，北上扫荡大漠，可实力不济。他最大的优点是尊重现实，顺应人们厌恶战争的心理，客观上起到了休养生息之效。王恢的意思是，既然高祖当初为天下休养生息，就是仁的表现，我们现在武力征伐匈奴，就是要解除边地人民因匈奴的屡屡侵盗而遭受的苦难，本质没有区别。王恢强调凡事不能绝对化，国家战略也要因时而变。

韩安国一听，没法直接反驳，转而讲重大政策的实施必须综合考察，仔细权衡。"利不十者不易业，功不百者不变常，是以古之人君谋事必就祖。"我们不要轻易就去变革重大政策，要相信经验的重要性，如果没有十足的把握和重大的利益，我们就不要轻举妄动。如何对待非华夏族群，我们的先人是有经验的。自三代以来，中原王朝从未考虑过要把他们纳入华夏文明谱系。"非威不能制，强弗能服也，以为远方绝地不牧之民，不足烦中国也。"这些历史事实与经验都需要我们认真面对。韩安国再次提醒，匈奴有其自身特点："且匈奴，轻疾悍亟之兵也，至如猋风，去如收电，畜牧为业，弧弓射猎，逐兽随草，居处无常，难得而制。"与这样的群体战争，我们并不会得到什么益处。

见韩安国总是从历史经验出发，王恢也抛出了他的观点，"凤鸟乘于风，圣人因于时"，这句话显然也是武帝愿意听的。在王恢看来，历史上总会出现敢于打破陈规的变革者，推动历史发展。为此他举出两个例子，秦穆公"知时宜之变，攻取西戎，辟地千里，并国十四，陇西、北地是也"，秦穆公敢于突破常规，国家实力大增；秦始皇派蒙恬攻击匈奴，"辟数千里，以河为竟，累石为城，树榆为塞，匈奴不敢饮马于河"，说明圣明的君主有非常之举，必要的时候武力征服必不可少。今天的中原王朝不可谓不强盛，只要拿出百分之一的财富就可以碾压匈奴。

韩安国一听，谈历史、说经验未奏效，于是退一步，既然一定要用兵，那么有稳操胜券的战术吗？对匈奴的战争是一场消耗战。"今将卷甲轻举，深入长驱，难以为功；从行则迫胁，衡行则中绝，疾则粮乏，徐则后利，不至千里，人马乏食。"无论是纵向深入、横向深入，还是快速进军、缓慢进军都存在战术瓶颈。

对于韩安国所述，王恢也无力反驳，承认这的确是个问题，但他想告诉同僚的是，其实我们就是想开战，至于怎么打，我们会慢慢考虑。就当前而言，我们要发动一场伏击战，"单于可禽，百全必取"。他极其乐观地表示通过四面埋伏，引诱单于部队进入包围圈就可以取得完全胜利。武帝表态支持王恢。

这场具有重大历史转折性的辩论就此结束。它标志着汉帝国持续近七十年的对匈政策开始了重大转变。汉帝国不再承认匈奴帝国与其共分天下的事实，以往的所谓平等的兄弟关系以及联姻关系也不复存在，等待农耕世界与游牧世界的将是战争。作为两大主辩的韩安国与王恢，他们的个人命运也随之发生改变。个人、家国、天下存在着某种密不可分的联系。

马邑设伏

公元前133年，汉武帝决定在马邑设伏，围攻单于部队。先是商人聂翁壹以间谍身份逃到匈奴，向军臣单于表示，他可以杀掉马邑的长官，举城投降匈奴，所有的财物尽可拿走。单于信任聂翁壹，认为的确可行。聂翁壹返回后，杀了一名死囚犯冒充马邑城长官，将其头悬挂于马邑城上。单于的使者信以为真，飞快转告单于。军臣单于穿过边塞，率领十万骑兵进入武州塞（今山西省左云县）。

在单于大军挺进之前，汉帝国已经布置了三十余万大军埋伏在马邑旁边的山谷，这些军队由骁骑将军李广、轻车将军公孙贺、将屯将军王恢、材官将军李息、护军将军韩安国指挥，诸将由护军将军统领。众将领约定，只要单于进入马邑城，伏兵立即出击，而王恢与李息则负责从代郡截击匈奴的辎重。

进入武州塞，距离马邑尚有一百余里，单于发现牲畜遍布四野，却无人放牧，严重违背游牧常理。汉帝国百密一疏，细节上出现了纰漏。单于心有疑虑，便攻击一个哨所，抓住巡逻的雁门尉史。尉史为了活命，把马邑设伏的情报和盘托出。单于大惊，对左右说："几为汉所卖！"于是引兵退回。出了塞后，单于觉得雁门尉史是上天派来助他逃此一劫，便封尉史为"天王"。汉军获知单于撤军，虽立即追赶，可望尘莫及。

负责截击匈奴辎重的王恢见计划失败，考虑到单于军强，自己三万军队如果攻击，只能白白葬送性命，自取其辱，于是没有实施袭击。武帝对王恢的表现及辩解非常不满，要求司法部门介入，依法判处王恢死刑。王恢当然不想坐以待毙，寻求丞相援手，丞相也不敢直接向皇帝求情，就去对太后讲，马邑设伏是王恢策划的，现在失败了就杀王恢，无疑是帮匈奴复仇。太后对武帝转告了丞相的求情。武帝本来信心满满，希望一次埋伏就解决几十年的匈奴问题，简直是异想天开。事情到此地步，武帝也非常恼火，但他不是检讨自己，而是辩解说，就是因为听了王恢的话才有此次行动，发动天下士兵数十万人，即便抓不到单于，缴获一些辎重也可以安抚将士之心，不杀王恢无法向天下人谢罪。王恢闻言，只得自杀。

马邑设伏是彻底的军事冒险，主战派的坚定支持者却因自己的主张和计划而死，实乃历史的吊诡。和亲政策也寿终正寝。对把道德礼仪看得很重的汉王朝而言，这无疑是自打耳光。既然汉方已经撕毁和亲协议，并采用不光彩的诱骗埋伏，匈奴人也就更不客气。此后匈奴几乎年年出兵侵扰汉边，杀掠人民。正如匈奴喜欢掠夺一样，他们同样喜欢贸易，汉方也自觉理亏，并没有终止双方贸易，但在边界加强了防御工事。

战争准备

马邑设伏失败固然令人沮丧，不过以军事征服匈奴的战略方针不会改变。当然汉朝会吸取教训，把战略计划做得更完善。从后来十年（前129—前119）大小七次战争中，可以看出汉朝廷对匈奴的战争做了非常细致周密的研究。从被动的军事行动变为主动，远程作战势在必行，这就要仰赖一支强大的骑兵。

秦汉之交的中原连年混战，致使战马锐减。为了迅速获取战马，汉朝采取了积极措施，出台相关法律法规，政府设立专门机构养马，并鼓励民间养马。例如，颁行"马复令"，有战马一匹，可免三人兵役；设立中央马政机构，在秦边郡牧马苑的基础上扩大范围，共设三十六所牧马苑，每苑养马万匹。在京城设"天子六厩"，每厩也养马万匹。到了景帝末年，仅苑马就已达三十余万匹。武帝时期，出于战争的迫切需要，对养马业更是重视，"天子为伐胡故，盛养马"，官营的军马已达五十余万匹，而民间更是"众庶街巷有马，而阡陌之间成群"（《史记·平准书》）。同时，在关市上从匈奴进口大批良马。

除了获取大批战马，汉朝要对匈奴全面反击，就要把边郡的北部领地全部收回来，逼迫匈奴退守漠北，控制匈奴的左右两臂，即西域与东北，切断匈奴的供给，这是中原王朝最希望达到的结果。但要实现这一目标也必将付出巨大代价。军事战争是举国之战，要消耗大量国力，如果在极短的时间内不能实现目标，战争给双方的打击都是致命的。

汉朝基本延续了秦朝边郡设置，它们分别是，上谷（治沮阳县，今河北省怀来县东南）、代郡（治代县，今河北省蔚县）、雁门（治善无县，今山西省右玉县）、云中（治云中县，今内蒙古自治区托克托县）、五原（治九原县，今内蒙古自治区包头市九原区）、定襄（治成乐县，今内蒙古自治区和林格尔县）、右北平（治平刚县，今辽宁省凌源市西南）、辽西（治阳乐县，今辽宁省义县西）、辽东（治襄平县，今辽宁省辽阳市）、上郡（治肤施县，今陕西省榆林市东南）、北地（治马领县，甘肃省庆阳市西北）。

其中上谷、代、雁门、云中四郡也是匈奴与汉朝进行贸易的关市。与秦朝相比,汉朝初年新增了定襄郡。定襄郡是汉高祖晚期拆分云中郡而设,辖地分布于前套平原(土默川平原)东部到今山西西北之间的乌兰察布丘陵西部地区,主要为了加强阴山丘陵在西南方向的防御力量,同时还可以为雁门郡分担一部分压力,后来发展为汉朝重要的军事保障基地与北伐前进基地,"以言守备,定襄固为北方重镇;以言出击,则更系秣马万兵,整军待发之处所"。

大致说来,汉朝阴山防线的雁门郡与上谷郡几乎承担了来自蒙古高原所有的军事压力,处在两郡之间的代郡起着补充和支援作用;燕山防线的燕山北麓东段,以辽河为界,分为辽西郡与辽东郡,而在燕山南麓则是渔阳郡,控制南入古北口(今北京市密云区东北部古北口镇)的通道。东部滦河下游是右北平,其治所在的平刚(今辽宁省凌源市西南)是通往蒙古高原的重要军事关塞。

武帝时期,中原王朝的综合实力达到了历史高点,汉武帝将摒弃一直以来的无为而治的方针,欲成就自己的千秋功业。

第二节　汉匈大战

龙城之战

公元前129年春季,"匈奴入上谷,杀略吏民"。经过四年的筹备,汉朝决定在北部阴山、燕山一线展开进攻。按照部署,卫青出上谷,从张家口进入张北坝上草原;公孙敖出代郡,李广出雁门,进入阴山丘陵地带；公孙贺出云中，进入河套地区。四将军各率一万骑兵搜寻打击目标。

结果，李广一路全军覆灭，他本人被俘，在押送途中逃脱。公孙敖一路损失七千骑兵，大败而归。公孙贺一路没有遇到匈奴军，无功而返。卫青抓住战机，一举攻破龙城（今内蒙古自治区锡林郭勒盟正镶白旗一带），斩首七百人，小胜而还。

龙城是匈奴单于会盟诸侯、祭祀天地的地方，地位相当于单于庭，是游牧部族重要的政治载体与精神载体。

卫青虽然小胜，但捣毁了龙城，给匈奴人心理造成压力。重要的是，此战使汉朝把上谷郡的实际控制线向北推进到了张家口一线，卫青也因此被封关内侯；公孙贺无功无过，不赏不罚；李广、公孙敖损兵折将，按律当斩，最终被贬为庶人。

龙城之战是汉朝对匈奴发动的首次正面战争，标志农耕帝国与游牧帝国的全面战争开启。对匈奴来讲，龙城之战是自汉朝建立以来从未遇到的情况，他们必须重新认识中原王朝。

边塞之战

中原王朝已经主动出击，匈奴意识到形势已经发生了改变。但对此新形势，匈奴也没有更好的方式应对，依然是报复性地侵扰，并没有组织强大的军队南下牧马、逐鹿中原的意图。他们擅长来去匆匆的边界侵扰，希望以此消磨汉朝的作战意志，促使汉朝回到和亲的轨道上来。

龙城之战后的冬季，匈奴展开报复，侵扰汉朝边境，渔阳受侵扰最甚。汉武帝任命韩安国驻守渔阳，加强东方防御。

公元前128年秋季，匈奴出兵两万骑，由东向西沿边入侵辽西、渔阳、雁门各郡。杀死辽西太守，劫掠二千余人，攻进渔阳，韩安国的千余骑基本被歼灭。直到燕国的援军赶到，匈奴才撤出渔阳，转而侵入雁门，杀掠千余人。匈奴沿着边塞展开军事报复，威慑汉朝，但也暴露了目的。就在匈奴撤出雁门之际，卫青率领三万骑出雁门，李息出代郡，两路汉军在雁门郡边塞之外夹击匈奴主力，斩杀俘获数千人。

韩安国之所以大败，是因为他从俘虏中获得情报，匈奴已经撤退，便向朝廷建议，鉴于田作时节，请压缩屯军数量。可没想到匈奴依然没有放过渔阳。武帝很恼火，遣人到渔阳指责韩安国。确切的情报显示，匈奴军事力量集中在东部，武帝命令韩安国移兵右北平，加强东部防御。

韩安国上了匈奴的当，打了败仗本就羞愧，加之卫青等新兴势力崛起，自己受到武帝冷落，不久抑郁吐血而死。当年御前激烈辩论的两位，无论是主战的王恢还是主和的韩安国，都以悲剧的方式结束了生命。韩安国去世后，"飞将军"李广再次被起用，担任右北平太守。边塞之战依然延续，匈奴军队在渔阳、上谷不断侵扰杀掠。

边塞战争持续不断，匈奴试图恢复以往的边界状态，但是汉朝最终把雁北防线推到了乌兰察布，加大了战略纵深，雁门、代郡、上谷的安全有了基本保障。

河南之战

龙城之战、边塞之战主要集中在匈奴的中部与左部。有鉴于此，公元前127年，汉朝决定采用声东击西的战术，发动河南之战，攻取防守薄弱的匈奴右部。

当年，头曼单于据有"河南地"，秦始皇派蒙恬出兵占领"河南地"，并在此设立五原郡。可在秦汉之交的中原逐鹿过程中，冒顿单于趁机重新占据"河南地"，到武帝时期已经八十余年。

汉廷派出两路大军，李息一路出代郡向东，吸引匈奴主力。卫青一路出云中向西，突袭匈奴右部。卫青的大军出云中后，从前套平原攻入后套平原。收复后套平原后，在高阙（今内蒙古自治区巴彦淖尔市杭锦后旗西北）留下五千精骑，切断驻牧鄂尔多斯高原的楼烦王、白羊王与右贤王部的联系。卫青带领校尉苏建、张次公等，率军沿着黄河河道继续向南扫荡，一举拿下西套平原，并进入鄂尔多斯高原，向楼烦王、白羊王部发动突袭，斩俘千余人，获马、牛、羊一百余万头，夺回"河南地"。

河南之战对汉朝而言，无疑是一次具有转折性的重大胜利。获得"河南地"，不必担心匈奴会兵临上郡、北地郡，重演汉文帝时期的故事，首都长安的压力解除。河南之战结束了汉匈双方拉锯式战争，双方军事力量发生转变，汉朝无可置疑地处于优势和主动地位，匈奴则处在劣势和被动地位。武帝对战果相当满意，封卫青为长平侯，封苏建为平陵侯，封张次公为岸头侯。

经此一役，汉廷主战派更有了话语权，和亲派彻底被边缘化。大战前夕，主父偃、严安等人上书武帝，以秦始皇南征北伐最终导致二世而亡相警告。严安道："当是时，秦祸北构于胡，南挂于越，宿兵于无用之地，进而不得退。行十馀年，丁男被甲，丁女转输，苦不聊生；自经于道树，死者相望。及秦皇帝崩，天下大畔，灭世绝祀，穷兵之祸也。"（《资治通鉴·汉纪十》）武帝阅后，召见他们道：

"你们先前都在哪儿? 为何相见如此晚?"对用兵之事只字不提。

汉朝夺回"河南地",主父偃不再主张息兵,而是建议武帝在此设郡,徙民实边。他认为,"河南地肥饶,外阻河,蒙恬城之以逐匈奴,内省转输戍漕,广中国,灭胡之本也。"反对者则认为,秦朝时曾调发三十万人在黄河以北修城,结果也没修成,最终废弃。武帝赞同主父偃,决定设置朔方郡(治朔方县,今内蒙古自治区杭锦旗北黄河南岸)。

朔方郡的辖区基本是秦朝九原郡辖区的西半部,也就是被匈奴占领的部分,包括后套平原与鄂尔多斯高原北部。为集中力量营建朔方郡诸城,汉朝停止对西南夷的军事行动。苏建征发十万人筑朔方城和修缮秦时期的城塞,凭借黄河巩固防线。同年夏季,招募内地十万人迁徙到朔方十个县镇,实边垦耕。同时,汉廷重置九原郡(秦时期九原郡东半部),改名为五原郡,治九原县(今内蒙古自治区包头市九原区)。

河南之战对匈奴而言,无论是军事上还是心理上,都遭受了巨大打击。"河南地"在头曼单于时期失去后,冒顿单于夺回,现在军臣单于又把它失去,导致匈奴退出了阴山山脉最为肥美的草原。这也表明,由冒顿、老上单于开创的匈奴鼎盛时代已经徐徐谢幕,而危机恰恰开始于军臣单于时代。尤其在军臣单于执政的后期越发明显,很多当年叛逃匈奴的汉人或其子孙陆续返回汉朝,显然匈奴内部政治出现了严重状况。

河南之战结束次年(前126),军臣单于带着遗憾离开了人世。军臣单于在位三十六年(前161—前126),他的种种表现引起贵族们的不满。尤其在与汉朝的战争中失去了"河南地",威权更加受挫,间接导致军臣单于之子左贤王於单的法定继承缺少权威性,军臣单于之弟左谷蠡王伊稚斜自立为单于。

自头曼至军臣的百余年中,匈奴单于的继承遵循纵向的父子相传,并没有出现横向的兄终弟及。显然,伊稚斜破坏了既有规则,他自立为单于,攻击本该为单于的於单,强抢侄子的单于位。於单敌不过叔叔,在匈奴无法立足,只好带领追随者逃到汉朝。

这场匈奴内讧肯定相当激烈,苦于没有文本资料,但从张骞的西域之行中也可以窥见一斑。张骞在返回途中又被匈奴截留,"留岁余,单于死,左谷蠡王攻其太子自立,国内乱,骞与胡妻及堂邑父俱亡归汉。"张骞之所以有逃回的机会,就是因为当时匈奴国内大乱。

自头曼单于以来,汉朝与匈奴之间都会有叛逃的贵族,但像於单如此显赫地位的还是第一人。於单南下降汉,汉封於单为涉安侯,可数月之后,於单便逝世了。於单降汉,不但说明匈奴因争夺单于位引发严重内讧,更是为匈奴高级官员乃至单于降汉起到了示范作用。总之,内忧外患成了匈奴必须面对的新课题。

漠南之战

尽管河南之战中,汉朝以土地荒芜为由放弃了上谷郡造阳县(燕长城西端起点,今河北省张家口市赤城县以北),可这不能让匈奴心理平衡,毕竟河南地更重要。

公元前126年夏季,为了夺回失地和改变被动局面,伊稚斜单于以数万骑入代郡,杀太守,掠千余人。秋季,又入雁门,杀掠千余人。公元前125年夏季,匈奴再度大举进攻汉边塞,各以三万骑入代郡、定襄、上郡,杀掠数千人。同时,匈奴右贤王恼怒汉朝夺其"河南地"、筑朔方城, 频繁侵扰朔方郡, 杀掠吏民。汉朝对于匈奴的报复暂时没有采取大规模回击, 全部精力用在巩固"河南地"上。

"河南地"的重新夺取使汉朝的防线推至阴山一线, 但也造成了新的阴山防线与原有的上郡防线之间距离增加, 上郡及其所依托的秦昭襄王长城与阴山南麓一线的朔方郡、五原郡、云中郡、定襄郡之间, 二者平均距离将近三百公里, 这无疑形成了防务上的盲区和薄弱区。同时鉴于移民增多和匈奴的频繁侵扰, 汉廷紧急从太原、上郡析置西河郡 (治平定, 今内蒙古自治区鄂尔多斯市东南)。

西河郡辖区横跨黄河晋陕南流段两岸, 河西部分深入鄂尔多斯高原中部和东南部, 与上郡、朔方、定襄南北呼应; 河东部分涵盖吕梁山北段西麓, 凭借吕梁山脉, 兼顾东西防务。西河郡的设立, 弥补了上郡防线与朔方—五原—云中—定襄防线之间的防务盲区, 而且由西河郡平定出发, 有四条道路出漠北, 使匈奴难以确定汉军行军路线, 保证了军事打击的隐蔽性和突然性。经过三年的苦心经营, "河南地"被打造成最坚实的攻防堡垒。

在完全掌控"河南地"后, 汉廷认为要防止匈奴卷土重来, 需要将战场推进到秦长城以北, 把匈奴彻底赶出阴北草原。为此汉王朝先后发动高阙之战、阴北之战, 两场战争统称漠南之战。

公元前124年, 卫青率领六位将军, 共计十余万骑进攻匈奴, 发动高阙之战。其中卫青、苏建、李沮、公孙贺、李蔡兵出朔方, 经高阙塞 (乌拉山与狼山之间的缺口, 今内蒙古自治区巴彦淖尔市杭锦后旗西北) 北渡阴山西段, 夜袭匈奴右贤王。张次公、李息二将兵出右北平击匈奴左贤王, 吸引对方, 做战术配合。因为战场距高阙塞六七百里，匈奴右贤王以为汉兵不会远程奔袭，没有做任何防御，照常饮酒大醉。直到汉军围攻王庭，右贤王才惊慌失措，只与爱妾和数百壮骑突围逃脱。

汉方斩获颇丰富，俘获右贤王所属小王十余人，部众一万五千余人，牲畜近百万头。武帝遣使，于边塞军营中拜卫青为大将军，节制众将。卫青的多位部将都封了侯。

在高阙之战中，汉朝在战术上采取少量兵力牵制匈奴左部，绝对优势兵力夜袭右部，使中部的单于左右难顾。经此一役，右贤王的主力受到重创。

同年秋，匈奴再次展开报复，以万骑侵扰代郡，杀都尉，掳千余人。第二年（前123），汉朝决定乘胜回击，歼灭单于主力，遂发动阴北之战。在边塞休整后的汉朝十余万大军整装待发，大将军卫青节制六将，统领全军，以公孙敖为中将军、公孙贺为左将军、苏建为右将军、赵信为前将军、李广为后将军、李沮为强弩将军，从定襄出发，越阴山东段，进攻匈奴单于驻地。

战争在阴山北麓的丘陵草原上展开，汉军杀获匈奴一万九千余人。但前将军赵信和右将军苏建遭遇单于主力，与后者会战一日后大败，赵信投降匈奴，苏建只身逃归，汉朝损失三千余骑。

阴北之战，卫青未达到歼灭单于主力的战略目标，且损兵折将，因此没有得到加封。苏建因兵败脱逃而获罪，交了赎金，贬为庶人。张骞因熟悉匈奴地理，随卫青出征，"知水草处，军得以不乏"，加之出使西域有功，被封为博望侯。

此战中，一位军事天才崭露头角，就是剽姚校尉霍去病。这是他第二次随从舅父卫青出征。他所率领的军队虽然只有八百人，但都是精选的轻骑兵。加之他对军事有独特理解，径直离开大军几百里，寻找有利战机出击，取得了巨大胜利，斩杀单于叔祖父，生擒单于叔父，共计杀敌二千零二十八人。汉武帝封他为冠军侯。

漠南之战总体而言取得了胜利，至少匈奴为避锋芒，以大戈壁为屏障退回漠北，基本实现汉匈战略形势上的逆转。汉朝想通过漠南之战消灭单于主力的战略目标有些不切实际，匈奴已经清楚汉朝意图，后撤形成战略纵深，卫青大军一旦长驱直入，极有可能被匈奴穿插分割。

河西之战

漠南之战后，次年（前122）夏，匈奴数万骑侵入上谷，杀数百人。汉廷经过研判，认为实施"断匈奴右臂"的战略目标时机已到。经过一年多的休整，遂于公元前121年发动河西之战。

河西系指今甘肃的武威、张掖、酒泉、敦煌等地，因位于黄河以西，自古称为河西，又因其为夹在祁连山（亦称南山）与合黎山（相传的古代昆仑山）之间的狭长地带，亦称河西走廊，是中原地区通往西域的咽喉要道。

河西地理上南与青藏高原毗连，北与蒙古高原接壤，东与黄土高原邻境，西与塔里木盆地交界。匈奴控制了河西，东击关陇地区威胁长安，西控西域诸国以充物资，南交种羌各部以乱河湟（黄河与湟水的并称，位于青海省东部），北通大漠使匈奴各部连为一体。

河西原为大月氏所据，后被匈奴占有。匈奴控制河西，拥有了贺兰山、祁连山、焉支山，不仅为其提供驻牧场地，还可供应兵器材料，可扩充部众十万、控弦数万，大大加强了匈奴的实力。其中位于西部的休屠王控制武威及周围地区，位于东部的浑邪王统治酒泉及周围地区。

公元前121年春，武帝命霍去病为骠骑将军，率一万最精锐骑兵（骑兵中包括不少匈奴骑兵），从陇西狄道（今甘肃省临洮县）出发西北行，在今兰州西渡黄河，再过乌逆水（今庄浪河），沿着乌鞘岭（陇中高原和河西走廊的天然分界，东接祁连山脉，西接腾格里沙漠）北麓西行，经过速濮部落驻牧地，渡过谷水（今石羊河），进入河西核心区。

这条进军路线经过五个匈奴部落，转战六天，汉军损失惨重，"师率减什七也"，却取得了巨大胜利，尤其是越过焉支山（属祁连山支脉，今甘肃省永昌县西）一千余里，在皋兰山（今甘肃省张掖市高台县合黎山）杀折兰王，斩卢侯王，最后遇浑邪王、休屠王之兵，俘获浑邪王的王子及相国、都尉等官员，斩首俘获匈奴军士八千九百余人，并夺得休屠王用以祭天的金人塑像。不过，休屠王和浑邪王逃跑，汉朝没能达成围歼匈奴主力的既定目标。

公元前121年夏，霍去病与公孙敖再征河西。在路线上，此次霍去病与公孙敖是从北地、陇西分别进兵河西，公孙敖按上次河西之战的路线进军，直插浑邪、休屠王庭。为了集中力量打好河西之战，武帝又派李广、张骞出右北平，打匈奴左部进行战术配合，并牵制中部的单于。

李广率骑兵四千为先锋，距大部队约数百里，张骞率骑兵万余人殿后。匈奴左贤王率骑兵四万，将李广率领的先头部队包围。

双方以射箭对攻，战争持续到晚上。第二天，李广再次奋力与匈奴激战，死亡大半，但匈奴伤亡的人数更多。当张骞大军赶到，匈奴才撤围而去。汉军无力追击，只好撤兵而还。按律，张骞贻误军机应处死，交了赎金，贬为庶民。李广功过相抵，没有封赏。

按照计划，霍去病从北地出发，于今宁夏灵武渡过黄河，向北越过贺兰山，经贯通阴山南北的交通要冲鸡鹿塞（今内蒙古自治区磴口县西北）西进，涉过浩瀚的腾格里沙漠和巴丹吉林沙漠，绕道居延泽（位于巴丹吉林沙漠北缘），转而由北向南，沿弱水（额济纳河以及由它汇成的湖泊）而进，经小月氏（今甘肃省酒泉市一带），折而向东，进至祁连山与合黎山之间的弱水上游一带，与正面直插浑邪、休屠王庭的公孙敖前后夹击，围歼匈奴浑邪、休屠王主力。

可事与愿违，公孙敖在腾格里沙漠迷路，无法与霍去病接应。霍去病只能孤军犯险，依原定作战计划，突袭浑邪王、休屠王驻地。经过激战，浑邪王、休屠王率残军败逃。汉军取得重大胜利，杀死和俘虏匈奴三万余人，其中裨小王以下七十余人。霍去病再次受到赏赐，追随他的部下也多封侯，赵破奴被封从骠侯，高不识被封宜冠侯。合骑侯公孙敖因未能与霍去病按期会师，按律当斩，交赎金后被贬为庶人。

河西之战的惨败，让伊稚斜单于大为恼火，派军队侵入代和雁门，屠杀掳掠数百人，对汉朝进行报复。同时，伊稚斜单于对匈奴右部诸王没有尽到守土职责、数万人被汉军擒杀，已经无法容忍。他要求浑邪王、休屠王到单于庭报到。两人认为一旦去了，肯定有去无回，莫如叛降汉朝。

公元前121年秋，汉朝接到浑邪王、休屠王的降书，虽然很高兴，但也很谨慎，担心诈降。武帝命霍去病率兵前往迎接，并应机决断。果然，休屠王临时变卦，不想投降。浑邪王去意已决，诛杀休屠王，吞并其部众。

霍去病渡过黄河后，与浑邪王部遥遥相望。浑邪王部下见到汉军后，有了抵触情绪，不愿投降，纷纷逃走。霍去病果断率部纵马驰入浑邪王军营，将企图逃跑的八千人斩杀，又将浑邪王一人专车护送前往长安，并命浑邪王部渡过黄河。此次投降共计四万余人，号称十万。

浑邪王到长安后，武帝赏赐数十万钱，封浑邪王为漯阴侯。不久，汉廷把归降的匈奴人分别迁徙到鄂尔多斯高原及其邻区的五郡（陇西、北地、上郡、云中、朔方），划出区域设置郡国，按照他们的游牧习俗生活，汉朝派都尉监护。

河西之战，汉廷两次出奇兵，消灭匈奴四万余人，又接受归降四万余人，彻底打垮了匈奴右部势力，将右贤王部从河西走廊彻底赶回了大湖盆地，"金城（今甘肃省兰州市）、河西并南山（祁连山）至盐泽（今新疆罗布泊）空无匈奴"，实现了"断匈奴右臂"的战略目标，为河西四郡的建立打下了基础。

河西之战中，匈奴失掉右部军民近十万之众，而且失掉河西、祁连、焉支等大片优良牧地，实力大为衰落。匈奴人为此悲歌："失我祁连山，使我六畜不蕃息；失我焉支山，使我嫁妇无颜色。"

漠北之战

自从漠南之战后，赵信分析汉匈形势变化，建议匈奴退回漠北王庭，避免汉朝攻击，如果汉军深入，则以逸待劳击退汉军。

赵信，匈奴人，曾为匈奴小王，后战败降汉，被封侯。漠南之战中，赵信军不敌单于军，带领余兵八百来人，又降匈奴。伊稚斜单于对赵信很宠幸，把姐姐嫁给他，封其为自次王，也就是地位仅次于单于。

赵信久居汉地，受到汉文化影响，主张建立中原风格的城郭，作为防御汉朝军事进攻的堡垒。于是，匈奴在阗颜山（今蒙古高原杭爱山南麓）建了城郭，储存粮草，此城被称为"赵信城"。

河西之战后，匈奴不断攻掠汉朝北部边郡，企图诱汉军越过大漠，以逸待劳击灭汉军。公元前120年，匈奴侵入右北平、定襄，杀掠一千余人。对汉朝而言，到了与匈奴进行大决战的时候。

武帝与诸将商议，赵信为单于出谋划策，认为汉军即便越过大漠也不会停留太久。武帝据此分析，可以打匈奴一个措手不及，取得重大胜利。的确如此，因为中原大军无法实现远征大漠的长时间作战。即便如此，匈奴也没有掉以轻心，之前建城就为了应对汉军的远程突袭。得知汉朝将远征大漠，单于命令把辎重运到北方更远处，留下精锐部队，列阵大漠之北。

伊稚斜单于八年，汉武帝元狩四年（前119），汉朝开始总动员，倾全国之力远征漠北，对匈奴展开大决战，直接重创单于主力。大将军卫青、骠骑将军霍去病各率五万骑兵，另有步兵和运输部队紧随其后，达数十万人。基于霍去病的用兵习惯，汉武帝把敢于力战深入的精锐皆归其统领。

按照计划，霍去病出兵定襄，直接进军漠北单于部。但是从俘虏口中得知，单于向东而去。于是武帝改令霍去病从代郡出发，而令卫青从定襄出兵。可见武帝把重创单于主力的希望全押在霍去病身上，也希望他再建功勋。

卫青大军从定襄出塞后，捉到匈奴兵盘问，得知单于所在位置与之前的情报相反，单于并没有向东而去。无疑卫青相信这次的情报更具真实性，他希望能与单于主力直接大战，建立不世功勋。

卫青统领四位副将，前将军李广、左将军公孙贺、右将军赵食其、后将军曹襄。为了实现有效打击单于主力的目的，卫青重新做了战前部署，卫青与公孙敖关系甚好，公孙敖于卫青有救命之恩，之前公孙敖丢了侯爵，卫青有意给他立功机会，让他以中将军身份随自己参战。

同时，卫青有意调离李广，命李广和赵食其两军合并，从东路迂回包抄单于。东路迂回绕远，存在不能如期会师的巨大风险。李广提出异议，作为前将军本该打先锋，并表示从军多年，唯一的愿望就是与单于决一死战，希望卫青收回成命，让他履行先锋之责。卫青没有同意。

这并非完全出自卫青的私心，一个重要原因是，李广已经六十多岁，本来武帝不准他出征，但他多次请缨，武帝只好同意。不过，武帝提醒卫青不可重用李广，除了年龄大之外，还有李广的命运不佳，一旦与单于对敌，多半不祥。卫青也认为李广在对匈奴的作战中败多胜少，确实不可重用。

卫青大部队开出塞外一千余里，远远就看到单于部队列阵等待。卫青当即下令把武刚车（多用途军车，可以用来运输，也可以用来作战）排成环形堡垒，让汉军步兵将士以武刚车为掩体，向匈奴骑兵发射强弩。又命五千骑兵作为机动部队，不断扰乱匈奴兵。匈奴大约一万骑兵杀奔而来，时值夕阳西下，狂风席卷，飞沙扑面，两军混战一团。

卫青命左右两翼急驰包抄单于。单于见汉军来势凶猛，交战胜算不大，便趁着傍晚时分，驾着六匹骡子拉的车子，在数百名精壮骑兵保护下突围，向西北疾驰而去。到了黄昏时分，两军依然激战正酣，伤亡大致相当。

直到汉军抓到俘虏询问，才知单于已逃之夭夭。汉军派出轻骑兵连夜追赶，卫青率领大部队紧随其后。天快亮时，汉军已行走二百余里，也没能追上单于，却俘获和斩杀匈奴兵一万余人。

卫青下令大军开进赵信城，取出城中粮草补给。留住一日，烧掉城中余粮班师。

霍去病没有副将，率校尉李敢（李广之子）等出代郡后，同右北平太守路博德部会师，越过大漠，轻装进军，取食于敌，一路北进两千余里，虽没有发现单于主力，但与匈奴左贤王部遭遇。霍去病军大破匈奴军，活捉单于近臣章渠，诛杀北车耆王，转攻左大将双，缴获匈奴军旗战鼓。又抓获屯头王、韩王等三人，俘虏将军、相国、当户、都尉等八十三人。匈奴兵溃逃，霍去病率部穷追，又乘胜追杀至狼居胥山（今肯特山），在狼居胥山祭天，在姑衍山（今肯特山以北）祭地，并登上高峰眺望瀚海（北方之海，或为今贝加尔湖）。

此役，汉军以减损十分之三的代价，歼敌七万零四百四十三人，匈奴损失惨重，几乎全军覆没，左贤王余部弃军北逃。

武帝对漠北之战取得的战果非常满意，大军凯旋后，他加封卫青、霍去病为大司马。尤其对霍去病，武帝赞赏有加，除了给霍去病增加食邑外，其部下将官也多封侯受赏，其中路博德赐爵邳离侯，李敢赐爵关内侯。卫青则因战功不能超过战损，未得益封，其部下皆无封侯，且李广自杀。

卫青率领大部队返回漠南，才遇到李广与赵食其的部队，他们因无向导，迷了路，没能如期与卫青会师，围击单于。卫青需要向武帝汇报详细军情，就派人询问迷路的情况，李广没有回答。卫青遣人责令李广幕府的校尉前去受审。李广道："校尉们没有罪，是我迷路引起，愿意到大将军幕府受审。"到了大将军幕府，李广对随从部下讲："广结发与匈奴大小七十余战，今幸从大将军出接单于兵，而大将军又徙广部行回远，而又迷失道，岂非天哉！且广年六十余矣，终不能复对刀笔之吏。"言毕，拔刀自刎。赵食其按律死罪，交了赎金，被贬为庶人。

漠北之战是汉军在距离中原最远的地区进行的一次规模最大的战役，同时也是最艰巨的战役。战争中，伊稚斜单于被打散失踪十余日，右谷蠡王得知单于生死不明，自称单于，直到单于回归，右谷蠡王才去掉名号，足见战争波及之大。此战，西汉投入十四万匹战马和数十万人，匈奴以全部兵力待于漠北，双方战争进行得极为残酷。匈奴被杀约八九万人，损失大量战马。西汉阵亡的也有数万人，战马损失达到十一万匹。

漠北之战把匈奴"左臂"彻底切断。匈奴左部地区留下的空间，武帝让乌桓来填补，迁徙他们到上谷、渔阳、右北平和辽东的塞外地区，令其为汉朝侦察匈奴动静。为此设置护乌桓校尉一职，负责对乌桓人的监督和管辖，使他们不能与匈奴形成联盟。不过，这也导致乌桓势力逐渐膨胀。

漠北之战后，匈奴完全从漠南退出，"幕南无王庭"，汉军渡过黄河，从朔方以西到令居县（今甘肃省永登县西），处处开通河渠，设置田官，派士卒五六万人屯垦，逐渐将农垦区推到匈奴故地以北。

第三节　战后余波

公元前133年至公元前119年，汉朝对匈奴展开了十五年战争，投入了巨大的人力、物力，通过多次战争，尤其是河南之战、河西之战、漠北之战三大战役，夺得包括"河南地"、河西走廊在内的整个漠南地区，汉朝取得了军事上的决定性胜利，但未能完全征服匈奴。

从这些战争中我们发现，匈奴从来没有把战线深入中原腹地，他们依然没有占领中原的意愿，其战争的实质依然仅仅是犯边和掠夺，即便是报复也是重复上述策略。匈奴对中原发动战争的主要目的是为了获取农耕地区的财富，"故其战，人人自为趣利，善为诱兵以冒敌。故其见敌则逐利，如鸟之集；其困败，则瓦解云散矣。战而扶舆死者，尽得死者家财。"作为马上族群，他们生存的天性是通过战争掠夺获取财富。匈奴对中原王朝的战争并没有攻城略地、占地为王或推翻中原政权取而代之的记录。因为纯粹的游牧民对游牧农耕混合区外的纯农耕生活并不感兴趣，那里不是他们策马扬鞭、自由驰骋的世界。

美国人类学者巴菲尔德曾称匈奴劫掠中原为"外边疆策略"

(outer frontier strategy)。匈奴的军事威胁只不过要获得汉廷给予"岁赐"物资。物资由单于、左右贤王等从上而下层层赐予、分配至各级部落长，以保证单于的权威，维持匈奴帝国的存在。

十五年的战争，汉匈双方损失巨大。卫青七次出击匈奴，斩俘五万余人，霍去病六次出击匈奴，斩俘十一万余人，加上浑邪王归降的士卒，应在二十万以上。按照史料记载"控弦之士三十万"来评估，匈奴士卒损失约在三分之二以上，至于普通牧民及其畜类之损失也非常巨大。这导致匈奴内部政治、军事、经济等实力大为削弱。加之匈奴失去漠南，被迫北迁至贫瘠而寒冷的北部戈壁沙漠和西伯利亚地区，面临更大的生存压力，过去的辉煌不复存在。

汉朝也没好到哪里，损失也非常巨大。为了弥补战争损失而增税，加重了民众的负担。迫于重税和徭役，民众大量逃亡，成为流民，使官府直接掌握的编户齐民大为减少。

十五年战争后，无论是匈奴还是汉朝，都无力再次进行大规模的战争，双方进入了一种相持共处的和平时代，时间持续了十余年。匈奴退居漠北，秣马厉兵，休养生息。汉朝虽然没有完全征服匈奴，但是毕竟把匈奴打出漠南。匈奴不希望再次进行大规模的战争，希望回到和亲状态，当时赵信就建议伊稚斜单于跟汉朝主动和亲。

对待和亲，丞相长史任敞主张，匈奴受到汉朝的猛烈攻击，既然主动求和，那就让匈奴臣服大汉。任敞要求打破以往汉匈的对等关系，而是要匈奴作为汉朝的属国。为此，任敞出使匈奴表明汉朝的态度，伊稚斜单于大怒，将任敞扣留。

博士狄山回顾了汉初和亲政策的种种之好，然后总结道："今自陛下举兵击匈奴，中国以空虚，边民大困贫。由此观之，不如和亲。"对武帝武力征服匈奴的业绩全面否定。还没等武帝回话，一向紧跟武帝的御史大夫张汤便开骂了，指责狄山为"愚儒"。狄山也不示弱，回敬张汤乃"诈忠"。

武帝就问狄山："给你一个郡，你能防住匈奴吗？"狄山答："不能。"武帝又问："一个县呢？"狄山答："不能。"武帝再问："一个要塞呢？"狄山此时再说不能，不但是对武帝的蔑视，也会给人以无能无胆的印象，他就答："能。"于是，武帝就给他安排到一个要塞。数月后，狄山被寇边的匈奴斩杀。武帝以此警告，武力征讨匈奴是正确的、不容置疑的，质疑反对的结果就如狄山这样。

汉武帝并非反对和亲，而是反对汉初不公平的和亲。在他看来，世界上的超级大国只能是一个汉朝，其他国家或者附属，或者臣服，即便和亲也要保持完全对等原则。

公元前114年，伊稚斜单于逝世，在位十三年（前126—前114）。伊稚斜单于在位之际，经历了对匈奴国力具有重大影响的河西之战与漠北之战，他带领的匈奴最终大败，退守漠北。伊稚斜单于时代，匈奴从强盛开始走向衰落。

伊稚斜单于之子乌维继位，是为乌维单于，在位十年。此时汉匈之间虽然偶尔会有冲突，但都不大。公元前117年，霍去病病逝，军事天才年仅二十四岁。当初"匈奴未灭，无以家为"的豪言萦绕在如祁连山一样的坟冢之上。到了公元前106年，另一位军事天才卫青也逝世。当年他曾自嘲："人奴之生，得毋笞骂即足矣，安得封侯事乎！"结果却是天壤之别的人生，他的坟冢被建成像匈奴庐山一样，有人说是阒颜山。两人的墓地位于茂陵附近，属于武帝茂陵的陪葬墓，足见武帝对两位的器重。

对匈奴人而言，卫青与霍去病给他们的族群带来了灾难。自从霍去病去世，武帝没有再对匈奴发动大的战争，这种状况持续到卫青去世。十五年的战争，在给了匈奴沉重打击后，武帝把目光转向了南方、西南、东北。但汉廷重要的战略依然围绕匈奴展开，武帝还在努力改变世界的格局，与西域国家开展外交，以此彻底孤立匈奴，迫使匈奴只能向北、向西发展。

第三章

雪满天山路

第一节　凿空西域

张骞出使

河西之战后，汉朝在匈奴休屠王、浑邪王故地建立酒泉郡（治禄福县，今甘肃省酒泉市），但还不足以保持强大的力量对抗匈奴。重要的是，中原王朝还没有把这大块土地纳入到行政管辖的强烈意愿。

先前，张骞已经从西域返回，带回很多情报。尤其是将有关乌孙（伊犁河流域）与月氏（阿姆河流域）之间的恩怨，以及乌孙与匈奴并不牢固的关系等情况汇报朝廷。汉廷分析认为，即使张骞出使西域没有完成联合月氏的任务，那么也可以尝试再次出使西域，联合乌孙，动员乌孙迁回故地，一方面作为匈奴与汉朝的缓冲地带，另一方面隔绝匈奴与羌、氐部族的结盟。

张骞出使西域，不仅是中原王朝睁眼看世界的壮举，也一度改变了中国人的天下观。沟通西部，将彻底改变汉朝眼中两极世界的看法。人们应该相信，匈奴帝国也好、大汉帝国也好，并不是世界的主宰，要理智而清晰地看到，西方还有一个不一样的世界。

武帝时期，汉朝决定武力征服匈奴，当他们从俘获的匈奴人口中得知大月氏的情报后非常兴奋，尤其是对匈奴老上单于杀了月氏王，并用其头盖骨做酒器的细节更感兴趣。在中原王朝文明人的思维世界里，这无疑是不共戴天的仇恨。本着敌人的敌人就是朋友这一思想，汉武帝决定选外交使节赴大月氏，争取其与汉王朝联盟，从西部围击匈奴，断其右臂。

当时匈奴正统治西域诸国，收取赋税，并利用西域诸国的人力、物力与汉朝抗衡。汉王朝要击败匈奴，争取西域诸国的支持就很必要。

想要通过敌国领土，非大智大勇者不可。汉廷颁布招贤令，汉中成固（今陕西省汉中市城固县）人张骞最终被选定为外交使节。他将是中国历史上第一个出使西域的外交家，同时也是中国历史上伟大的地理探险家。当时他的身份仅是宫廷侍从。

公元前138年，张骞率领包括向导兼翻译的匈奴人堂邑父在内的百余人使团，从长安出发。他们要取道陇西（治狄道县，今甘肃省临洮县南），渡过黄河，从贯通祁连山南北的险关要隘扁都口进入河西地区，再翻越茫茫戈壁，才能进入西域。当时的河西与西域为匈奴所控制，张骞一行虽然选择了最为安全的路线，但依然被扣留。

张骞可能被就近送到漠南王庭。军臣单于质问张骞："月氏在吾北，汉何以得往使？吾欲使越，汉肯听我乎？"单于质问得没错。汉朝未经匈奴同意，没有官方通行文书，擅自闯入他国领土，显然理亏。军臣单于没有杀害张骞，而且非常欣赏张骞的勇敢，给他提供了优厚待遇，并许配胡女予他为妻。张骞在匈奴一困就是十年，且与胡妻育有一子。考虑到漠南王庭离中原较近，张骞更长的时间应该被安置在漠北地区。

张骞并没忘记使命，一直在搜集匈奴以及西域的情报。后来，应该是匈奴出现了政局混乱，张骞借机逃脱了。依据史料与实际地理情况，大致可以还原张骞的行程路线：取道天山南麓，沿着塔里木盆地边缘西进，在别迭里山口越天山南脉到纳伦河（今属吉尔吉斯斯坦），然后南行到费尔干纳盆地（今属乌兹别克斯坦）的大宛国。大宛国属于绿洲城邦国家，过着农耕定居生活。

看来消息并不闭塞，大宛国王对汉帝国早有耳闻，只是苦于匈奴的阻隔，无法与汉朝通使。汉使张骞的突然驾到，让他甚是高兴。得知张骞要出使大月氏，大宛国王便派翻译和向导护送张骞，取道康居到大月氏。

康居"东界乌孙，西达奄蔡（咸海一带），南接大月氏，东南临大宛"。国土大致在锡尔河北岸、哈萨克斯坦南部草原，是由斯基泰人建立的游牧国家。此时的康居虽然也算大国，但"南羁事月氏，东羁事匈奴"，可见大月氏与匈奴实力之强。康居王对张骞很友好，派人护送他到阿姆河北岸的大月氏王庭。

在匈奴和乌孙联合打击下，大月氏从伊犁河领域迁入中亚河中地区（锡尔河和阿姆河流域），迫使当地斯基泰人南迁安息（帕提亚帝国，主要是今伊朗地区）和大夏（巴克特里亚，位于阿姆河中游，阿富汗木尔加布河的发源处）。大约公元前140—前130年间，大月氏征服了大夏，"都妫水（阿姆河）北为王庭"。

张骞出访大月氏时（前128），大月氏仍在阿姆河北岸"臣畜大夏"，并准备吞并整个大夏国。大月氏已安居乐业，不愿再和匈奴厮杀。张骞居留了一年多，未能说服大月氏，只得带着遗憾回国。张骞归国不久，大月氏王便跨过阿姆河灭亡大夏，占领了它的全部国土，控制范围包括今乌兹别克斯坦、塔吉克斯坦、吉尔吉斯斯坦三国南部以及阿富汗的北部。此后，西方史料称大月氏人为"吐火罗人"，并把他们居住的地方通称作"吐火罗斯坦"，不过中国史家长期以来仍采用传统称谓"大月氏"。

从大月氏返回汉朝，为了避开匈奴，张骞"并南山，欲从羌中归"。他们翻越帕米尔高原，沿昆仑山北麓返回。张骞并不知道，此时的青海羌人区也被匈奴控制，于是张骞再次不幸被截留，押送到单于庭。军臣单于再次赦免了他，让他和妻子继续在一起。一年后，赶上伊稚斜驱逐太子於单，匈奴国内大乱，他才与胡妻及堂邑父逃归。

尽管张骞没能说服大月氏和汉朝共同攻打匈奴，但他的西域之行有许多意外收获。至少在文献上显示，中国人首次了解到帕米尔高原以西还有另一个文明。张骞详细介绍了帕米尔高原以西的大宛、康居、大月氏、大夏等国家的风土人情。他在大夏时还了解到汉帝国西南边是身毒国（今印度）。身毒国与今天的四川、云南等地已有民间贸易往来，四川的蜀布和邛竹杖运到身毒后，又转运到大夏。后来汉王朝大力经营西南，就是从这些认识开始的。

张骞曾表示，既然汉朝西南地区存在与西域国家的贸易，可以考虑在西南开辟一条路线，远远比通过河西前往西域安全。武帝非常赞同，并认为大宛、大夏、安息、大月氏、康居诸国都可以通过外交手段实现政治联盟，以实现"广地万里""威德遍于四海"。

汉朝发现葱岭以东的西域诸国已被匈奴控制，很难一时争取过来，莫不如努力与葱岭以西国家建立联盟，如果能臣属汉朝更好，实现汉朝与他们东西合围，制衡匈奴。可惜武帝的伟大构想却因为西南地区军事行动一时难以奏效，导致前往的使者皆被诛杀。所以，如果要去西域，还是要走原来的路线。

张骞回国后，参加了对匈奴作战，被封为博望侯，后来因为战争中贻误战机，被贬为平民。漠北之战后，张骞建议武帝遣使前往伊犁河流域的乌孙，与其建立联盟。乌孙本来游牧于敦煌、祁连间，但与月氏有世仇。匈奴击败月氏后，月氏人逃到伊犁河流域。后来乌孙联合匈奴攻击月氏复仇，迫使月氏人西迁阿姆河流域，而乌孙遂留在伊犁河流域驻牧。

公元前119年，张骞率领由三百人组成的使团，带着"牛羊以万数，赍金币帛直数千巨万"的礼品，出访乌孙。此前霍去病和卫青率领汉军大败匈奴军，匈奴人退到漠北，河西地区已经没有匈奴的威胁。所以，张骞经河西走廊，然后沿天山北麓西行，经伊犁河谷、昭苏草原，最后抵达乌孙国首都——赤谷城（今吉尔吉斯斯坦伊塞克湖州伊什提克）。

张骞到了乌孙，乌孙王昆莫在接见礼节方面让张骞很不舒服。张骞也很不客气，直言："天子所赠礼物，若国王不拜谢，就把礼物退回来。"昆莫这才起身拜谢，接受了礼物。张骞向昆莫表明了和亲共同抵抗匈奴的意愿："如果乌孙能向东迁回到匈奴浑邪王故地，汉朝将把皇室公主嫁给昆莫。"

此时乌孙处于分裂状态，昆莫年老，已经无法掌控局势。另外，乌孙对遥远的汉朝实力所知甚少，而一直被毗邻的匈奴羁縻控制让乌孙贵族们心怀恐惧。昆莫不能擅自决定与汉朝和亲，便派使者随张骞回长安答谢汉武帝，并了解汉朝真实情况。

张骞留在乌孙，派副使分别访问大宛、康居、大月氏、安息（今伊朗地区）、条支（今伊拉克境内）、奄蔡（今咸海至里海一带）、身毒（今印度）、于阗（今新疆维吾尔自治区和田地区）、扜弥（今新疆维吾尔自治区于田县）等西域国家。

张骞于公元前115年返回长安，此次出访历时四年。张骞官拜"大行"，位列九卿。不过张骞命运不济，一年后（前114）与世长辞。

张骞出使西域，从此西域与中原建立了密切联系，西域历史也纳入了中国历史范畴。在第一次出访西域时，张骞了解到中亚诸国"其地无漆、丝"，所以他第二次出使给西域诸王带去了中国丝绸，这是中原王朝官方首次将丝绸运往中亚和西亚地区。

司马迁对张骞出使西域给予极高的评价，誉为"张骞凿空"。1877年，德国地理学家李希霍芬提出"丝绸之路"一词，他把丝绸之路的开通定在公元前114年。直至16世纪，丝绸之路一直是东方与西方之间，连接亚洲、非洲和欧洲的商业贸易路线，承载着经济、政治、文化交流的功能。

河西四郡

虽然匈奴退守到漠北休养生息，但只要有机会，他们就会重复之前的动作，侵掠汉朝的边城，并且还会与西部羌人部落展开战略配合。

羌人因最早活动于中国西部四川、甘肃、青海一带，故称西羌，亦称西戎。羌人也是逐水草而居，不过他们生活的区域主要在高原谷地，非常分散，无法建立统一游牧帝国。

在中国西部、北部、东北部形成三种游牧族群：西部高原谷地游牧部族，很难做大；北部蒙古高原草原游牧部族，可以形成对中原具有威慑力的大帝国，其治理形式是一元模式，与中原王朝存在共生关系，他们并不想入主中原；东北的森林渔猎游牧部族，兼顾农业，所以善用二元治理模式，入主中原的游牧部族基本来自东北。

西汉初年，匈奴冒顿兵强，"破东胡，走月氏，威震百蛮，臣服诸羌"，羌人成为匈奴的附庸，并配合袭击汉边。汉景帝时，研种羌人留何率族人请求协助汉朝防守陇西边塞，于是汉廷将留何等部落迁于今甘肃南部，羌人由此进入塞内。

既然乌孙不肯东返，公元前115年，汉廷自酒泉郡分匈奴休屠王故地，设立武威郡（治姑臧县，今甘肃省武威市），用以隔绝匈奴与羌人。第二年，汉朝又将北地郡西部地区析出，另置安定郡（治高平县，今宁夏回族自治区固原市）。因安定郡地处关中地区与河西走廊的交接点，成为汉朝抗御羌乱的战略枢纽。与此同时，汉朝析陇西郡，置天水郡（治平襄县，今甘肃省通渭县西北），北捍匈奴，南御氐羌。这样陇西、天水、安定、北地四郡不但成为关中的重要屏障，也成为汉朝经略西北的跳板。

汉朝频繁设置郡县，加大军事力量，不仅令匈奴愤怒，也引起羌人的愤慨，几大羌人部落"解仇结盟"，于公元前112年，集十万之众进攻令居（今甘肃省永登县西北）、安故（今甘肃省临洮县南），并围困枹罕（今甘肃省临夏县西南）。匈奴则做战略配合，侵入五原，杀死五原太守。

次年，汉廷派李息、徐自为领兵十万平定西羌叛乱，并置护羌校尉进行监管。羌人退至湟中（今青海湟水西岸），依西海、盐池（今青海湖区域）一带活动。汉在河西因山为塞，募民屯田，防范羌人，直至宣帝前都相安无事。

张骞出使西域后，出使西域成了一时风尚，汉武帝要求不高，只要敢去他就放行，于是使者团队来往于汉朝与西域各国之间，多的时候，一年中可达十余批。楼兰（今新疆罗布泊西岸至若羌县一带）、姑师（即车师，今新疆维吾尔自治区吐鲁番市西北）虽是小国，却地处咽喉要道，位于西域的东端，与河西走廊西段距离较近。

汉使前往西域必经两国，两国要为使者提供必要的服务，这让他们苦不堪言。矛盾最终升级为攻击劫掠汉使王恢等人，两国又为匈奴通风报信，唆使匈奴出兵截击汉使。有些汉朝使者虽然素质有待提高，但毕竟代表大汉出使，劫掠汉使是对大汉的严重冒犯。

汉使就撺掇武帝出兵，理由除了上述原因，还有就是姑师、楼兰都是绿洲城邦国家，有固定的城池，但兵力薄弱，可轻易攻破。汉武帝连匈奴都不放在眼里，怎么能向西域小国示弱？

为了展示大汉国威，就在汉朝平定西羌的当年（前111），汉朝派公孙贺率领一万五千骑出九原塞二千余里，至浮沮井（今杭爱山脉北部）而还；赵破奴率领一万余骑出令居（今甘肃省永登县西北）二千余里，至匈河水（匈奴河，今杭爱山脉南部）而还。两路大军深入杭爱山脉南北两侧，竟然没有发现一个匈奴人。

汉朝出兵，一方面是回击匈奴与西羌的联盟，一方面则是为了保护出使西域的汉使不受攻击，但出兵深入漠北两千余里还不见匈奴一人，足见匈奴并不想和汉军正面冲突。

不过，西羌、西域诸国、匈奴的种种举动，让汉朝更加认识到河西走廊的重要性，于是分武威、酒泉地，置张掖、敦煌郡，徙民以实之。

紧接着（前108），武帝派赵破奴率领属国骑兵及郡国之兵数万攻击姑师。王恢一直抱怨被楼兰攻击劫掠，武帝决定为他出气，命王恢辅助赵破奴。赵破奴拨给王恢轻骑七百。王恢虽是一个商人，却也不含糊，带着七百轻骑为先锋，毫无阻力地俘虏楼兰王，击破姑师。

汉朝对西域两国用兵且轻易获胜，对乌孙、大宛等西域国家起到了威慑。同时，汉朝加大了对通往西域要道的防护，从酒泉开始设置边防要塞，延伸到阳关、玉门关，也就是将秦长城从令居（今甘肃省永登县西北）延伸到阳关、玉门关。

从公元前121年到公元前108年，河西四郡正式进入历史舞台，纳入了中原王朝的政治版图。河西走廊地处三大高原——蒙古高原、青藏高原、黄土高原——核心地带，谁控制了河西走廊，谁就拥有在游牧族群与农耕族群较量中的主动权。从此中原的农业区逐步推广到河西走廊，并且最终与西域天山以南的绿洲农业区连成一片。汉朝的政治影响也顺利扩张到西域，进一步削弱了匈奴的势力。而且，河西四郡的建立保障了中西丝绸之路的畅通，河西走廊也成为中西文化的汇集地。

和亲困局

公元前112年，武帝亲率大军到安定郡，巡行西北，这是汉武帝六次出巡安定郡的首次，阵容强大。接着（前111），汉帝国又灭了南越国（今中国岭南地区及今越南北部区）。汉武帝认为到了给匈奴下最后通牒的时候了。

公元前110年，汉武帝统帅十八万大军出巡北疆，大军从长安出发，自云阳（今陕西省淳化县西北）向北，经上郡、西河、五原，出长城，再向北登单于台，直至朔方，最后在后套平原大阅兵，炫耀汉家武力。他遣使臣郭吉告知乌维单于，"南越王头已悬于汉北阙。今单于即能前与汉战，天子自将兵待边；单于即不能，即南面而臣于汉，何徒远走，亡匿于幕北寒苦无水草之地，毋为也。"单于闻言火冒三丈，当即下令将引见郭吉的官吏斩首，同时扣下郭吉，将其送到北海（贝加尔湖）苦寒之地。

乌维单于既然不想臣服于汉朝，但也知道与汉朝作战必败无疑，也就忍了，继续在漠北养精蓄锐，并经常遣使请求和亲，这应该是赵信的主意。

汉王朝分析利弊，认为和亲也可以，既然匈奴有诚意，不妨打探下虚实。公元前107年，北地人王乌出使匈奴，他生在边地，对匈奴的生活习俗非常了解，在言行举止上无不展示对匈奴的尊重。

他放下旄节，黥面入单于大帐，这让乌维单于很受用。确实，他已经很久没得到汉使如此尊重了。乌维单于承诺会遣太子入质汉朝，以求和亲。要知道，在匈奴的过往历史中，遣太子为人质只发生在匈奴对当时强大的月氏，此后再没有太子入质他国之事。至于与汉的和亲，匈奴一直处于强势地位，根本没有入质一说。王乌很兴奋，毕竟外交成果超预期地好。

一向桀骜不驯的匈奴怎么会轻易向汉朝低头？这当然与双方实力的此消彼长有关系，匈奴被汉朝打出漠南，河西走廊被夺，西羌盟友被切割，尤其是乌孙与汉朝的和亲对匈奴打击很大。

跟随张骞来到长安的乌孙使者，对汉朝有了直观的了解。于是，乌孙决定与汉朝建立友好关系。乌孙本是匈奴扶植起来的，加之两国领土相连，共同主宰着天山以北的游牧族群。可汉朝却把触角伸向了乌孙，而乌孙也与汉朝眉来眼去。这让乌维单于怒火中烧，决定出兵教训下乌孙。

乌孙见势不妙，转头看看旁边的大宛、月氏等国也都与汉朝建立了频繁的外交往来。考虑到当前形势已经发生了重大转变，匈奴已经不是当年的匈奴，乌孙决定与汉朝建立联盟。

公元前108年，乌孙派使臣向汉朝传达愿意和亲，结为兄弟之国。汉廷经过研究，提出乌孙既然要与汉朝和亲，必须先下聘礼。乌孙下了丰厚的聘礼后，顺利迎娶了汉家公主。汉家公主是江都王刘建的女儿刘细君。

匈奴发现如果对乌孙动武，只会让乌孙彻底投入汉朝怀抱，既然汉朝可以和亲，索性匈奴也与乌孙和亲。乌孙面对两个超级大国，谁也得罪不起，经过权衡，乌孙王昆莫封汉公主为右夫人，封匈奴公主为左夫人。左夫人地位高于右夫人，看得出乌孙还是特别畏惧匈奴，这也没办法，谁让两国毗邻呢。

细君公主不习惯游牧生活，便自建宫室居住，一年内与乌孙王只见面一两次，一起置酒饮食。乌孙王已经年老，公主正值芳龄，一老一小，言语又不相通，让公主很苦闷，加深了思乡忧愁，乃作歌曰：

"吾家嫁我兮天一方，远托异国兮乌孙王。穹庐为室兮毡为墙，以肉为食兮酪为浆。居常土思兮心内伤，愿为黄鹄兮归故乡。"

武帝得知后，对公主也很同情，但也只能在物质方面给予安抚。乌孙王自知年老，决定把细君公主嫁给孙子军须靡。细君公主哪肯依从，就上书武帝抱怨。武帝回复道："你要遵从乌孙的风俗，因为我们要联盟乌孙共灭匈奴。"细君公主为了大汉灭胡大计，只得改嫁军须靡。昆莫去世后，军须靡即位，号为昆弥王。

汉朝与乌孙和亲，削弱了匈奴对西域的控制力，此时汉朝已征服了东边的朝鲜半岛，从东、西、北三面对匈奴形成合围之势。

王乌向汉廷汇报了匈奴愿意遣送太子为质和亲，汉廷认为匈奴已经示弱。不过很快事情出现了重大变故，力主和亲的赵信去世。汉朝派出的使臣杨信又以大汉神威附体，对匈奴风俗视而不见，无法进入单于大帐。最终乌维单于做了让步，出大帐会见杨信，但他彻底推翻之前的说辞，要求按照以往的和亲条件，汉嫁公主到匈奴而且带上丰厚嫁妆，匈奴保证不侵扰汉朝边境。

杨信回到长安后受到了批评，汉廷指责他缺少变通，不宜做外交官。汉廷再次派王乌出使匈奴，不过乌维单于不再提遣太子去汉朝为质，而是上了新高度，愿意本人亲自到汉朝面见天子，并结为兄弟。王乌大概手舞足蹈地跑回长安，汇报这个天大喜讯。

在匈奴看来，如果汉使不是宠臣和重臣，无外两种情况：是儒生必定是来游说的，是年少的肯定是来指责的。匈奴对此有应对，对待游说的就驳倒，对待指责的就挫其锋，总之汉朝不会得到想得到的。不过武帝真相信了，下令在长安为单于修建宫邸。

匈奴一看汉朝当真了，就找了新理由，说以前派往匈奴的汉使地位过低，只有派高级官员来，他们才会说实话。也就是说，匈奴之前的承诺不算数，但不是匈奴的错，是汉朝派遣的官员级别太低。匈奴派出一位贵族来汉朝进一步协商和亲事宜，可没想到此人到了汉朝就病倒了，汉朝虽然全力医治，还是无力回天。

出使的贵族死在汉朝成了重大外交事故，汉廷派二千石级别的高官路充国出使匈奴妥善处置此事。汉朝将贵族灵柩护送回匈奴，并给予丰厚的丧葬费。但乌维单于认定贵族是被汉朝谋害的，并将路充国扣留。可见，乌维单于无意派太子去汉朝，更无意亲自去汉朝，明知实力不如之前，还是不想让步。和亲谈崩，匈奴如同以往，出奇兵骚扰汉边，汉朝命郭昌与赵破奴屯兵于朔方，加以防范。

公元前105年，在位十年的乌维单于逝世。他在位期间，匈奴退守漠北休养生息，并未与汉朝发生大规模战争。他依然坚守既往的和亲条件，坚持地位对等，不肯臣服于汉。其子乌师庐继单于位，因为年轻，号为"儿单于"。儿单于担心汉朝用兵，又向西北方向迁徙，左部兵锋直对云中郡，右部兵锋直对酒泉、敦煌郡。

第二节 西域争锋

受降之城

汉朝派使者前往匈奴，对前单于逝世表示沉痛哀悼，并向新单于表示深切慰问，算是常例。这次当然也不例外，例外的是派出了两名使者，一个去慰问单于，一个去慰问右贤王，目的是离间他们叔侄关系，把匈奴搞乱。不过到了匈奴，就被人家识破，应该是提前获知了情报。儿单于虽然年纪轻，脾气可不小，暴怒，扣留了使者。汉匈之间遵守对等原则，匈奴扣留汉使，汉朝也会扣留匈奴使者。汉朝轻率的离间计得罪了新单于，汉匈关系再度紧张。

儿单于即位的第二年（前104），匈奴遭遇大暴雪，牲畜被大量冻死、饿死。儿单于年少，又喜好杀伐，引起国民的不安与反感。内部的恐惧势必造成离心，左大都尉不想引颈受戮，任儿单于胡作非为，打算杀单于降汉，希望汉军到漠北来接应。

武帝派公孙敖在塞外修建受降城，驻兵接应。受降城位于鸡鹿塞的西北方、光禄塞的外围，具体地址在今蒙古国南戈壁省瑙木冈县的巴音布拉格古城址。虽然受降城已经建在漠北地界，但汉武帝依然觉得受降城离单于庭过远，遂命赵破奴率两万余骑兵从朔方郡出塞，向西北方推进二千余里到浚稽山（居延之北，今杭爱山脉东端，分东浚稽山和西浚稽山）接应左大都尉。赵破奴如期而至，却不料左大都尉的特别行动被单于识破，其本人被诛杀。

儿单于下令左贤王部截杀赵破奴，两军激战，赵破奴俘虏匈奴数千人，胜利班师。就在距受降城四百里之处，遭到左贤王部八万骑兵包围。赵破虏过于轻敌，半夜出营寻找水源，被匈奴侦察兵俘获。匈奴乘势猛攻汉军，没了主帅的汉军放弃战斗，全军投降。

儿单于大喜过望，又出兵攻打受降城，久攻不下，便侵入边塞掳掠一番，扬长而去。汉受降城因筑于塞外，在大漠中成了一座孤城，但可屯兵驻扎，可攻可守。儿单于对受降城志在必得，次年又率军前来攻打，中途病死，在位仅四年（前105—前102）。儿单于是个狠角色，如果他寿命再长一些，匈奴的历史也许会部分改写。

儿单于去世，因其子过于年幼，匈奴部众共立右贤王呴犁湖为单于。右贤王乃乌维单于之弟、儿单于之叔父。

赵破奴全军覆没，汉廷群臣主张停止征讨大宛，集中精力对付匈奴。武帝则认为大宛如果不能征服，汉朝就无法控制西域，断匈奴右臂也就不会彻底，对汉朝迟早都是威胁。不过，汉武帝也不会坐视匈奴用兵边地，所以加大力度巩固防线。

公元前102年，汉武帝派光禄勋徐自为在阴山北部修建防御工事，也就是汉外长城，成南北两线排列，穿越乌拉特草原，近似弧形向西北方向延伸。起点是东南端的五原塞（即五原郡北境的边塞），终点是西北端的庐朐（阿尔泰山南麓某地）。汉外长城是包括了长城和沿线城池在内的整个防御体系，也称"塞外列城"，或者"光禄塞""光禄城"。不过光禄城不仅是泛称，确实有一座对应的城池存在，应该位于五原郡内或是位于长城上的城堡。这道防线由韩说、卫伉率军屯驻。

同时，汉武帝命路博德在居延泽（即居延海，今内蒙古自治区额济纳旗北）北修筑防御工事，即遮虏障。在居延泽的东北方与光禄塞相接，向西南伸延，包围居延海的北面和西北面，然后折向西南方，沿额济纳河中游进入酒泉郡境内，与东西走向的汉长城相接。

中原王朝建墙有瘾，一定要把匈奴拒于墙外，对墙外的大漠他们不感兴趣。可对匈奴而言，则是墙外的世界更精彩，俺想过去看一看。况且这墙都快建到自家门口了，委实欺人太甚。同年秋，匈奴出兵，避开新筑的长城，从东面包抄攻扰定襄、云中，杀掠数千人，折回时从五原郡北面沿途破坏该工事。同期，匈奴又派右贤王入酒泉、张掖，掳掠数千人。驻军玉门关的任文率军援救，击退匈奴，救回被掠军民。

公元前101年，呴犁湖单于得知贰师将军李广利攻破大宛国后正在返回，本想沿途截击，考虑再三，只好作罢。同年冬天，响犁湖单于病死，在位仅两年，其弟左大都尉且鞮侯继任单于。

西征大宛

自从汉朝占据河西走廊，汉朝与匈奴的战争已经不再是单纯的两国之战，往往是一场国际战争。西域虽然由支离破碎的绿洲国家和游牧国家组成，无法形成大一统的帝国，但是他们占有重要的交通要道，也是蒙古草原上游牧帝国的重要物资供给地。

西域诸国长期受匈奴控制，所以在汉匈对立中往往更倾向于匈奴。西域诸国的使者大量来到长安，汉武帝向他们展示大汉的强大与富足，虽然起到了一定的威慑作用，但是西域诸国在对待汉匈使者方面依然有区别，他们很反感汉朝使者，并不愿意为他们提供与匈奴使者一样的服务。

马是游牧部族最为重要的战略物资，为他们的长距离空间移动提供可能，而且游牧地区往往就是良马的产地。中原农耕地区少有良马，想要与游牧骑兵作战，就要组建骑兵，否则很难长途、快速、机动作战。之前汉朝发动的大战役都仰赖多年来组建的骑兵，其中一些马匹就是通过汉匈贸易获得的。在与乌孙和亲后，乌孙也为汉朝提供了一些良马，被称为"天马"。

大宛出产的马要比乌孙的马更佳，是极优良的战马。该马流出的汗水中有血，被称为"汗血马"，今天在中亚仍然可以发现这种"汗血马"。经研究，马身上有一种寄生虫，马因寄生虫的叮咬而流血。

来往于大宛与汉朝之间的使者得到确切消息，大宛将宝马藏匿在贰师城（今吉尔吉斯斯坦西南部的奥什），不肯献给汉使。武帝得知大宛有宝马，心里就发痒，立即派人携带金马，即金制的工艺品，和大量金钱前往购买。可大宛并不缺钱物，他们分析汉朝距离遥远，即便是汉朝使团也常因缺乏食物而死者过半，不可能兴师动众前来远征，而大宛的宝马绝对不可外流。大宛直接予以回绝。

汉使自认来自天朝大国，又不是来抢来夺，明码标价，童叟无欺，于是大怒发飙，口出狂言，砸碎金马，拂袖而去。大宛君臣看到汉使飞扬跋扈，也怒不可遏——大汉再强，也不能如此轻视我们吧！遂下令东边的附属小国郁成国（今吉尔吉斯斯坦奥什东北）截杀汉使。

汉武帝得知汉使被杀，勃然大怒。到过大宛的使者建议，大宛国弱，不超三千汉军加上强弓劲弩，足以征服大宛。一想之前七百人就可以让楼兰与姑师臣服，武帝也觉得可以远征。武帝任命宠姬李夫人兄长李广利为贰师将军，调发六千骑兵加上"不良少年"共数万人讨伐大宛。武帝用人不避亲，但用李广利为帅过于轻率。事在汉武帝太初元年（前104），当时关东已出现严重蝗灾，并蔓延到西北敦煌。

李广利第一次出征大宛非常不顺，连郁成小国都没攻下，于是领兵退回到敦煌，所剩士兵不过十分之一二，前后历时两年。他向朝廷请示暂时收兵，等增援部队到来再去讨伐。武帝大怒，责令敢入玉门关者斩，李广利只得留在敦煌，原地待命。

此时汉朝正与匈奴直接交战，赵破奴被俘，其所统部队覆灭。但武帝依然执意继续征讨大宛，在他看来，如果连一个小国大宛都不能征服，汉朝将丧失在西域的政治、军事影响力，西域诸国一定会死心塌地站在匈奴一边。于是，汉廷下了全国动员令，"天下骚动"，六万士兵增援，后勤保障充足，各类攻城技术人员随军前往，又增派十八万甲兵戍守酒泉、张掖以北，置居延、休屠两县，屯兵以护卫酒泉。

汉朝第二次西征大宛，所动员的力量可以踏平整个西域，这简直是向世界展示大汉雄威，西域当道诸国均感惊恐，主动提供军食。只有西域中部的轮台国（今新疆维吾尔自治区轮台县东南）闭门拒守，汉军围城数日，攻下轮台。李广利大军进抵大宛东境，击败大宛军，绕过郁成国，到达大宛都城贵山城（今乌兹别克斯坦卡散赛）。

康居的援军前往大宛，还没上战场，大宛贵族们就向李广利交出了大宛王的人头，献出汗血宝马。另一支千余人的汉军由于轻敌，在郁成国被消灭，只有少数人得脱，逃回李广利大军。李广利派出一支部队前往攻打郁成国，郁成王逃到康居，汉军尾追到康居。得知汉军已经征服大宛，康居便将郁成王交给汉军处置，押解郁成王的军士担心途中出现意外，于是将他就地斩首。

征讨大宛是一场国际战争，参与的国家不少，虽然有的只是象征性地出兵。汉朝与乌孙已经和亲，就要求乌孙出兵与汉军联合攻打大宛，乌孙虽然派出二千骑兵赶赴大宛，但一直采取观望态度。

匈奴当然不能坐视汉朝如此嚣张，作为西域的控制者，本该出兵阻止汉军，但匈奴实在不敢与汉军正面交锋，便派骑兵前往楼兰国，等着袭击返回汉军后面的使臣团队。当时任文正率兵屯驻玉门关，抓到匈奴俘虏，得知这一消息后报告给朝廷，武帝命任文率兵抓捕楼兰王，押到京城问罪。楼兰王分辩道："小国在大国间，不两属无以自安，愿徙国入居汉地。"武帝觉得他说的也有道理，让他回国探听匈奴动静。如此一来，匈奴与楼兰之间的信任被打破。

李广利获胜东归，沿途小国知道汉朝乃真强国，纷纷派出子弟前往汉朝做人质，汉朝也多次派出使者到大宛更西的国家，了解西方国家的风土人情，宣示大汉的威武和功德。自此，从敦煌向西直到盐泽（今罗布泊），建起了亭燧，而轮台（今新疆维吾尔自治区轮台县东南）、渠犁（今新疆维吾尔自治区库尔勒市至尉犁县一带）开始驻军屯田，并设置使者、校尉管理机构，为外交使者供给食物和提供安全保障。

大宛的汗血马终于到了汉朝，武帝非常高兴。之前他曾把乌孙马赐名"天马"，大宛马一到，武帝觉得"天马"之名才匹配汗血马，于是将乌孙马更名为"西极马"。无论是"天马"还是"西极马"，都是伊犁哈萨克马的先祖。武帝因此赋《西极天马歌》以示庆贺，诗曰：

"天马来兮从西极，经万里兮归有德，承灵威兮降外国，涉流沙兮四夷服。"

可见，在武帝心中，有了良马就可以征战天下，德被万邦。相应地，良马喜食的"牧草之王"苜蓿也引进中原。

征服大宛向世界宣告了汉朝的势力足以深入更西，汉朝不会因为空间距离遥远而放弃武力。西域诸国认识到在处理对汉关系上，应该放弃以往一味追随匈奴的做法，至少要保持中立观望。

虞常事件

汉武帝认为彻底征服匈奴的时机已经到了，于是下诏曰："高皇帝遗朕平城之忧，高后时，单于书绝悖逆。昔齐襄公复九世之仇，《春秋》大之。"汉武帝认为之前的汉匈关系根本不对等，汉朝是忍辱负重，之所以消耗国力动用武力，是基于《春秋》的复仇大义。在他看来，任何质疑或者反对他的都是不义的。

新即位的且鞮侯单于并不想和汉朝正面冲突，尤其汉朝此时气势正盛，便向外界传达："我是小辈，岂敢和汉天子争高下，汉天子是长辈。"然后将宁死不降的路充国等人全部释放，又派使者向汉朝进贡特产。

汉武帝觉得且鞮侯单于深明大义，汉朝也就没必要对匈奴继续动武。可见汉武帝在对匈奴策略上是灵活的，不是一味地就要把匈奴彻底灭掉，其实也不大可能。一旦灭掉，漠北草原的真空谁来填充呢？中原定居的农耕人很难从事游牧生活，就算有群体过上了游牧生活，其文化习俗也会逐渐与中原脱节，结果还是两种文明的对撞。说到底就是两种地理差异造成的文明冲突。

匈奴释放了善意，汉朝也要有所表示。公元前100年，汉武帝派苏武（苏建之子）一行，包括张胜与常惠等人，护送被一直扣留在汉朝的匈奴使者返回匈奴，同时给单于带去不少财物。按照常理，汉朝既然配合匈奴做出和好的姿态，且鞮侯单于应该抓住机会才对，没想到他翻脸比翻书还快，不再谦虚自己是小辈了，俨然是高于大汉天子的长辈。在苏武看来，单于太傲慢，令他很失望。

如果问题到此为止也就罢了，没想到一波未平一波又起，有人竟然在酝酿大动作，为汉匈关系又蒙上了阴影。正当且鞮侯单于打算派使者护送苏武等人返汉之际，缑王和虞常，以及随卫律投降匈奴的汉人暗中密谋，企图劫持且鞮侯单于之母到汉朝。

缑王是昆邪王的外甥，当年于河西之战后随昆邪王降汉，后于公元前104年的汉匈战争中，因赵破奴被俘，他也随着大军投降了匈奴。

卫律之父是长水（今陕西省蓝田县西北）的匈奴人，他与汉朝的李延年交情甚好，经李延年推荐，卫律代表汉朝出使匈奴。卫律返回汉朝的途中，听说李延年全家被收监，怕受到牵连，掉头跑到匈奴投降。单于对他不错，封其为丁灵王，参与共商大事。

李延年是汉朝的音乐家，其妹为李夫人，其弟为李季，其兄是李广利。李延年曾在武帝前演唱《佳人曲》，"北方有佳人，绝世而独立，一顾倾人城，再顾倾人国，宁不知倾城与倾国，佳人难再得。"武帝当场叹息："世上真有如此之人吗？"武帝的姐姐平阳公主接话说，李延年之妹就是这样的人。

李延年之妹妙丽善舞，武帝纳为夫人，李夫人所生之子是昌邑王刘髆。李夫人受宠，李家人鸡犬升天，开始显贵，但李夫人终究逃不掉红颜薄命的宿命，很早就去世了，李家也就渐渐失宠。李延年因其弟李季奸乱后宫受到连坐，也被灭族。当时李广利正在攻打大宛，未受牵连。待李广利攻下大宛，武帝觉得对李家有点儿太狠，遂封李广利为海西侯。

虞常乃卫律的部下，但他并不认可卫律的投降行为，总想找机会返回汉朝。在汉朝时，虞常与张胜很投机，当张胜出现在汉使团中，虞常秘密告诉张胜："听说皇帝怨恨卫律，我可以派伏兵杀之，我的母、弟尚在汉朝，倘若我有不测，还望你多多照顾。"张胜给了虞常一些钱物，支持他的行动。

一个多月后，且鞮侯单于外出打猎，只有阏氏和单于子弟留守。虞常正要借此时机行事，不料想一人趁夜逃跑，前去举报揭发。单于子弟先发制人，结果可想而知，虞常等七十余人终究寡不敌众，猴王在战斗中被杀，虞常被活捉。

单于命卫律负责审理该案，很快虞常被杀，张胜投降，常惠被扣留。如何处理苏武，卫律与单于花费了不少心思，使用了各种手段希望苏武投降，但苏武软硬不吃。且鞮侯单于欣赏苏武不屈的气节，又见他能在极端恶劣的环境下生存，视他为神人，就把他流放到北海（贝加尔湖）放牧公羊，直到公羊产崽才可以返回。苏武这一去就是十九年，到了汉昭帝始元六年（前81），即武帝去世后六年、狐鹿姑单于去世后三年，始得与常惠一同归汉。赵破奴趁着"虞常事件"乱局，从匈奴逃回汉朝。

第三节　十年战争

汉朝与匈奴争夺西域的控制权，主要围绕天山一线展开激烈角逐，因为天山就是西域的"农牧分界线"，处在北纬42度附近。天山北部是草原游牧区，属于欧亚大陆草原区。天山南部是绿洲农业区，一旦被中原王朝控制，那么从关中平原到河西走廊再到天山南部的塔里木盆地的农业区就连成一片。

虞常事件将汉匈关系再次降至冰点，战火继续燃起，且长达十年（前99—前90）。期间汉朝对匈奴发动了三次战争，而战争的主帅都是李广利。

天山—浚稽山之战

公元前99年夏季五月，武帝命李广利率三万骑兵从酒泉出塞，沿祁连山北麓向西北天山方向攻击匈奴右贤王，擒斩一万余人。可在返回途中遭遇匈奴重兵包围，加之多日缺粮，战力锐减，伤亡惨重。陇西人赵充国率领一百余人的敢死队杀出一个缺口，大军才得以解脱。此次战役，汉兵阵亡十之六七，赵充国受伤二十余处。李广利如实上奏，武帝召见赵充国，查看了他的伤势，嗟叹不已。

在李广利出兵的同时，武帝又派公孙敖率兵从西河（治平定县，今内蒙古自治区鄂尔多斯市东胜区）出塞，与路博德会师涿涂山（今阿尔泰山脉东南端与戈壁阿尔泰山脉西端间的山体），但毫无斩获。

李广利指挥的天山之战基本情况也就如此，但这场战争之所以重要，是因为还有一场孤立的战役存在，那就是李陵指挥的浚稽山之战。

本该负责李广利后勤补给的李陵向武帝请缨，愿率兵去分散单于兵力。武帝怀疑李陵不愿做李广利的下属，就告诉他没有骑兵可调拨。李陵则豪气干云，拍胸脯说："愿以少击众，步兵五千人涉单于庭。"武帝很欣赏李陵有其祖父李广之遗风，就同意了。

武帝是会用兵的，虽然五千人是李陵所说的勇士，但是一旦步兵在大漠遭遇匈奴骑兵部队，几乎就只能白白送死。所以，武帝命路博德中途接应李陵。路博德也是南征北战的名将，看了武帝的诏书，觉得李陵这孩子太狂妄，挺像他祖父，但是孤军深入过于冒险，况且还选了于己不利的秋季发兵。

路博德上书，秋季正是匈奴马肥兵壮之时，不宜主动与匈奴作战，建议李陵将出兵时间推迟到明年春天，并表示届时将与李陵各率酒泉、张掖五千骑兵分别攻打东、西浚稽山（今杭爱山脉东端，分东浚稽山和西浚稽山），必将获胜。路博德讲得非常客观，且理由充分，可是武帝多疑，怀疑李陵在搞鬼，吹完大牛害怕了，拉路博德来当挡箭牌。

武帝传诏给路博德为自己辩护说，本来想拨给李陵兵马，但这小子说能"以少击众"。武帝回避主要问题，完全是意气用事。路博德特意强调出兵的时机不对，武帝明明知道秋季不宜出兵，却还是固执出兵，拿将士的生命当儿戏。

不仅如此，武帝还改变了作战策略，命路博德立即出兵赶往西河，守住关键防线，应对匈奴的侵掠。命李陵务必于九月自居延遮虏障（今内蒙古自治区额济纳旗境内）出塞，深入东浚稽山（今杭爱山脉东端）南面探察匈奴动静，若无动静，退回受降城休整，并快速汇报军情，尤其是将与路博德之间的交流内容一并奏上。

武帝果然多疑，不停为内心加戏。在他的诏书中，不再要求路博德接应李陵，也没有说一旦李陵遭遇匈奴大军如何应对，却特别强调李陵要把与路博德之间的交流内容奏报。简直莫名其妙，算是老糊涂了，此时他已经五十七岁。

李陵率领骁勇善战的楚地步兵五千人，出居延向北推进，三十天后抵达目的地浚稽山，安营扎寨，组织绘制沿途山川地图，并派人向武帝快马奏报，武帝得知很高兴。不过，武帝高兴得有些过早，也许他真的以为李陵碰不到匈奴大军，而是按照他设计的既定路线返回休整。

李广终生最大的遗憾就是没能和匈奴单于直接对垒，痛痛快快地战一场。不过他的孙子李陵足以告慰他的在天之灵了。很不幸，李陵遭到了单于三万骑兵包围。面对如此悬殊的兵力，李陵并不畏惧紧张，他将军队快速驻扎在两山之间，以运输、救护、作战为一体的大车作为营垒，基本类似当年卫青漠北之战投入使用的"武刚车"。

李陵领兵冲出营垒，摆开阵势，前排持戟和盾，后排用弓和弩。下令击鼓则进攻，鸣金则收兵。匈奴见汉军人少，骑兵直接扑向汉军营垒。汉军利用强弓劲弩的优势，射杀匈奴军，逼得匈奴军退回山上。汉军趁势追击，杀匈奴兵数千人。

且鞮侯单于大惊，没见过这架势，立即召集左贤王、右贤王部八万多骑兵前来围攻李陵。李陵率部边战边向南撤退，数日后，来到一山谷中，此时汉军多数身带箭伤。李陵认为军队士气不如以前，怀疑有女人在军中。不出所料，果然有女人藏匿车中，这些女人是流放边塞的关东盗贼之妻女，随军中成了一些士兵的妻子。李陵把她们搜出斩杀，可怜这些女子受此无妄之灾。第二天再战，汉军斩杀匈奴三千余人。

汉军向东南方撤退，沿着通向龙城（今内蒙古自治区乌兰察布市阴山一带）故道走了四五天，到了一片沼泽芦苇地。匈奴人也懂兵法，竟然在上风放起火，李陵命部下放火烧出隔离带自救。汉军退到一座山下，已经占据南面山头的且鞮侯单于命其子率兵进攻。汉军退到林中与匈奴骑兵厮杀，又杀死匈奴数千人，并用连弩箭射击且鞮侯单于，且鞮侯单于下山退避。

李陵以几千步兵迎击数万匈奴骑兵，并且重创匈奴，打得单于已经开始怀疑人生。这从俘虏口中得到了印证，俘虏将相关情报告知李陵，匈奴确信李陵率领的是一支特种精锐部队，且连战连退，必定有大军埋伏。单于亲率大军如不能消灭几千汉军，会让单于威信大损，以后将无法再号令边臣，更不要指望与汉朝实现对等。还有四五十里路程，汉军就成功从山谷中撤到平地。如果现在放弃追杀，单于无法交代，如果一直追杀到底，又恐遭遇埋伏，最终单于决定，在汉军撤出山谷之前，匈奴全力一战，如仍不能取胜，立即撤军。

李陵获悉匈奴方面的情报，斗志更旺。虽然匈奴凭着骑兵多的优势，对汉军轮番进攻，但汉军战斗力依然强劲，又杀伤匈奴二千余人。单于彻底没了信心，准备提前撤兵。

单于准备提前撤军，意味着李陵完胜匈奴，可以封神了。但是战争最大的特点是不确定性，历史最大的特点是偶然性，既富有戏剧性，又充满奇幻色彩。一个很偶然的事件改变了战争走向，也改变了很多人的命运。就在此时，汉军的一名下级军官因受到上级军官欺辱，可能没有申诉的渠道，就逃到匈奴军中投降，把汉军的实情和盘托出。这个名叫管敢的军官改变了战争走向，也改变了很多人的命运。

对且鞮侯单于而言，这简直是喜从天降，他马上部署军队，从山上对山谷中的汉军四面放箭。汉军继续向南撤退，就差一天的路程就可到达安全区。汉军一天之内将五十万支箭全部射光，丢弃辎重，轻装继续后撤。

此时汉军有三千余人，有人砍下车的辐条做武器，就连文职人员也持短刀加入战斗。汉军又被一座大山所阻，只好退入狭谷。单于亲率大军截断后路，在险要处放滚石，经此一战，汉军多数被砸死，步入死局。

黄昏以后，李陵便衣走出大营，止住左右随从道："毋随我，丈夫一取单于耳！"此时李陵竟然要只身擒单于，也许只能寄托于奇迹了。良久后，李陵返回营中，叹息道："兵败如此，唯求一死！"有军吏就劝他效仿赵破奴，虽被匈奴俘获，但也可找机会再逃回汉朝。李陵则表示："吾不死，非壮士也！"

李陵承认无力回天，但还是心有不甘，叹了口气，对部下说道："倘若再有数十支箭，我们足以逃脱。现在已没有武器再战，天亮后，只能坐等被擒，不如各自逃命，至少有人会侥幸逃脱，把情况报告天子。"于是命将士每人带二升干粮、一块冰，约定到居延遮虏鄣会合。夜半时，李陵下令击鼓突围，但鼓破未响。

李陵与韩延年（韩千秋之子）跨上战马，十几名壮士随同一道冲出。匈奴数千骑兵随后追击，韩延年战死。李陵说道："我已无面目报谢陛下了！"于是投降。李陵虽然投降，但其他士兵分散突围，成功逃回边塞的有四百余人。

李陵的确是军事天才，司马迁评价李陵，"虽古名将不过也"，这个评价很高。司马迁认为李陵的投降是权宜之计。武帝认为司马迁为李陵辩护是有意贬损李广利，便对司马迁论以诬罔之罪，司马迁选择腐刑以赎身死。后来，武帝也觉得李陵投降与孤立无援有关，感到后悔，乃派使臣对突围回来的李陵余部慰劳赏赐。不过，他后悔的依据是上了路博德的当。事实上，造成浚稽山之战如此局面的，恰恰是武帝的多疑。

余吾水之战

经浚稽山一役，匈奴气势大增，第二年（前98）秋季，匈奴大军侵入雁门。雁门太守因为懦弱畏敌而获罪，被处死。雁门太守畏惧敌人，足以说明匈奴此次出兵规模之大。

公元前97年，汉朝再次全国总动员，征发"七科谪"（就是征发到边疆去服兵役的七种人，包括犯了罪的官吏、杀人犯、入赘的女婿、在籍商人、曾做过商人的人、父母做过商人的人、祖父母做过商人的人）和勇敢之士，派遣李广利率骑兵六万、步兵七万自朔方出塞，路博德率一万余人与李广利会合，韩说率步兵三万自五原出塞，公孙敖率骑兵一万、步兵三万自雁门出塞。这次出动的军队，明显骑兵大幅减少，而且三部人马各自为战。

匈奴得到汉朝要进行大规模远程作战的情报后，提前做了应对部署，不再像以往那样要么遭到突袭，要么全员坐等对阵。他们把非战人员及辎重、财物迁徙到余吾水（今图拉河，发源于肯特山，流入鄂尔浑河）以北地区，且鞮侯单于亲率十万大军在余吾水南岸迎战汉军。

李广利率部与单于大军连续交战十余日，无法取胜，撤还。韩说所率部没有收获。公孙敖与匈奴左贤王作战失利，撤兵。

武帝派公孙敖出兵还有一个目的，希望他深入匈奴腹地接回李陵。公孙敖无功而返，对武帝讲，从俘虏处得知，李陵在帮单于练兵以对付汉军。仅凭一个俘虏的话，也没做任何调查，武帝就下令对李陵宗族灭门，彻底将李陵逼到匈奴一边。后来，汉使到匈奴，李陵问使者："我以五千步兵横行匈奴，因无后援而失败，何负于汉而诛杀我全家？"使者答道："陛下听说您在给匈奴练兵。"李陵说："是李绪，不是我。"李陵也因此对汉朝不抱任何感恩之心，但他还是把李绪杀了，解心中之恨。平心而论，此事与李绪何干，冤有头债有主，李陵该去找武帝报仇。

且鞮侯单于的母亲要杀掉李陵，且鞮侯将他藏匿在北方，直到母亲去世，才让李陵回到王庭。且鞮侯单于将女儿嫁给李陵，封其为右校王。李陵与卫律作为降臣受到重用，地位显赫，卫律留在单于左右，李陵则在外地，有大事才到王庭会商。武帝死后，霍光、上官桀辅政，两人与李陵关系不错，想把李陵招回，但李陵拒绝，"丈夫不能再辱"，终老匈奴。

余吾水之战，匈奴应对汉朝的大军很从容，说明匈奴的实力得到了很大恢复。且鞮侯单于也在几次大战中，威望得以提升。可就在余吾水之战后次年（前96），且鞮侯单于逝世，在位六年（前101—前96）。

且鞮侯单于有两子，长子为左贤王，次子为左大将。按照匈奴的制度设计和且鞮侯单于的遗嘱，都要立长子左贤王为单于。可在且鞮侯单于逝世后，长子左贤王没能及时赶到单于庭，匈奴贵族们认为左贤王生病了，就改立次子左大将为单于。左贤王得到消息后，哪还敢来。

左大将派人将左贤王召来，让位给他，左贤王以生病为由推辞，左大将则表示："如果你不幸死去，再传位给我。"左贤王才答应即单于位，就是狐鹿姑单于。狐鹿姑单于封左大将为左贤王，可世事难料，生病的兄长没死，弟弟左贤王倒是没过几年病死。左贤王病死，其子先贤掸没能继承左贤王之位，被改封日逐王，日逐王地位低于左贤王。狐鹿姑单于将自己的儿子封为左贤王，立为法定继承人。狐鹿姑单于在位十二年（前96—前85）。

同样，余吾水之战后次年（前96），参与此役的公孙敖因为妻子以"巫蛊"害人，遭连坐被腰斩，汉朝又损失一员大将。公孙敖如果不跑回汉朝，一直留在匈奴，会怎样呢？

燕然山之战

狐鹿姑单于即位后，直到第六年（前91），才对汉朝边塞进行侵扰，入侵上谷、五原，杀掠官民。匈奴选择这个时间段，可能是对汉朝内部发生"巫蛊之祸"有所耳闻。长安城内太子军与丞相军厮杀，死了数万人，整个事件牵连者达数十万人，卫皇后（卫青之姐、太子刘据之母）被废自杀，太子刘据最终走投无路自尽。巫蛊之祸动摇了汉朝的根基。

对匈奴的进军侵扰，汉朝此时无暇顾及，没有做必要的回击。直到第二年（前90），匈奴又侵入五原、酒泉，杀死二郡都尉。武帝才命李广利率兵七万从五原出塞，商丘成率兵二万从西河出塞，马通率骑兵四万从酒泉出塞，反击匈奴。马通与商丘成因为参与镇压太子起兵而被封侯。

获悉汉朝又要大举出兵，狐鹿姑单于下令将辎重财物向北转移到郅居水（今色楞格河，源于今杭爱山脉北麓，流入贝加尔湖）一带；左贤王强迫部众渡过余吾水（今图拉河），到六七百里之外的兜衔山（今蒙古国乌兰巴托南部，图拉河上游）躲避；狐鹿姑单于亲率精兵渡过姑且水（今杭爱山脉东南的图音河），迎战汉军。

商丘成率兵深入漠北，没发现匈奴人踪影，遂撤兵返回。但是匈奴侦探到该支部队，狐鹿姑单于遣大将与李陵率领骑兵三万余人追击商丘成部，在浚稽山（今杭爱山脉东端，分东浚稽山和西浚稽山）包围了汉军。对李陵而言，浚稽山他最熟悉不过，九年前，他率领五千汉军也被围困于此，从此个人、家族的命运被改写。

双方反复交战九天，尽管两军人数相当，但匈奴军伤亡惨重，战到蒲奴水（今翁金河，在浚稽山东北），匈奴军彻底放弃，退兵而去。

马通率军来到天山（今北天山东段的博格达山脉），匈奴派大将偃渠与左右呼知王率领骑兵二万余人截击汉军，见汉军兵力强盛，掉头退走。马通部无所得也无所失。当时朝廷担心地处北天山要地的西域车师国（今新疆维吾尔自治区吐鲁番市西北）可能会出兵阻截马通部，派开陵侯成娩（降汉的匈奴人）率领楼兰（今新疆罗布泊西岸至若羌县一带）、尉犁（今新疆维吾尔自治区焉耆县西南）、危须（今新疆维吾尔自治区和硕县一带）等六国联军包围了车师，车师投降，臣属于汉。

无论是商丘成部还是马通部，以及支援的成娩部作战表现都可以，就看主力李广利的大军表现如何了。李广利率七万大军出五原塞后，进发至夫羊句山狭（今蒙古国达兰扎达嘎德市西南尚德山），狐鹿姑单于派右大都尉与卫律率领骑兵五千于此截击，李广利派出精于骑射的属国骑兵二千余人应战，匈奴伤亡数百人后迅疾后撤。汉军乘胜追击到范夫人城（在夫羊句山狭东北，相传为汉将所建，在其阵亡后，其妻率残部力保此城不失，故命名为范夫人城），匈奴军向北奔逃，不再对抗汉军。

李广利首战告捷，可谓踌躇满志。这次出兵作战与以往不同，如果他能获得不世之功，将为外甥昌邑王刘髆谋求储君之位增加政治资本。在李广利出征之际，他与亲家刘屈氂丞相共同祈祷神灵，助昌邑王荣登大宝。

李广利大军正在范夫人城休整，积极准备渡过郅居水（今色楞格河），直捣单于庭。梦想是美好的，但也最容易破灭。一个不好的消息传到了大漠，丞相刘屈氂的妻子被举报利用巫术诅咒武帝早死，刘屈氂与李广利密谋之事也败露。经查属实。作为武帝的侄子，仅当了不到两年丞相的刘屈氂于长安东市被游街示众并腰斩，其妻子和儿子被当街斩首；李广利的妻子儿女被收监。

李广利听到消息后，精神基本崩溃。有人提醒他干脆投降匈奴，可他知道投降匈奴的后果，肯定和李陵的下场一样，被灭族。唯一的办法就是立下显赫战功，求得武帝手下留情。李广利挥师北进，直抵郅居水（即色楞格河）畔，但匈奴军队早已离去。他命护军将领率二万骑兵渡过郅居水，好不容易见到了匈奴左贤王、左大将率领的二万骑兵，双方混战一日，汉军杀死左大将，匈奴兵死伤甚众。

倘能此时顺利班师，武帝还真可能对李广利网开一面，李家就此避过灭族之灾。可天不遂人愿，汉军长史认为李广利已经怀有二心，急于建功免灾，将全军置于险地，注定会失败。他与其他军官密谋擒住李广利，然后撤兵。李广利闻到风声，先下手为强，斩了长史。此时，李广利也知道军心涣散，已经不能再继续作战，索性率兵退至燕然山（今杭爱山）。

狐鹿姑单于获悉汉军内部情形，加之汉军长途奔袭至漠北腹地，已然疲劳不堪，于是他亲率骑兵五万拦击李广利。两军在燕然山展开大战，双方伤亡都很惨重。入夜后，匈奴在汉军前方挖了条深达数尺的沟堑，然后从汉军背后发动猛烈攻击。汉军是前有匈奴军杀来，后有沟堑阻隔，阵脚大乱。李广利见大势已去，只好率众投降。

狐鹿姑单于知道李广利乃汉朝的皇亲国戚，便将女儿嫁给李广利，对他的尊宠在卫律之上。武帝得知李广利投降匈奴，诛灭其全族。

汉匈之间的十年战争，经过三次战役，显而易见的是匈奴实力得到了恢复，而汉朝则损失巨大。

第四节　天之骄子

巫蛊之祸

征服乃至灭掉匈奴是武帝年轻时候的最大梦想，随着形势的发展，他也看到匈奴其实很难被彻底消灭，即便消灭了，非农耕的游牧地区也根本建立不起来完全隶属于中央集权的行政体系。他最大的希望是匈奴臣服于汉朝，即便和亲也无所谓，但是必须把汉初的附加条件剔除。

事实上，对匈奴的征伐并不是朝廷的多数意见，武帝也很清楚，他曾对卫青讲："汉家庶事草创，加四夷侵陵中国，朕不变更制度，后世无法；不出师征伐，天下不安；为此者不得不劳民。若后世又如朕所为，是袭亡秦之迹也。太子敦重好静，必能安天下，不使朕忧。欲求守文之主，安有贤于太子者乎！"（《资治通鉴·汉纪十四》）

武帝明白战争会带来的后果，但是他认为自己有责任把征伐四夷的使命完成，为汉家建立一套行之有效的制度，为子孙后代的生存发展提供足够的地理空间和安全屏障。可持续的战争会带来王朝的覆灭，武帝认为他可以掌控，这固然是因为对自己政治才能的自信，另外也是基于汉家七十余年的财富积累。武帝承认他所做的事情具有重大风险，所以他的继承者必须是守文之主，否则会重蹈秦亡的故事。谁最能胜任守文之主呢？只有太子刘据，也就是卫青的外甥。

武帝不是昏君，但是长期独裁专制，却会导致闭目塞听，逐渐走上昏聩之路。"巫蛊之祸"事件就很能说明问题。

所谓"巫蛊"，即巫鬼之术或巫诅（咒）之术。据说，就是以桐木制作小偶人，上面写下被诅咒者的名字、生辰八字等，然后施以魔法和诅咒，将其埋放到被诅咒者的住处或近旁，就可以让被诅咒者的灵魂被控制或摄取。汉朝时巫术之风盛行，由下层流行至上层，最终导致不可收拾的"巫蛊之祸"。

武帝晚年患病，他的宠臣江充指使匈奴的巫师骗武帝，声称武帝生病是因为皇宫中有蛊气。武帝一直沉溺神仙方术，信以为真，派江充严加侦查。江充与太子刘据曾有过节，怕太子继承皇位后报复，遂陷害太子，于太子宫中掘出人偶。

显然这是江充提前设计的，太子惶恐不安，事情到了有口难辩的地步，又不能去见武帝当面解释。当时更是传言武帝被控制，无奈之下，刘据发兵诛杀江充。江充的党羽报告武帝，说太子起兵造反。

得知太子造反的消息，武帝认为太子肯定是因为恐惧，又愤恨江充等人，不得已才发兵。武帝派使臣召太子前来解释，如果使臣能够正常履职，或许事情会有所转机，没想到使臣竟然不敢去见太子，回去竟然谎报："太子确实造反，要杀我，我逃了回来。"武帝大怒，命令不做任何抵抗的丞相刘屈氂发兵镇压。

武帝对太子很认可，相信他可以掌控好汉朝这辆大车，即便太子起兵，武帝起初也理解为无奈之举，可晚年的武帝并不能获得全面、准确、真实的信息，所以做了错误的决定，最终造成不可收拾的局面。大批人以巫蛊害人罪相互告发，经过调查发现多为不实，武帝再次确认当初的想法是对的，太子是因为恐惧而自保，很是后悔。

此时，负责守卫高祖刘邦祭庙的郎官田千秋趁势上书，为太子鸣冤。田千秋并没有证据，只是扔出一个似是而非的道理："子弄父兵，罪当笞；天子之子过误杀人，当何罪哉！"田千秋并不认为这是皇帝与太子之间的政治问题，而是父亲与儿子之间的伦理问题，父子其实是命运共同体，有小过，作为父亲也应宽恕。

田千秋把一个政治问题通过血缘伦理进行了化解，在以伦理为根基的中原文化体系中有其内在合理性。田千秋为了增加说服力，还特意补充，"我说的话是梦中一位白发老翁教的。"田千秋知道武帝信奉鬼神，此话就更有某种权威性了。

武帝豁然醒悟，召见田千秋，除了认可田千秋的观点外，武帝更相信，田千秋是高皇帝的神灵派来提醒自己的。既然是高皇帝神灵派来的人，那一定要成为辅佐大臣，武帝当即任命田千秋为大鸿胪，位列九卿。同时下令对江充满门抄斩，为太子彻底平反。

巫蛊文化当时在汉朝与匈奴都很流行，方士和各类神巫多聚集在长安，大都以旁门左道的奇幻邪术迷惑众人。江充带领胡人巫师到各处掘地寻找人偶，也算是两国文化互相影响的一个例子。很多人因"巫蛊"被处死，包括抗击匈奴的名将，如公孙敖、公孙贺、卫伉、韩说、赵破奴、商丘成、马通等。

　　经历了几十年战争，汉匈双方都疲惫了，尤其最近的十年战争，汉朝方面已经劣势明显。匈奴觉得有必要再向汉朝强调两个文明的意义。公元前89年，狐鹿姑单于给汉朝送来书信，再次强调了"南有大汉，北有强胡"的事实，并首次明确，"胡者，天之骄子也，不为小礼以自烦。"匈奴自称胡，比作天之骄子，与汉朝的天子平起平坐。在信中，狐鹿姑单于提出恢复和亲，开放边境贸易。"今欲与汉闿大关，取汉女为妻，岁给遗我蘖酒万石，稷米五千斛，杂缯万匹，它如故约，则边不相盗矣。"狐鹿姑单于的和亲政策依然坚持汉初时的条件。

　　按照武帝以往的作风，绝对不会答应的，具体如何回应，史料没有记载。按照对等原则，汉朝也遣使前往匈奴。单于左右见到汉使，想揶揄一番，便问汉使："汉是礼义之邦，听贰师将军李广利讲，你们的太子发兵造反了，怎么回事？"使者一听，知道找碴儿的来了。

　　他也不含糊，"确有其事"，使者并不否定，接着说，"不过是丞相与太子之间的个人争斗，太子发兵想杀了丞相，丞相诬陷太子，所以皇帝最终杀了丞相。"使者的回答与事实不符，如此回答更可能是回应李广利。使者强调，"不过是子弄父兵，最多抽打几鞭，小过错"，重复了田千秋的观点。说了这么多，使者还是觉得不过瘾，又补了一刀，"孰与冒顿单于身杀其父代立，常妻后母，禽兽行也！"把匈奴最伟大的冒顿单于骂为畜生。匈奴没占到便宜，反受其辱。不过，狐鹿姑单于也没放走使者，扣留了三年。

罪己罢兵

"巫蛊之祸"引发的政治灾难令武帝在人生的最后时刻清醒了，而田千秋的适时出现，也推动了武帝的改弦更张。武帝自我反省，"朕即位以来，所为狂悖，使天下愁苦，不可追悔。自今事有伤害百姓，靡费天下者，悉罢之！"田千秋顺势建议罢斥遣散方士。武帝对群臣自叹："向时愚惑，为方士所欺。天下岂有仙人，尽妖妄耳！节食服药，差可少病而已。"（《资治通鉴·汉纪十四》）一直追求神仙方术的武帝在生命最后时刻明白了以往所做一切都是徒劳。

武帝擢升大鸿胪田千秋为丞相，封为富民侯。武帝用人不拘一格，不到一年时间，就让田千秋由郎官一跃成为丞相，且被封侯。田千秋这种无任何资历与军功的人被快速提拔到丞相，中原王朝之前不曾有过，匈奴也不曾有过。

汉使到了匈奴，狐鹿姑单于就问："汉朝的新丞相是怎么当上的？"使者如实回答："因为上书言事。"单于不解，对汉朝的制度提出质疑："如果真是这样，汉朝设置丞相并非用贤，随便一个人上书就能当丞相。"这位使者应变能力不如上一位，回去后如实向武帝汇报，武帝认为使者有辱使命，本想杀了他，想了想，又放了。

武帝用人一直打破常规，汲黯曾当面批评武帝，"陛下用群臣如积薪耳，后来者居上"。说武帝在用人方面就像堆柴禾一样，后来的堆在上面。武帝重用田千秋其实也是摆出一种姿态，尽快扭转局面，重启汉初的无为而治，与民休息。封田千秋为富民侯，意在以明休息，思富养民，具体内容就在武帝颁布天下的《轮台罪己诏》。

在诏书里，武帝虽然为自己做了一些辩护，如为何出兵匈奴，为何选用李广利，但更多的还是检讨自己。在此之前，有关部门建议武帝在轮台（今新疆维吾尔自治区轮台县东南）驻军屯田，再从敦煌向西部修筑亭燧、城墙，逐步与轮台相连，以威镇西域各国，近距离支持乌孙。武帝没有赞同，要求全部停止，把工作重心转移到恢复社会生产上。

"巫蛊之祸"导致太子自杀，只能选任新太子，最后武帝决定立八岁的刘弗陵为太子，选任霍去病同父异母的弟弟霍光为大司马、大将军，金日磾为车骑将军，太仆上官桀为左将军，受遗诏辅少主。金日磾本是匈奴休屠部太子，兵败归降霍去病，可见无论汉朝还是匈奴，对待降者都展现了足够的宽容，并委以重用。

李广利也受到匈奴的重用，不过卫律对李广利很忌恨，以单于母亲生病为由，指使巫师用已故老单于的口气指责狐鹿姑单于："既然以前出兵祭祀时声称，生擒李广利来祭庙，现在为什么不兑现？"李广利于是被逮捕。李广利当然不信这些，大骂道："我死，必灭匈奴！"结果真的出现数月大雪，牲畜被冻死，人害疫病，少量的庄稼也难以成熟。匈奴人坚信这是触犯了神灵，狐鹿姑单于甚为恐惧，为李广利建了祠堂。

随同李广利最后一次出征匈奴的商丘成与马通，在李广利死去的次年（前88）也都死去。商丘成因被指控诅咒武帝而自杀，马通因为武帝诛灭江充势力而惧怕，莫名其妙参与谋反而被杀。

公元前87年，汉武帝去世，在位五十五年（前141—前87）。武帝时代终结了两大帝国的和亲，转而是长期的战争。武帝终其一生也没有彻底征服匈奴。匈奴、汉朝也因长期战争而国力大减，走向衰弱。武帝的存在对匈奴而言是灾难性的，汉军深入漠北穷追猛打，使匈奴畜牧不兴，民众疲惫。武帝去世后，匈奴希望回到和亲轨道上的意愿愈加迫切，只不过，恢复和亲之路充满太多变数。

第四章

命殒郅支城

第一节　危机重重

汉武帝时代终结,为匈奴与汉朝实现和平、休养生息提供了契机。回到休养生息轨道的汉朝出现了"昭宣中兴",可匈奴没有抓住机会,导致帝国走向了持续衰弱。

武帝去世后两年(前85),狐鹿姑单于亦去世,其子左谷蠡王继单于位,即壶衍鞮单于。壶衍鞮单于在位十八年,于宣帝地节二年(前68)去世,其弟左贤王继立为单于,即虚闾权渠单于。虚闾权渠单于在位九年,于宣帝神爵二年(前60)去世,右贤王屠耆堂继立为单于,即握衍朐鞮单于。握衍朐鞮单于在位三年,于宣帝神爵四年(前58)去世。三位单于在位时间近三十年,在此期间,匈奴内忧外患,危机重重。这当然是旧大陆时代所有帝国的危机共性,但对草原游牧帝国而言,其抵抗风险的能力更弱,稍有不慎,帝国就会分崩瓦解。

颛渠阏氏

匈奴人称妻、妾为"阏氏",称母亲则为"母阏氏"。匈奴单于的正妻称为"颛渠阏氏",相当于中原王朝的皇后,首位妃嫔称为"大阏氏",相当于元妃。

女人在游牧国家的地位很高,除了拥有继承权,她们对于军事、外交、司法事务的参与度比农耕国家更深广。尤其是匈奴的阏氏,她们可以直接干预国家政治生活,甚至决定单于的废立。

壶衍鞮单于、虚闾权渠单于、握衍朐鞮单于在位的近三十年间

（前85—前58），出现了两位阏氏参与国家权力的主导，这似乎大大加速了匈奴的内外危机。苦于资料的匮乏，我们无法翔实地介绍两位阏氏。

壶衍鞮单于能坐上单于的位子，就是倚靠其母亲，也就是狐鹿姑单于的颛渠阏氏。按照匈奴传统，一般应由左贤王继承单于位，左贤王为狐鹿姑单于之子，却不知为何没有获得继承权。狐鹿姑单于曾在贵族们面前立下遗嘱，以儿子左谷蠡王年幼无法主事为由，立自己的弟弟右谷蠡王接任单于。

狐鹿姑单于继位时曾许诺，将来传位给兄弟左贤王，不料左贤王早逝，其子先贤掸没能继承左贤王之位，被改封为日逐王。狐鹿姑单于的这种操作算不算违约背信？他的兄弟提前逝世，是不是意味着当初的契约自动终止？如果没有后续的事情发展，尽管他的侄子日逐王心中有些不舒服，但也不能说狐鹿姑单于做得不妥，可不立左贤王，改立右谷蠡王，这就给颛渠阏氏留下了操作空间。

颛渠阏氏当然希望自己的儿子立为单于，不能以其年幼作为改换的理由，况且颛渠阏氏相信自己有能力辅佐儿子治国。尤其是匈奴最重要的大臣卫律站在了她这一边。颛渠阏氏与卫律做了周密安排，他们封锁狐鹿姑单于死讯，以单于名义与贵族们盟誓，立儿子左谷蠡王为单于。贵族们是否发出疑问不得而知，毕竟先前单于当着他们的面说改立其弟，现在则是单于未出面的盟誓，只能说明颛渠阏氏与卫律已经完全掌控局面。

颛渠阏氏为了立其子为单于，谋划良久，用心良苦，只要是潜在的竞争者，她就一定铲除。狐鹿姑单于有个同父异母的兄弟，为左大都尉，德才兼备，民望极高，颛渠阏氏派人把他刺杀。总之，妨碍她儿子继承单于位的都要死。

左大都尉被杀，其同母兄长心生怨恨，不再到单于庭参会。继位失败的日逐王、右谷蠡王也心怀不满，谋划率众归附汉朝，又担心力量单薄难以成事。所以，他们改变了策略，胁迫卢屠王，一同西迁，归降乌孙，再借乌孙之力攻击匈奴。当然，他们的目的不是为了灭掉匈奴，而是要纠正匈奴的政治错误。

卢屠王不愿蹚浑水，就向单于告发。单于派人展开调查，右谷蠡王哪肯承认，不但不承认，还反咬卢屠王，卢屠王有口莫辩。史料载"国人皆冤之"，很可能卢屠王被冤杀。日逐王和右谷蠡王知道凶险随时都在，回到自己驻地，再也不去参加龙城大会。

壶衍鞮单于尚年幼，实际掌权的是其母颛渠阏氏。颛渠阏氏一方面在国内排挤诛杀一批人，一方面则于公元前83年派军入侵汉朝代郡，杀其都尉，进行挑衅。匈奴人非常忧虑，既对颛渠阏氏擅权乱政不满，又惧怕汉朝报复袭击。至于这位颛渠阏氏何时逝世，不得而知。

汉宣帝地节二年（前68），在位十八年的壶衍鞮单于逝世，其弟左贤王继立为单于，即虚闾权渠单于。虚闾权渠单于即位后，按照收继婚制，虚闾权渠单于应该娶壶衍鞮单于宠爱的颛渠阏氏，可是虚闾权渠单于没这么做，而是废黜了颛渠阏氏，封右大将之女为大阏氏，这不但引起颛渠阏氏之父左大且渠的怨恨，也导致颛渠阏氏与右贤王屠耆堂私通。

宣帝神爵二年（前60），在位九年的虚闾权渠单于患病，参加完龙城大会的右贤王屠耆堂准备返回王庭，颛渠阏氏告诉他，单于病得很重，随时可能去世，暂时不要走远。果不其然，几天后，单于去世。郝宿王刑未央紧急召集各地封王回来讨论立嗣问题。在其他诸王还没有赶回单于庭时，颛渠阏氏与其弟左大且渠都隆奇密谋，擅立右贤王屠耆堂为握衍朐鞮单于。握衍朐鞮单于是乌维单于之八代孙。

第二位颛渠阏氏隐忍九年后，一举实现了复仇，把自己的情人推上了单于位。握衍朐鞮单于即位后，采取残暴的手段排除异己，最终导致日逐王先贤掸降汉。

两位颛渠阏氏，前一位立其爱子，后一位立其情人，在匈奴走向衰弱的过程中扮演了重要角色。书写两位阏氏，旨在突出女性在游牧世界的地位，而且在匈奴走向衰弱的三十年间，连续两位女性参与最高权力在匈奴历史中也是比较特别的，只是限于史料的匮乏，无法展现两位女性的全貌。

和亲吊诡

匈奴的历史就是匈奴与中原王朝关系的历史，是"和"与"战"的历史。由刘邦与冒顿开创的和亲政策在相当长的时间里促进了双方的发展，即使有一些冲突，相对大规模战争而言，损伤也非常之小，也是不可避免的。自从武帝时代结束，无论匈奴还是汉朝都希望恢复和亲，匈奴表现得更为积极，可总是擦肩而过。

狐鹿姑单于去世前就希望与汉朝恢复和亲，壶衍鞮单于继位后，也暗示汉使想和亲。但是匈奴依然不能摆脱根深蒂固的操作，一边想和亲，一边武力犯边。该方法在匈奴军事强于汉朝时，还算不错。每次武力犯边，不但能掠夺物资，还可以提高和亲的筹码，更显示了单于的权威与能力，可目前状况下，匈奴还惯用此招，就显得不合时宜了。

公元前83年，匈奴莫名其妙地进行军事挑衅，为了避免汉朝报复，他们采取了必要的应对策略。曾长期在汉朝待过的卫律建议筑城，可工程进行大半，突然被叫停。反对的声音很有说服力，毕竟当年的赵信城是个活生生的例子，辛辛苦苦建完的城池却成了汉军的补给地，于匈奴毫无利处。卫律也认识到，匈奴已非昔日，此时不能再战了，与汉朝和亲为上策。在他的劝说下，匈奴释放苏武、常惠等人，向汉朝递去了橄榄枝。

匈奴的善意，汉朝乐见其成，此时汉廷正致力于休养生息。特别是汉昭帝始元六年（前81），霍光组织了一场重要会议，史称"盐铁会议"。会议历时五个月，代表民间声音的全国各地六十余位贤良文学，与以御史大夫桑弘羊为首的政府官员相聚长安，就武帝时期的各项政策进行了全面总结和辩论。

在对匈奴的政策上，贤良文学反对向匈奴使用武力，主张依靠德政的感化维持和亲局面。他们认为武帝对匈奴进行的几次大规模战争，都是好事之臣故意夸大敌情，欺骗了武帝，挑起了战端，这几次战争没能削弱匈奴，反而造成汉朝国势的衰弱，应该追究他们的责任。

桑弘羊则主战，反对和亲。他认为匈奴反复无信，屡次破坏和亲，侵扰边境，不能采用德政感化，只有通过战争才能阻止匈奴的侵扰，保证汉王朝的安全；他强调武帝反击匈奴的战争是成功的，保卫了国家边境安宁，是"当世之务，后世之利"，将会流传千古。

霍光基本贯彻了武帝《轮台罪己诏》中的精神，进一步推行

"与民休息"的举措。对"盐铁会议"上的建议,他做了取舍,没有
采纳贤良文学的感化政策,而是加强了边防建设。

似乎是为了配合汉朝"盐铁会议"后的对匈政策,第二年(前
80),匈奴派左部与右部的二万骑兵侵入汉朝边地。匈奴为此次
冒失的行动付出了惨重代价,汉军杀死和俘获匈奴军九千人,并且
活捉了瓯脱王。瓯脱王为匈奴诸王之一,对匈奴的军事部署、路
线非常清楚。

匈奴担心瓯脱王会成为汉军的向导,再次向西北迁移,远离了
水草丰茂之地。不过,匈奴并没有放弃瓯脱(边界)之地,不但派
军队驻防,而且又派九千骑兵驻扎在受降城,以防汉军。同时在北
边的余吾水(今图拉河,发源于肯特山,流入鄂尔浑河)上架桥,以
备危急之际迅速撤退。

匈奴在做好必要的准备后,再次意识到和亲的重要性。卫律
曾积极主张和亲,但总不被贵族们接受。现在卫律已经去世了,匈
奴面临的是"兵数困,国益贫"的窘境。单于之弟左谷蠡王耳畔回
响起卫律的话,觉得卫律有先见之明。

左谷蠡王虽然想和亲,但又多有顾虑,一方面大概还是担心
内部反对,一方面也担心汉朝回绝,就让身边的人旁敲侧击,告知
汉朝使者。当然,不能只是口头表态,实际行动也要跟上,对汉朝
的边境侵扰变少了,对待汉使的礼遇优厚了。汉朝也明白匈奴的用
意,遂对等采取温和政策。遗憾的是,左谷蠡王不久去世。

壶衍鞮单于在位初期的这场和亲,因为卫律、左谷蠡王的去
世而搁置。接下来的时间里,在汉匈之间的较量中,匈奴明显处于
弱势。即便如此,匈奴依然侵掠汉朝边塞,足以说明侵掠的确是游

牧部族的本性,是他们生活中不可或缺的一部分。

壶衍鞮单于去世(前68)后,虚闾权渠单于得知汉朝正减少边塞驻军,与民休息,非常高兴,召开贵族会议讨论和亲事宜。可由于虚闾权渠单于破坏了收继婚制,引起颛渠阏氏之父左大且渠的强烈不满,便从中作梗,破坏和亲。按一般的认知,似乎民族、国家利益在统治阶层中更应该放到个人、家族利益之上,但事实并非如此。

会议上,左大且渠建议:"前汉使来,兵随其后,今亦效汉发兵,先使使者入。"就是比照汉朝做法,使者在前,军队在后。在他人看来,这没什么,无非是效仿汉朝实施对等。虚闾权渠单于同样无异议。

左大且渠请求单于派他与呼卢訾王各率骑兵万人,南下沿汉朝边塞打猎,会合后趁机攻入塞内。这明显带有挑衅的意味,对和亲只会起到破坏作用,除非有个前提条件,就是一旦使者传回和亲失败的消息,他们就地攻入塞内报复。

但从实际情况看,两路大军尚未到达汉朝边塞,有三名骑兵逃到塞内投降,把匈奴欲入侵一事告知汉朝。事实证明,这是匈奴内部的阴谋,虚闾权渠单于在此过程中显得非常幼稚。

汉朝除了在关键地方增防外,又派了五千骑兵,军分三路,出塞数百里攻击,擒获一些匈奴人返回。左大且渠得知计划泄露,也就率兵退走。其实,这些都不重要,重要的是左大且渠实现了阻止单于和亲的目的,狠狠地教训了一下单于。和亲再次夭折。

虚闾权渠单于在位的最后一年(前60),率领十余万骑兵沿边塞打猎,在符奚卢山(今尚德山,位于蒙古国达兰扎达嘎德市西南）想伺机入侵汉朝边塞。计划很美好，但是消息泄露了。匈奴人题除渠堂投降汉朝，把匈奴单于的计划告知汉朝，汉朝封其为言兵鹿奚卢侯，并派后将军赵充国率领四万余骑驻扎在边塞九郡，加强防备力量。

一个多月后，虚闾权渠单于患病呕血，只好返回，汉朝也就此撤兵。经此折腾，虚闾权渠单于觉得还是要和亲，就派题王都犁胡次等人到汉朝请求和亲，谈判使团还没返回复命，虚闾权渠单于便去世了，和亲再次搁置。

匈奴的和亲总是无厘头地被搁浅，像被施了魔咒，形成了恶性循环，导致和又不成、战又不行的尴尬局面，最终走向自我分裂。

四面受敌

匈奴受到汉朝压制，向西北迁移，但又时不时寻机报复。公元前78年，匈奴出三千余骑兵攻入五原，杀掠数千人，又派数万骑兵向南沿着边塞打猎，顺便侵扰。只不过汉朝的边塞防御措施到位，匈奴终究没有多大斩获。匈奴在与汉朝的斗智斗勇中，没占得任何上风，却不承想，乌桓从东边杀出。

匈奴向西迁徙，东部空间被原来东胡分化出的乌桓、鲜卑慢慢填充。乌桓这次做得比较过火，把已故匈奴单于的坟墓掘了。匈奴人非常敬畏祖先、敬畏逝者，乌桓的做法简直天理难容。壶衍鞮单于派二万骑兵攻打乌桓。

汉朝一看，北部草原两大游牧部族开战了，便考虑如何从中获益。大将军霍光想趁机痛击匈奴，便咨询护军都尉赵充国。赵充国认为："乌桓也多次侵扰汉边,与匈奴没多大区别,况且匈奴对汉朝的侵扰明显减少。蛮夷自相攻击,我们作壁上观即可,如果此时招惹匈奴,只会多生事端。"霍光见赵充国不赞同,就询问自己的女婿中郎将范明友,范明友则主张攻击匈奴。于是,汉廷任命范明友为度辽将军,率领二万骑兵从辽东出击。

匈奴没想到汉朝会来凑热闹,好在之前匈奴做了撤退准备,躲避了汉军来袭。霍光也评估到匈奴可能会撤退,曾告诫范明友兵不空出,如果错过匈奴,就攻击乌桓。乌桓刚被匈奴一顿按地摩擦,稀里糊涂又被汉军突袭,六千余人被杀,三个王遭斩。汉军对匈奴没有任何收获,但对乌桓可谓战果颇丰,不过这自然让乌桓记恨于心,两年后,乌桓攻击汉朝边塞,范明友只得出兵迎战。

乌桓把已故匈奴单于的坟墓掘了,显然已经不把匈奴放在眼里。汉朝的"兵不空出"也意味着汉朝不希望蒙古草原上出现新生的游牧力量完全代替匈奴。

在西域地区,汉朝与匈奴的争夺依然很激烈,西域最大的国家乌孙最终倒向汉朝,与汉朝联军围殴匈奴。匈奴自觉很难与汉朝军事对抗,但万没料到被乌孙羞辱,气愤之余,失去了理智,打破草原上固有的出兵规律,竟然在冬季(前71)出动大军。壶衍鞮单于亲自率领一万骑攻打乌孙,收获不大。正想回军,天降大雪,一日之内雪达一丈余深,部众及牲畜冻死极多,活着回来的不到十分之一。

匈奴的意气用事,导致四面受敌。丁零从北边攻打,乌桓从东边攻打,乌孙从西边攻打。三国共杀死匈奴数万人,抢夺数万马匹以及众多牛羊。再加上饿死的,匈奴的民众死了十分之三,牲畜死了十分之五。匈奴国势大衰，匈奴的附属国纷纷背叛，相互攻伐侵扰。汉朝趁火打劫，派出三千余骑兵，分为三路攻入匈奴，俘虏了数千人。匈奴对汉朝无可奈何，只想和亲。

新即位的虚闾权单于本想和亲，最终因为左大且渠从中作梗，和亲失败，而老天也不遂人愿，发生了大饥荒，民众、牲畜死亡十分之六七。在这种情况下，匈奴还要征调两万骑兵防备汉朝袭击。匈奴的衰弱与天灾，引起属国属部离叛，驻牧匈奴东部地区的西嗕部落数千人，在其首领的率领下，驱赶着牲畜迁徙，在边地遭到匈奴军阻止，遂发生战争。西嗕部落死伤不少，无奈之下，向南归降汉朝。

在车师的争夺上，匈奴依然没有获得完全控制权，而北边的丁零又频繁攻击，匈奴对此也是无计可施。虚闾权单于想要进攻汉朝边塞掠夺一番，消息又被泄露，最后想要和亲，却又病死了。

到了握衍朐鞮单于即位后，由于其施政不力，导致日逐王降汉，匈奴彻底失去对西域的控制。草原上的政治格局全面洗牌，匈奴作为百蛮之国彻底没落了。

第二节　败走西域

武帝时代终结后的三十年间，匈奴步入了危机，危机表现在多个方面，尤其是被迫退出西域。西域是匈奴最为重要的经济、军事补给地，一旦退出，对匈奴将是致命的。汉匈西域争夺主要围绕南北两道关键国家以及关键区域进行。关键国家,如最接近中原王朝的楼兰、车师,其他则有中部的龟兹,西部的莎车,天山之北、伊犁河流域的乌孙。关键区域,如河西地区。

楼兰:傅介子行刺安归

楼兰因为遭到汉朝军事打击,只好同时向匈奴、汉朝两国称臣,并把王子质于两国。第一个质子在汉朝经常犯法,被处以宫刑,也不知道汉廷怎么想的,处以宫刑也就终结了质子的王位继承权。当楼兰王去世后,楼兰请汉朝质子回国继任,汉朝很是被动,就找个理由拒绝了,于是楼兰改立他人为王。当这位楼兰王也去世后,匈奴立即把王子安归护送回去,安归得以继任楼兰王位。汉朝虽觉得窝火也没办法,只得承认。为了维持对楼兰的控制,汉朝诏令安归到长安朝见。王后劝说安归:"先王遣了两个质子入汉都不见回来,你怎么还能去呢?"事实的确如此,楼兰王安归婉言拒绝。

楼兰东陲的白龙堆是今天的库姆塔格沙漠,在新疆罗布泊以东至甘肃省敦煌市之间,是汉朝出使西域的必经之地。但因为水草匮乏,所以楼兰要为汉使和商队提供必要的补给,这是他们非常不愿意的。

楼兰本就与匈奴关系密切,汉朝势力介入,并没有给楼兰带来好处,反倒是各种麻烦与欺扰。此时亲匈奴的安归继位,对待汉朝的态度可想而知,依仗匈奴的支持,楼兰数次出兵攻劫、袭杀汉使。

在汉朝做质子的尉屠耆,即楼兰王安归之弟,思来想去,觉得只有依靠汉朝这棵大树，自己才能有所作为，否则只能终老他乡。于是，尉屠耆投降汉朝，说出了楼兰的一些内情。

此时（大约前80—前78），傅介子正要出使大宛，昭帝就命他顺道去谴责楼兰、龟兹两国背叛汉朝。对于傅介子的谴责，两国并不否认，都道歉服罪，可事实是两国都阳奉阴违。

归国的傅介子向大将军霍光汇报："楼兰、龟兹两国多次反复，不诛杀，就无所惩戒。"傅介子认为可以刺杀龟兹王，并毛遂自荐。霍光也觉得龟兹、楼兰需要教训，但又不打算出兵，希望靠刺杀在西域立威。不过霍光也有些忧虑，所以他建议傅介子先到离汉朝比较近的楼兰试试。

武帝曾在罪己诏中讲过，有人建议刺杀单于，他是反对的，反对的理由是条件不具备。之所以现在对西域诸国采取刺杀行动，是因为傅介子认为他们的防卫松懈，常人很容易接近国王。果然傅介子到了楼兰，用些小计谋就接近了楼兰王，并在酒宴中将其刺杀。他当场宣告楼兰王背叛汉朝之罪，说道："天子派我诛杀楼兰王安归，应改立尉屠耆为楼兰王。汉朝大军即刻就到，不可轻举妄动，否则招来灭国之灾！"傅介子将楼兰王安归的头割下，派人送到长安，悬于未央宫北门之外。

公元前77年，汉朝立尉屠耆为国王，并赐印绶，改楼兰国名为鄯善，迁都扜泥城（今新疆维吾尔自治区若羌县附近）。尉屠耆在告别仪式上向昭帝请求："我久居汉朝，如今回国势单力弱，况且前国王之子尚在，恐被其报复。"他建议汉朝在伊循城（今新疆维吾尔自治区若羌县米兰镇）驻兵屯田，协助镇抚鄯善。汉朝派司马一名、部属四十人到伊循城驻兵屯田。伊循城成为中原王朝最早的屯垦戍边城市。以后，自玉门关至楼兰故地，沿途都设置了烽燧、亭障。

楼兰所处的罗布泊地区干燥、高温、少雨、多风沙。春季风沙肆虐，夏季酷热难当，交通极其不便。汉朝花大力气经营楼兰道是无奈之举，虽然交通不便，毕竟处于匈奴势力边缘，距离敦煌最近，又能沟通西域南北两道，所以，楼兰道始终是西汉通往西域的唯一交通干线。在整个西汉时期，最便于通行的伊吾（今新疆维吾尔自治区哈密市）通道，始终处在匈奴的直辖区。匈奴以蒲类海（今新疆维吾尔自治区巴里坤湖）地区为重要驻牧地，牢牢控制着包括伊吾（今新疆维吾尔自治区哈密市）通道在内的天山北麓和南麓东部地区。

龟兹：常惠为赖丹复仇

李广利征伐大宛时，一举灭了与龟兹国（今新疆维吾尔自治区库车市）东部接壤的轮台国（今新疆维吾尔自治区轮台县东南）。在班师返回时，途经南道扜弥国（今新疆维吾尔自治区于田县），得知其太子赖丹质于北道的龟兹国，派人责问龟兹，告知龟兹无权这样做，并将赖丹带至长安。

轮台为西域北道要冲，桑弘羊曾提议在轮台驻兵屯田，武帝没有同意，并颁布《轮台罪己诏》。"盐铁会议"后，霍光认为驻兵屯田轮台符合汉朝的长远利益。此时，他想到熟悉当地风土人情、一直留在长安的赖丹。公元前77年，赖丹被汉廷任命为校尉将军，全面负责轮台屯田事宜。赖丹成为中原王朝在西域任命的第一位当地官员。

汉朝自认下了一步好棋，龟兹却老大不满，他们认为扜弥本为龟兹属国，只是汉朝粗暴干涉才导致今日局面。赖丹成为汉朝官员也无不可，关键是到龟兹边界来屯垦严重威胁龟兹安全，于是派人杀死赖丹，然后上书汉朝谢罪。龟兹的做法严重挑衅了汉朝权威，毕竟杀害的是汉朝命官。龟兹一方面向汉朝主动谢罪，一方面却与匈奴保持密切往来。

傅介子从大宛返回时，又到了龟兹，发现出使乌孙的匈奴使者在返回途中也在龟兹逗留，这说明龟兹并未真心投降汉朝。傅介子率其随从杀死了匈奴使者，算是警告龟兹。

公元前71年，待汉朝与乌孙联军大败匈奴后，宣帝命常惠出使乌孙，奖励乌孙贵族，常惠趁机提出顺道去惩罚杀死赖丹的龟兹，宣帝觉得不妥，但霍光却暗示常惠可以相机行事。常惠便是当年与苏武一起出使匈奴、后与苏武一同被放回的副使。他的后半生主要在西域活动，是一名出色的外交家。

常惠率领五百部众从乌孙返回时，就着手惩罚龟兹，征调途中经过的龟兹以西各国军队二万人，又命副使征调龟兹以东各国军队二万人，以及乌孙军队七千人，从三面进攻龟兹。在三路大军对龟兹国形成合围之前，常惠先礼后兵，派人指责龟兹杀死赖丹之事。龟兹王辩解："此事是先王在世时，误听贵族姑翼之言而做的错事。"常惠则要求龟兹王把姑翼捆缚送来，对龟兹王也就不予追究。龟兹王将姑翼逮捕送到常惠处，常惠将姑翼斩首，赖丹之事才算结束。常惠可以征调沿途各国军队，可见汉朝在西域的影响力加强。

乌孙：解忧向汉家求援

对汉朝在西域的频频举动，匈奴也积极反击。匈奴一边侵扰汉朝边境，一边打算彻底切断乌孙与汉朝的联系，恢复对西域的绝对控制权。龟兹、楼兰固然重要，可乌孙更重要。乌孙是西域大国，一旦乌孙彻底臣属匈奴，整个西域的局面就会有利于匈奴。

乌孙的国内形势是：细君公主已经去世，汉朝把楚王刘戊的孙女解忧再嫁乌孙王（乌孙首领称为"昆莫"或"昆弥"，即乌孙王）军须靡。由于其胡妻所生之子泥靡年纪尚小，军须靡临死前，将王位传给堂弟翁归靡，即叔父大禄之子，并嘱咐"等泥靡成人后，要把王位归还"。翁归靡即位后，号称"肥王"。按照收继婚制，再娶汉公主刘解忧为妻，并生下三儿二女，长子名叫元贵靡，次子名叫万年，三子名叫大乐。

解忧公主不似细君公主那般多愁善感，而是一位出色的政治家，就连她带的侍女冯嫽不仅是位出色的政治家，更是中国历史上第一位女外交家，两人在发展汉朝与西域的关系上起着举足轻重的作用。

匈奴不满乌孙的骑墙政策，但又找不出更好的办法，所以就与车师联军，进攻乌孙。匈奴此举最大的风险是，一旦用兵失败，乌孙将一边倒向汉朝。

解忧公主上书娘家汉廷，希望昭帝派军支援。汉朝准备出兵，却赶上昭帝去世（前74），故而推迟出兵。汉宣帝（前91—前48，因"巫蛊之祸"而死的太子刘据之孙）刘询即位后，派光禄大夫常惠出使乌孙。

常惠去乌孙了解情况，带去新皇帝对汉公主及乌孙王的慰问。

汉公主刘解忧及乌孙王翁归靡都遣使上书汉朝，报告匈奴接连派出大军袭击乌孙，又派使者威胁乌孙必须交出汉公主，断绝与汉朝往来。乌孙迫切请求汉朝出兵援救公主和乌孙王。把汉公主置于乌孙王之前，其政治意义明显，汉朝必须做出回应。同时，乌孙王承诺将派出五万精锐骑兵与汉军协同作战。

汉宣帝本始二年（前72），汉朝以御史大夫田广明为祁连将军，率骑兵四万余人，从西河出塞；度辽将军范明友率骑兵三万余人，从张掖出塞；前将军韩增（韩说之子）率骑兵三万余人，从云中出塞；后将军赵充国为蒲类将军，率骑兵三万余人，从酒泉出塞；云中太守田顺（田千秋之子）为虎牙将军，率骑兵三万余人，从五原出塞；校尉常惠持节协助乌孙作战，乌孙王亲率五万余骑兵，从西面进攻匈奴。这样，汉朝与乌孙二十余万联军直奔匈奴而去。

匈奴已经很久没见到如此大规模的军队，硬碰硬的事情他们不会做，况且自己现在也不硬。于是人、牲畜、财物大撤退，汉朝五将军虽然收获不大，但在车师屯田的匈奴兵见汉朝气势，只好撤走，车师再次臣属汉朝。

乌孙一路斩获颇丰。公元前71年，乌孙军队攻至匈奴右谷蠡王王庭，俘虏单于父辈贵族及单于之嫂、公主、名王、犁污都尉、千长、骑将及以下共四万人，缴获马、牛、羊、驴、骆驼七十余万头。乌孙将俘获的人、畜等全部留下自用。此战后，宣帝封常惠为长罗侯，又派他携带财物前往乌孙，赏赐有功的乌孙贵族。

匈奴经此打击，民众伤残逃亡和在长途迁徙中死亡的牲畜不可胜数，国力衰耗，更加怨恨乌孙，本想报复乌孙，却遭遇大雪，损失惨重。乌孙王翁归靡决定摆脱匈奴，与汉朝结盟。宣帝元康二年（前64），翁归靡上书，"愿以汉外孙元贵靡（解忧公主之子）为嗣，得令复尚汉公主，结婚重亲，叛绝匈奴"，宣帝答允，乌孙与汉朝的结盟正式被确立。

莎车：冯奉世调兵平叛

只要匈奴不过于霸道，西域国家更愿意与匈奴建立良好的关系，这与西域国家的历史、文化、习俗有很大关系。地处西域西部的莎车国（王治莎车城，今新疆维吾尔自治区莎车县）就对汉朝很不满，希望靠自己的力量把西域重新纳入到匈奴体系。这个事情还要从解忧公主说起。

解忧公主的幼子万年受到莎车王的宠爱，很大原因是莎车王无子。当莎车王去世后，莎车贵族们以先王喜欢万年为由，决定让万年继王位，既可托庇于汉朝，又可取得乌孙的欢心。当时万年正在汉朝，莎车上书请求立万年为莎车王。汉朝同意所请，派使臣奚充国护送万年前往莎车。不料，万年当上莎车王后，就显示出残暴的一面，令莎车人悔恨不已。

故莎车王弟呼屠徵联合邻国杀死万年及汉使奚充国，自立为莎车王。当时（前65），匈奴正在攻打屯田车师的汉军，虽然没有攻下车师，但是给了莎车王反汉的底气。莎车王遣使扬言："西域北道各国已归属匈奴。"于是派兵攻打南道各国，与各国歃盟叛汉，西域自鄯善以西全部与汉朝绝交。

冯奉世奉命出使西域，护送大宛等国宾客到伊循城（今新疆维吾尔自治区若羌县米兰镇）。正赶上莎车国叛汉，而都护郑吉、校尉司马熹还在北道与匈奴周旋。冯奉世与其副使商议，认为如不立即攻击莎车,那么莎车将日益强盛,难以控制,危及整个西域。于是,假托宣帝的名义征调各国军队,南北两道共一万五千人,进攻莎车。莎车城被攻克,莎车王自杀,首级被送至长安,改立前莎车王侄子为莎车王。冯奉世此举威震西域。宣帝本意要给冯奉世封侯,但少府萧望之反对,认为冯奉世擅制违命,发诸国兵,虽有大功,但不该鼓励后人效法,否则会为国家生出事端。

车师:郑吉都护南北道

车师(王治交河城,今新疆维吾尔自治区吐鲁番市东北),初名姑师,扼天山缺口,南通楼兰,西通焉耆(王治员渠城,今新疆维吾尔自治区焉耆县西南)、龟兹等,西北通乌孙,东北通匈奴。匈奴要想控制西域,就必须经过天山东部地带,也就是车师所在地。车师是西域北道的要冲,是汉匈必争之地。整个汉匈西域之争可以简化为车师之争。

公元前108年,武帝令赵破奴击破姑师,威震乌孙、大宛等西域诸国。其后姑师余众北迁到北天山东段博格达山(准噶尔盆地和吐鲁番盆地的界山)南北,改称"车师",仍附于匈奴;公元前99年,汉廷命令成娩率楼兰兵出击车师,匈奴派右贤王带兵援救,汉军撤退;可能在公元前92年,匈奴日逐王在焉耆、危须、尉犁三国间设置"僮仆都尉","赋税诸国,取富给焉";公元前90年,成娩率领西域六国联军进攻车师,扫除马通大军赴天山的前进障碍,车师向汉朝投降。

公元前77年,西域门户楼兰彻底倒向了汉朝,匈奴已经无法通过楼兰阻止汉朝势力的西扩,车师此时的地缘地位更加突显。匈奴不但又降伏车师，并遣四千骑兵，效仿汉朝屯田车师，把车师纳入匈奴的军事、政治系统，以车师为军事据点，打压阻止汉朝西扩的势头，给汉朝带来很大威胁。

在汉朝与乌孙联军攻击匈奴之际（前71），屯兵车师的军队被迫撤走，车师降汉。匈奴大为恼火，召车师太子军宿到匈奴为质。军宿乃焉耆国王的外孙，不肯为质，逃到了焉耆。车师王只好改立乌贵为太子。乌贵继任车师国王后，主动与匈奴和亲，并建议匈奴截断汉朝与乌孙的通道。

车师背叛，汉朝也不能容忍。汉宣帝地节二年（前68），汉遣郑吉在渠犁（今新疆维吾尔自治区尉犁县）屯田积粮，准备进攻车师。秋收后，郑吉发兵攻破车师交河城（今新疆维吾尔自治区吐鲁番市西北），乌贵跑到北面的石城躲避。由于军粮用尽，郑吉罢兵，回渠犁继续屯田。第二年秋收后，郑吉征调渠犁屯田之兵一千五百人，以及西域诸国之兵万余人，再攻石城，乌贵向北奔逃，可匈奴并未发兵接应，乌贵索性返回车师降汉，为表诚意，还发兵攻击匈奴的附属边国。

匈奴得知车师降汉，发兵攻车师，见汉军势盛，只好撤走。郑吉也不知怎么想的，只留二十余人保卫乌贵，便引兵归渠犁。乌贵怕被匈奴报复，抛妻弃子，轻骑逃奔乌孙。匈奴召集车师余部迁徙到博格达山北麓，立前车师王昆弟兜莫为车师王。

郑吉将乌贵的妻子儿女护送至长安，并派三百人屯田车师。车师故地又失，匈奴也不甘心。在匈奴看来，"车师地肥美，近匈奴，使汉得之，多田积谷，必害人国，不可不争也。"公元前66年，匈奴遣左、右大将分别率领一万骑兵在右部领地屯田，想以此威慑西域各国，并准备入侵乌孙。

两年后（前64），匈奴遣左右奥鞬各率六千兵马，攻击在车师屯田的汉军，郑吉率领全部士卒一千五百人救援车师。匈奴又派出左大将增援，郑吉率领汉军无法抵御，只能退保于车师城中。匈奴将领在城下喊话："单于必争此地，不可继续屯田。"郑吉上书求救，"车师去渠犁千余里，间以河山，北近匈奴，汉兵在渠犁者势不能相救，愿益田卒。"请求宣帝增援，扩大屯田驻兵数量。

宣帝与后将军赵充国等商议，打算乘匈奴国力衰弱之机，出兵袭击其西部地区，使其不能再骚扰西域各国，但是丞相魏相反对。魏相认为，匈奴已有善意，又不曾犯边，汉朝没必要因为车师而发动大军。他的主要出发点还是考虑国内民众的压力，此时出兵得不偿失。宣帝接受了魏相的意见，派常惠率领张掖、酒泉的骑兵在车师北千余里扬威，匈奴见状撤兵，郑吉率将士返回渠犁。

汉朝召回已逃到焉耆的原车师太子军宿，立其为车师王，把车师国的民众都迁到渠犁，把车师故有土地让给匈奴。车师王驻地靠近汉的屯田区，与匈奴隔绝，跟汉朝的关系也就更加亲密。匈奴与汉的车师之争，结果是汉得其民，匈奴得其地。汉宣帝任命郑吉为卫司马，负责鄯善以西的西域南道诸国的安全。

汉朝责备乌孙不该扣留原车师王乌贵，并把乌贵带到长安，与其妻子儿女团聚，展现汉朝的大国风范。这一年是汉宣帝元康四年（前62）。

公元前60年秋，匈奴日逐王降汉，汉趁机击破车师兜訾城（今新疆维吾尔自治区吉木萨尔县境），收服车师，占据西域北道。此前汉廷命郑吉监护南道，现在则一并监护北道，号称"都护"，总护南北两道之意。受日逐王节制的西域管理机构僮仆都尉就此撤销，匈奴势力退出西域。

宣帝封郑吉为安远侯。郑吉在西域中部设立幕府，修筑乌垒城（今新疆维吾尔自治区轮台县东北）。西域都护负责督察乌孙、康居等西域诸国动静，如发生事变，则向朝廷奏报，该安抚的安抚，该征讨的征讨，让汉朝的号令通行西域。公元前48年，汉朝又设置戊己校尉，屯田车师故地。

河西：赵充国平羌之战

越向西北迁徙，匈奴越发觉河西走廊的重要性。公元前78年，壶衍鞮单于派犁污王秘密探察汉朝边防状况。犁污王是匈奴右谷蠡王属下，驻牧河西走廊以北一带。犁污王报告，酒泉、张掖防守薄弱，如果出兵攻击，很有希望收复。这让单于很兴奋，如果能收回河西故地，匈奴面临的被动局面将彻底改观。

匈奴出兵河西的情报，很快被降汉的匈奴人泄露，汉朝加大军事防御。匈奴却依然按照原定计划推进，右贤王、犁污王率领四千骑兵分作三队，入侵张掖，结果可想而知，匈奴只有数百人逃脱。相当长的时间里，匈奴不敢再入侵张掖。

公元前64年，匈奴占据车师故地，可实力大不如前，西域诸国并不听从匈奴支配，而且北部的丁零频繁侵扰匈奴，杀掠数千人，掠夺大量马匹牲畜。匈奴派一万余骑兵反击，却也没什么收获。在此情况下，匈奴想联合羌人对抗汉朝，这也是无奈而又必然的选择。中原王朝与草原帝国的较量，就地缘板块而言，就三大块——蒙古高原、河西走廊、西域。

汉武帝开辟河西四郡，隔断了羌人与匈奴的联系。公元前111年，羌人退至湟中（今青海湟水西岸），依西海、盐池（今青海湖区域）一带活动。汉朝设置护羌校尉进行监管。自此，青海东部开始成为中原王朝的行政管理区域。汉昭帝始元六年（前81），汉朝又在河西增设金城郡（治所允吾，今甘肃省永靖县西北），原护羌校尉所辖领地全部归划到金城郡，大致辖今甘肃省兰州市以西和青海一部分。

宣帝即位后，派光禄大夫义渠安国（义渠羌之后）视察羌人部落，先零羌首领提出，希望可以时常北渡湟水放牧。他们的主要目的是想到湟水以北与匈奴联系。安国不明其真意，表示同意，并奏报朝廷。虽然赵充国弹劾安国擅作主张，但是羌人以汉使许诺为由，强行渡过湟水，当地政府无力禁止。

公元前63年，先零羌到达湟水以北后，就与诸种羌豪二百余人"解仇结盟"，准备进攻汉河西地区。宣帝闻讯后，就问赵充国如何应对。赵充国认为羌人之所以容易控制，是因为他们无法统一，各部落互相攻击。他认为羌人发动如此大规模的反叛，一定有匈奴参与其中。

事实证明的确如此，羌侯狼何果然派使者到匈奴去借兵，企图进攻鄯善、敦煌，隔断汉朝通往西域的道路。基于此，赵充国判断，匈奴一定有使者在羌中出谋划策，建议汉廷派出使臣，巡视边塞，备好敕令，阻止羌人各部"解仇结盟"。

赵充国提出对羌方针，汉廷再派安国去处理。安国不照方针执行，召集诸羌豪三十余人，对桀骜不驯者全部诛杀，又纵兵袭击先零人，斩首一千余级，引起归附汉朝的各羌人部落怨恨而反叛，安国的平乱军队也被羌兵打败，只好引兵退至令居（今甘肃省永登县西）向朝廷报告，朝廷才知道安国把事情搞大了。

无奈之下，公元前61年，七十余岁的赵充国亲往羌中。他拒绝一味用兵镇压，而是坚持驻军屯田，剿抚并用，分散瓦解，提出了"屯田十二便"，得到了宣帝的支持。

公元前60年夏，赵充国认为羌人已不能再发动大规模叛乱，经请示宣帝，罢湟中屯田，遂"振旅而还"。同年秋，汉朝置金城属国，安置归降的羌人，由护羌校尉管理。持续三年的汉羌战争结束，匈奴寻求从西羌突破的计划落空。

第三节　兄弟争国

三十年来，匈奴一直在走向衰弱，危机重重，到了握衍朐鞮单于即位后，终于以帝国的大内讧、大分裂把危机推向顶峰。

五单于并立

握衍朐鞮单于不是想着化解内部矛盾，而是采取残暴的手段排除异己，重用颛渠阏氏之弟左大且渠都隆奇，尽诛虚闾权渠时用事贵族刑未央等人，又贬斥前单于子弟近亲，以自己的子弟代替。

虚闾权渠之子稽侯珊没能正常继任单于位，恐被杀害，逃到岳父乌禅幕处。乌禅幕本为康居、乌孙之间的小国之主，因受不了两大国霸凌，便率其众数千人归降匈奴。狐鹿姑单于将侄子日逐王先贤掸的姐姐嫁给乌禅幕为妻，命其统领原部众，在西部驻牧。

日逐王先贤掸的父亲左贤王本当为单于，让位给狐鹿姑单于。狐鹿姑单于曾许诺将来再传位给左贤王，但左贤王先死，其子先贤掸没能继承左贤王位，被改封日逐王。也有人认为日逐王先贤掸当继位单于，而日逐王平素就与握衍朐鞮单于关系紧张，对继位单于本就不抱任何幻想，也不想就此遭遇不测，便率其众万余骑归降汉朝。

先贤掸派人前往渠犁，与在此屯田驻兵的郑吉取得联系。郑吉不敢怠慢，对汉朝而言，这绝对是天大的好事。郑吉立即征发渠犁、龟兹等国五万人前往迎接日逐王率领的部众，对沿途逃跑的人一律追杀。郑吉带领日逐王等人来到长安，宣帝封日逐王为归德侯。

日逐王先贤掸降汉给匈奴以沉重的打击，车师失守，僮仆都尉撤销，匈奴势力退出西域。匈奴在西域发展主要基于经济上的需求，而中原王朝主要基于政治上的需求。失去西域，没了重要的生命补给线，对匈奴的打击是致命的。握衍朐鞮单于异常震怒，改立其从兄薄胥堂为日逐王后，就想杀掉先贤掸的两个弟弟，乌禅幕极力劝阻，握衍朐鞮单于根本不听，乌禅幕心生愤怒。

此时驻牧左地的左奥鞮王逝世，握衍朐鞮单于却立自己幼子为王，留在单于庭。按照匈奴的传统，除了几个重要的王位由挛鞮氏掌控外，其他则由另外家族掌控，并且世袭罔替。握衍朐鞮单于破坏成例的做法让奥鞮贵族们很不满，就拥立前奥鞮王之子为王，向东迁徙。握衍朐鞮单于遣右丞相率万骑去追杀，结果损失数千人。

握衍朐鞮单于滥施杀伐，暴虐无道，把自己陷于孤立境地，而他的左右更是帮他把孤立扩大。他的太子、左贤王多次谗言左地（东部地区）贵族，引起左地贵族怨愤，就差点燃一把火了。

汉宣帝神爵四年（前58），东部的姑夕王辖地遭受乌桓进攻，损失颇大，握衍朐鞮单于大怒。姑夕王畏惧单于降罪，索性与乌禅幕、左地贵族拥立稽侯珊（虚闾权渠单于之子、乌禅幕女婿）为呼韩邪单于，征发东部军队四五万人，向西进攻握衍朐鞮单于，直抵姑且水（今杭爱山脉东南的图音河）北岸。两军尚未交战，握衍朐鞮单于的军队先行败逃，可见握衍朐鞮单于实在不得人心。

握衍朐鞮单于派人告知其弟右贤王："匈奴共攻我，若肯发兵助我乎？"用"匈奴"两字，足见握衍朐鞮单于也知道自己众叛亲离。右贤王回复："若不爱人，杀昆弟诸贵人。各自死若处，无来污我。"直截了当，"你不爱人，屠杀兄弟和各位贵族，你就死在那吧，别来玷污我！"握衍朐鞮单于又羞又恼，自杀了事。握衍朐鞮单于在位仅三年，但由他引发的纷争并没有结束，一切才刚刚开始。

左大且渠都隆奇见握衍朐鞮单于大势已去，就逃到右贤王驻地，其属下部众全都归降呼韩邪单于。呼韩邪单于回到单于庭后做了两件事，导致于他利好的局面彻底翻盘。第一件事是将军队遣散，命各回本部，显然他对局势的判断过于乐观，以为自己掌控了一切；第二件事是派人煽动右贤王属下贵族，让他们杀死右贤王。

呼韩邪单于如此对待右贤王，导致都隆奇、右贤王与其彻底对立，他们拥立日逐王薄胥堂为屠耆单于，发兵数万向东进攻呼韩邪单于。呼韩邪单于军队实力大不如前，溃败而逃。屠耆单于返回本部，立其长子都涂吾西为左谷蠡王，幼子姑瞀楼头为右谷蠡王，命二子留在单于庭。

事实上，呼韩邪单于还做了一件事，他找到了不知因何流落民间的兄长呼屠吾斯，呼韩邪单于立其为左谷蠡王。这件事情不能说做错了，但它改变了匈奴历史走向，呼屠吾斯就是未来的郅支单于。

第二年（前57）秋季，屠耆单于派出右奥鞬王（已降汉的日逐王先贤掸的兄长）与乌藉都尉各率二万骑兵驻扎东部，以防呼韩邪单于攻击。此时，西部的呼揭王与唯犁当户合谋陷害右贤王，诬告说他想自立单于。屠耆单于草率地诛杀了右贤王父子，事后知右贤王被冤枉，又将唯犁当户处死。呼揭王见势不妙，叛逃而去，自立为呼揭单于。右奥鞬王听说后，觉得应该自保，自立为车犁单于。乌藉都尉也不甘人后，自立为乌藉单于。

至此，匈奴出现了五单于并立的局面，他们是呼韩邪单于、屠耆单于、乌藉单于、呼揭单于、车犁单于。其中呼韩邪单于、车犁单于、乌藉单于三部位于单于庭东部，自北向南排列；呼揭单于位于单于庭西部。

一股脑儿又冒出三个单于，屠耆单于哪里能够容忍，他率兵东进攻击车犁单于，同时派都隆奇率兵东进，攻击乌藉单于。乌藉单于与车犁单于实力不济，向西北方向败走，索性与呼揭单于合兵一处，人数达到四万人。三人商议后，乌藉、呼揭主动去"单于"号，全力辅佐车犁单于与屠耆单于抗衡。

屠耆单于一方面派左大将、都尉率四万骑兵分别驻扎东部，防范呼韩邪单于，一方面亲率四万骑兵向西进攻车犁单于，车犁单于向西北败退。屠耆单于引兵西南，留居阗敦地（今内蒙古自治区乌拉特中旗西北阴山北麓），与左大将、都尉所率部队成掎角之势。

汉朝一直在密切观察匈奴形势的变化，多数人认为这乃天赐良机，可以一举消灭匈奴。御史大夫萧望之则不以为然，他以春秋时期的历史为例，晋国举兵征伐齐国，得知齐侯去世的消息后便撤兵。萧望之是位儒家士大夫，他认为不乘人之危是一个人乃至一个国家应该具有的基本品格。同时，他以为："前单于慕化乡善，称弟，遣使请求和亲，海内欣然，夷狄莫不闻。未终奉约，不幸为贼臣所杀；今而伐之，是乘乱而幸灾也，彼必奔走远遁。不以义动兵，恐劳而无功。"

按萧望之所言，前单于当是虚闾权渠单于，但此处说他被奸臣所杀，与之前的病死矛盾。总之，如果乘人之危、幸灾乐祸，不会得到什么好结果。从以往的经验分析，如果大军征伐匈奴，匈奴无非还是远逃，而汉朝兴不义之师，最终劳而无功。基于此，萧望之建议宣帝应派使者前往匈奴慰问，"辅其微弱，救其灾患"（《汉书·萧望之传》），以实际行动展现大国的仁义之举，令四夷心悦诚服地臣服大汉。汉朝在匈奴内讧的情况下没有乘人之危，为以后匈奴亲汉派的强势奠定了道德根基。

西部地区的单于火并，东部的呼韩邪单于趁势出击，派其弟右谷蠡王等于汉宣帝五凤二年（前56），向西进攻屠耆单于所属部队，杀掠一万余人。屠耆单于亲率六万骑兵千里奔袭支援，还未到嗕姑地（匈奴左地西嗕部落所在地），就与呼韩邪单于四万骑兵遭遇，双方展开混战，屠耆单于最终兵败自杀。

屠耆单于实力并不弱，却成了第二个兵败自杀的单于。都隆奇扶立的两位单于结局都不好，想来，他也没有信心再扶立第三位单于了，便带着屠耆单于幼子右谷蠡王姑瞀楼头逃降汉朝。

车犁单于见屠耆单于都败死了，想必自己也不是呼韩邪单于的对手，便降于呼韩邪单于。同年（前56）冬季，呼韩邪单于属下左大将乌厉屈与其父呼速累（官名）乌厉温敦见匈奴内乱不止，干脆也率领部众数万人降于汉朝。宣帝封乌厉屈为新城侯，乌厉温敦为义阳侯。一年后，汉朝设置西河、北地属国，安置归降的匈奴人。

有人厌倦了纷争，有人想火中取栗。李陵之子再拥戴乌藉单于复位，可很快就被呼韩邪单于捕杀。呼韩邪单于重新回到单于庭，但是依然无法掌控局势。屠耆单于从弟休旬王仅凭五六百骑兵，就击杀了左大且渠，并其军队，自立为闰振单于，占有匈奴右地（西部地区）；呼韩邪单于的兄长左贤王呼屠吾斯，自立为郅支骨都侯单于，据有匈奴左地（东部地区）。

公元前54年，应该是闰振单于向汉称臣，派其弟右谷蠡王质于长安。汉朝因边塞地区没有侵扰，将驻扎军队减少十分之二。也许闰振单于觉得可以依赖汉朝的支持，便率领部众向东进攻郅支单于。结果，郅支单于杀死闰振单于，吞并其军队，接着一鼓作气攻击呼韩邪单于，呼韩邪单于败走，郅支单于占领单于庭。匈奴进入兄弟争国，并走向分裂。

呼韩邪附汉

五单于内讧对匈奴的伤害是巨大的，"诸王并自立，分为五单于，更相攻击，死者以万数，畜产大耗什八九，人民饥饿，相燔烧以求食"（《汉书·宣帝纪》）。现在就剩下两位单于了，在被郅支单于打败后，呼韩邪单于开始考虑何去何从。他对自己战胜兄长不抱太大希望，但又不想就此放弃单于的位子。

出身呼衍氏的左伊秩訾王劝呼韩邪单于称臣附汉，借助汉朝的力量恢复匈奴的秩序，实现匈奴的复兴。兹事体大，呼韩邪单于也不敢贸然决定，于是召集贵族会议。面对如此重大问题，贵族们几乎是一边倒地反对，皆曰："不可。匈奴之俗，本上气力而下服役，以马上战斗为国，故有威名于百蛮。战死，壮士所有也。今兄弟争国，不在兄则在弟，虽死犹有威名，子孙常长诸国。汉虽强，犹不能兼并匈奴，奈何乱先古之制，臣事于汉，卑辱先单于，为诸国所笑！虽如是而安，何以复长百蛮！"（《汉书·匈奴传》）

反对者说得极是，匈奴自有其存在的尊严，之所以雄霸草原，就是因为风俗制度使然。况且只是兄弟争位，无论谁做单于，都是自己家族内部之事，即便战死，也会留有威名，不能因为个人权位之争，而去做辱没先人、辱没匈奴的事情。

反对者明确地向呼韩邪单于表示，不要为了一己之私利做历史的罪人。左伊秩訾王也明白反对者的意思，但他回避了敏感处。他说道："不然。强弱有时，今汉方盛，乌孙城郭诸国皆为臣妾。自且鞮侯单于以来，匈奴日削，不能取复，虽屈强于此，未尝一日安也。今事汉则安存，不事则危亡，计何以过此！"（《汉书·匈奴传》）

左伊秩訾王从现实着眼，在他看来，匈奴已经无法自救了，一直在走下坡路，只有依靠汉朝，匈奴才能实现复兴。左伊秩訾王回避了呼韩邪单于是为了一己之私。按照他的意思，依附汉朝是无奈之举，是客观现实使然，呼韩邪单于无非是顺应了历史而已。

王公贵族们显然对左伊秩訾王的答复并不满意，提出各种诘难。呼韩邪单于听取了大家的意见后，最终还是接受左伊秩訾王的建议，率众南下，向汉朝边塞靠近，派其子右贤王铢娄渠堂到长安为质。郅支单于见呼韩邪单于依附汉朝，又无法阻止，也派其子右大将驹于利受到长安为质。两位单于竟然带有竞争性地依附汉朝，以前是不可想象的。这是汉宣帝甘露元年（前53）的事情。

第二年，呼韩邪单于率众到达五原塞，表示愿奉献本国珍宝，于明年正月朝拜汉天子。草原帝国的单于历史性地朝见中原王朝的皇帝，如何既能维护匈奴的尊严，又能维护汉朝的威仪，对相关礼仪提出了要求。大臣们的观点也分成两派。丞相、御史大夫认为，按照古制，先京师而后诸侯，先诸侯而后夷狄，匈奴单于前来朝贺的礼仪应与诸侯王相同，位次在诸侯王之后。

太子太傅萧望之则认为，匈奴本来就不是汉朝的臣属，故称敌国，不能用臣属之礼对待，单于不奉汉朝的正朔，不能与诸侯王相同，位次应在诸侯王之上。萧望之强调，外夷自愿居于藩属，汉朝应谦让以显大度，在心理上让匈奴产生安全依赖感。

宣帝不是一个好大喜功的人，觉得萧望之讲得有理，下诏曰："匈奴单于称北藩，朝正朔。朕之不德，不能弘覆。其以客礼待之，令单于位在诸侯王上，赞谒称臣而不名。"宣帝认为匈奴是自愿做藩属，不是因为汉朝的武力驱使，那么汉朝就该以客礼对待，拜谒时只称臣，不具名。

汉朝派车骑都尉韩昌前去迎接，命令沿途七郡（五原、朔方、西河、上郡、北地、左冯翊、京兆尹）出动二千骑兵，布置在道路两侧，负责呼韩邪单于的警卫。呼韩邪单于经今内蒙古自治区的包头市、杭锦旗、东胜县，陕西省榆林市，甘肃省庆阳市，而至陕西省西安市。这一路线也就是秦直道。

公元前51年正月，呼韩邪单于到长安朝见。拜见宣帝时，他自称藩臣而不称名字。宣帝赐给他衣冠、印玺、宝剑以及其他财物，正式承认了匈奴的藩属地位。

朝会典礼结束后，宣帝安排单于先至长平阪（在池阳南，今陕西省泾阳县）下榻，自己也从甘泉前往池阳宫（在池阳县，今陕西省泾阳县西北）歇息。

接下来，汉宣帝登上长平阪，下诏命单于不必参拜，允许单于左右的随从官员列队观瞻，蛮夷各国的君主、各诸侯王、列侯等数万人，在渭桥下夹道欢迎。宣帝登上渭桥，众人齐呼万岁。

仪式结束后，单于到长安官邸下榻。汉宣帝在建章宫设宴款待单于，请他观赏珍宝。一个月后，送单于回国。

游牧帝国的单于与农耕王朝的皇帝首次相会，中原王朝的确把礼仪发挥到了极致，史家也详细地给予记录，但是最为重要的两位君主会见的谈话内容竟然只字不提，如此重要的信息被忽略，实乃历史之遗憾。

呼韩邪单于虽然已经藩属汉朝，但是暂时还无法回到漠北王庭实施统治。他向汉朝请求，希望王庭暂时驻扎光禄塞下，如果遇到紧急情况，也可前往受降城自保。宣帝答应了呼韩邪单于的请求，并派长乐卫尉高昌侯董忠、车骑都尉韩昌率领一万六千骑兵，又征发边地各郡数千士兵，共同护送呼韩邪单于出朔方郡鸡鹿塞

（今内蒙古自治区磴口县西北）。

汉宣帝命董忠、韩昌及其军队驻扎在单于王庭，保卫单于，协助单于镇压不服从者。同时，汉朝又前后援助匈奴三万四千斛谷米。汉朝在军事上、经济上给予了呼韩邪单于最大的保护与支持。

呼韩邪单于朝见汉天子，对西域诸国也是威慑，他们知道此时世界上最强大的国家已经不是昔日的匈奴，汉朝才是这个世界最强大的帝国。

就在呼韩邪单于朝见汉天子的当年（前51），郅支单于也派使者到汉朝进贡献礼。第二年，匈奴两位单于又派使者拜见汉宣帝，汉朝对待两位使者自然会有差别，呼韩邪单于使者得到的赏赐总会更加优厚。第三年，呼韩邪单于又入朝晋见汉宣帝，汉朝给予的赏赐比上次还多。第四年，呼韩邪单于再次上书，表达匈奴人生活贫困。这应该与当时的气候相关，否则在没有战争的情况下，不至于如此。该年（前48）宣帝去世，元帝即位。元帝下诏要求云中、五原两郡支援匈奴二万斛谷米。

郅支单于当初认为呼韩邪单于兵力单薄，一旦归降了汉朝，就会如同以往的降汉者一样，不会再重返匈奴。所以，郅支单于暂时并不担心东部与南部，倒是希望趁机平定西部，结束匈奴的内讧局面。

屠耆单于的小弟本为呼韩邪单于部下，跑到西部地区，收集屠耆单于和闰振单于两位兄长的余部数千人，自立为伊利目单于。不料，行军中与郅支单于部队遭遇，双方大战，伊利目单于被杀，其军队被兼并，郅支单于兵力达到五万余人，其实这并不多，只能说内讧导致太多人死亡。

郅支单于平息了内讧，才发现事情远非自己想的那么简单，呼韩邪单于到长安只待了一个月，然后又返回汉匈边境，且得到了汉朝的军事与经济支持。郅支单于认为，呼韩邪单于志在长远，找来汉朝做外援，以自己目前的实力很难取胜，思量再三，决定向西部发展。

第四节 一路向西

西迁南下：游牧族群两条路径

匈奴的发展其实就两个方向，或者南方，或者西方，不仅仅是匈奴，也是蒙古草原上其他游牧族群的宿命。从地理上讲，欧亚大陆的草原地带处于同一纬度，自然环境相似，游牧族群或者从西部的欧洲向东迁徙，或者从东部的蒙古高原向西部迁徙；对于骑马的游牧民而言，欧亚草原几乎就是理想的交通要道，最适合马匹奔驰。匈奴不能向东部发展，因为不需要多远的距离就有大兴安岭的森林地带阻挡，即便穿过森林地带，面对他们的将是太平洋。

我们总以为游牧族群骁勇善战，长途跋涉打到欧洲，路途遥远，非常不易。事实上，蒙古高原到欧洲的多瑙河，就其距离而言，大约与从蒙古高原到广州的距离相当，但是骑兵想从蒙古高原杀到广州，那将是千辛万苦也基本做不到的事情，不同纬度导致的气候、环境、地理差异都会成为游牧族群前进的障碍。

匈奴向西部发展，实力会增强，对欧亚大陆的政治版图有影响；匈奴向南部发展，一旦越过了农牧过渡地带，越往南其游牧族群属性就会越淡化，直到融入中原农耕文化。事实上，中国北部的游牧族群一旦强大，基本都沿着这样的路径发展。

郅支单于的构想是接近乌孙，然后借助乌孙的力量再次实现一统大漠。目前的情形是匈奴已经分裂，一般把呼韩邪单于统治的区域称南匈奴，郅支单于统治的区域称北匈奴。如果按照地理位置，南匈奴称东匈奴、北匈奴称西匈奴也许更合理一些。

郅支单于的构想没有问题，却忽略了一个问题：乌孙已经非昔日的乌孙，已经成了汉朝的属国。

乌孙归汉：大小昆弥分治乌孙

当年，由于胡妻所生之子泥靡年纪尚小，军须靡临死前，将王位传给堂弟翁归靡，并嘱咐"等泥靡成人后，要把王位归还"。可是翁归靡当了乌孙王之后，有了自己的儿子，而且还是汉朝公主所生，就想借助汉朝的力量废除当年的承诺。

公元前64年，翁归靡通过长罗侯常惠上书汉宣帝，希望以汉朝外孙元贵靡为乌孙的合法继承人，并让他再娶汉公主为妻，结成两代婚姻，巩固两国关系，并承诺与匈奴断绝关系，建立乌孙与汉的结盟。

宣帝也希望与乌孙建立联盟，非常重视此次和亲，派使者到乌孙迎聘礼，乌孙则派出三百人的使团到汉朝迎少公主。宣帝封解忧公主的妹妹的女儿刘相夫为公主，并安排官署、宫女百余人服侍，令少公主在上林苑学习乌孙语。

在此期间，匈奴与西羌联合对抗汉朝，切断汉朝与西域的通道，汉朝平叛西羌的战事迁延一年多，客观上为匈奴与乌孙亲匈派扶持泥靡即位赢得了时间。

汉朝节奏也是太慢，直到四年后（前60），宣帝到平乐观接见了外国君主、匈奴使者，在隆重的仪式后，才欢送少公主西嫁。常惠率队护送少公主到敦煌。还未出塞，传来翁归靡去世的消息。翁归靡突然去世，乌孙的亲匈派立即翻盘，立泥靡为乌孙王，号称"狂王"。

常惠得知乌孙出现变局，就向朝廷建议，将少公主暂时留在敦煌，他去乌孙了解情况。常惠赶到乌孙，就责问贵族们为何不立元贵靡。常惠宣称，如不立元贵靡，汉家的少公主就会返回长安。宣帝也没想到事情会这样，好在少公主人在敦煌。既然乌孙毁约，宣帝便召回了少公主。因为泥靡具有匈奴血统，乌孙与汉的结盟构想就此告吹。

狂王再娶刘解忧为妻，生下一子，取名鸱靡。狂王与公主的关系并不和睦，之所以娶刘解忧为妻，除了因为遵循传统，另外也是为了安抚汉朝。汉朝尽管不满乌孙毁约，可已经有绝对实力应对匈奴，并不指望联合乌孙对抗匈奴。解忧公主的主要任务是牵制乌孙，避免乌孙做得过激。

狂王继位既不合汉朝的意愿，又因残暴失去民心。解忧公主便想废掉狂王。公元前53年，解忧公主与护送乌孙质子返回的汉朝使者魏如意及任昌合谋，择机刺杀狂王。

在一次提前布置好的酒宴上，武士突然拔剑刺杀狂王，但没有刺中要害，狂王带伤骑马逃走。狂王之子细沈瘦率兵将公主及汉朝的两位使者包围在赤谷城（今吉尔吉斯斯坦伊塞克湖州伊什提克）中。数月之后，西域都护郑吉征调西域联军前来救援，细沈瘦才带兵离去。

这是一场重大的外交事故,汉朝力图避免事态向更加严重的方向发展,除了给狂王送药、送财物外,还把参与密谋的两位使者押回长安处斩。汉朝做得已经到位,如果乌孙还不满意,也不必对其迁就,但是汉朝竟然留下车骑将军长史张翁彻查"谋杀狂王案"。此事明摆着,没有解忧公主的授意,两位使者根本不会如此冒险。另外,解忧公主虽然是汉朝的公主,但在乌孙享有与乌孙王同样的地位,即便是公主杀狂王,也不过是乌孙内部矛盾。

张翁本该就此打住,也不知道他受了谁的旨意,一定要和解忧公主过不去。公主虽并不认可张翁对她的指责,但也向张翁叩头谢罪了。张翁大概疯了,竟然揪住公主的头发大骂。解忧公主哪受得了这气,直接上书汉宣帝讨说法,张翁返回长安就被处死了。

汉朝副使季都另外带人医治狂王,不但治好了狂王的伤,似乎两人关系处得还很融洽。在季都返回长安时,狂王率领十余骑送他。按理,季都的做法完全符合汉朝的初衷,也的确缓解了两国的紧张关系。但是季都返回长安后,竟然受到宫刑,原因是狂王有罪该杀,季都有机会诛杀却不作为。

汉朝决策层处理这次外交事故没有章法,汉宣帝负有不可推卸的责任。很明显,他向官员传达的旨意是:为了维护乌孙与汉朝的关系,一定要给足乌孙面子,对待汉人参与者要严惩。所以,张翁才有可能如此对待解忧公主,季都才有可能如此对待狂王,结果两人都成了悲剧。

汉廷毫无章法地过度干涉乌孙内部事务,导致乌孙内乱。狂王虽然没有死在解忧公主手里,但终究没有逃脱被杀的命运,杀死他的是乌就屠。乌就屠是翁归靡与胡妻所生。在狂王遭到刺杀后，乌就屠也很恐慌，与乌孙诸大臣逃到山中避险，并扬言其母亲娘家匈奴将派兵支持他。实际上，此时匈奴自己的烂摊子还没收拾完，哪有工夫管乌孙。乌就屠的宣传确实起到了作用，民众纷纷前来归附。乌就屠发现自己很得民心，遂袭杀狂王，自立为乌孙王。

匈奴虽然处于内讧之中，但乌就屠亲近匈奴，极有可能与汉断交。汉朝于是加大军事压力，派破羌将军辛武贤率兵一万五千人挺进敦煌，疏通河道，积聚粮食，准备征讨乌就屠。

除了军事施压，汉朝也采用外交施压，解忧公主的侍女冯嫽开始登场。她能撰写文书，了解西域事务，经常携带汉朝符节代公主出使，获得西域诸国的信任，被称为冯夫人。冯夫人嫁给了乌孙人，丈夫是乌孙的右大将，属于实权派人物，而右大将与乌就屠关系甚密。

西域都护郑吉希望借助冯夫人打破僵局，修复乌孙与汉朝的关系。他派冯夫人劝说乌就屠认清形势，汉军一旦杀来，乌孙就会被灭国，不如投降汉朝，恢复以往的友好关系。乌就屠也不想与汉朝彻底闹翻，而且多年来，匈奴一直被汉朝压制，关键时候是否能帮助乌孙也未可知，毕竟匈奴自顾不暇。

乌就屠做了让步，希望汉朝封他小王即可。无疑，冯夫人出面缓解了紧张局势。汉宣帝征召冯夫人回长安，亲自询问乌孙情况。汉宣帝这次很谨慎，多少是吸取了上次的教训。

汉宣帝任命谒者竺次、期门甘延寿为副使，护送持有皇帝符节的正使冯夫人前往乌孙，传达诏令。命乌就屠到赤谷城见长罗侯常惠，立元贵靡为大昆弥，乌就屠为小昆弥，都赐予印信、绶带。汉朝赐予乌孙国王印信，意味着乌孙实际上已经成为汉朝的属国。

外交途径已经解决乌孙问题，破羌将军辛武贤便从敦煌撤兵。不过乌就屠不肯将翕侯（乌孙大臣官号）的部众全部归还，汉朝只得又派常惠率领三位军校前去调解，他们率领部队屯兵赤谷城，为乌孙划分治理区，大昆弥统辖六万余户，小昆弥统辖四万余户。虽然大昆弥有汉人血统，但民心却向有匈奴血统的小昆弥。

公元前51年，乌孙大昆弥元贵靡以及鸱靡都病死。两个儿子病故，加之已经年老，解忧公主上书宣帝，希望返回故乡，葬于汉土。宣帝派人将她接回，两年后，解忧公主逝世。

元贵靡之子星靡继位为乌孙大昆弥，但年纪尚小。跟随解忧公主返回故土的冯夫人上书宣帝，愿意出使乌孙，协助星靡治理乌孙。宣帝批准所请，同时接受韩宣（第二任西域都护）的建议，赐予乌孙大吏、大禄、大监等高官金印紫绶，让他们尽心辅佐大昆弥。汉朝把乌孙分为两个国家，达到削弱实力、分而治之的目的，但也埋下动荡的祸根。

和亲康居：郅支单于扬威西域

乌孙成为汉朝属国，匈奴如何不知。郅支单于要联合乌孙，必然去找有匈奴血统的小昆弥乌就屠。乌就屠已经臣服汉朝，又知道呼韩邪单于受到汉朝扶持，郅支单于无非是逃亡之虏。分析利害之后，乌就屠杀了郅支单于派来的使者，将其头送到西域都护府，向汉朝表忠心。同时派八千骑兵假意迎接郅支单于，以便趁机攻杀。郅支单于并非浪得虚名，见乌就屠派大军来，而派出的使者又未归，早就识破了乌就屠的企图。

郅支单于率兵迎战，打败乌孙军队，趁此向北部的乌揭（今阿尔泰山脉一带）、坚昆（今西西伯利亚平原叶尼塞河上游）、丁零（今贝加尔湖一带）发动进攻，吞并三国，留都于坚昆，"坚昆东去单于庭七千里，南去车师五千里"。郅支单于一时再现冒顿单于之辉煌，对乌孙的多次进攻也是频频得胜。

公元前48年，汉宣帝刘询去世，其子刘奭继位，即汉元帝。呼韩邪单于又上书请求汉朝接济，元帝命云中、五原两郡支援二万斛谷。郅支单于对汉朝持续支持呼韩邪单于甚是不满，不再打算向汉朝屈服。

公元前44年，郅支单于扣留并侮辱汉使江乃始等人，同时派使者到汉朝进贡，请求汉朝送回质子。汉朝决定派遣司马谷吉护送质子，有大臣认为郅支不善，臣服汉朝也非诚心，所居之地又处绝域，没必要涉险送到坚昆，护送到汉朝边塞即可，避免杀身之祸。

谷吉倒是不怕，他认为汉朝养了郅支之子十年（前53—前44），有恩于郅支。如果只是送到边塞，郅支必定恼怒，汉朝之恩也荡然无存，两国关系马上进入敌对状态。退一步讲，真被郅支杀害，那么郅支必然心中有愧，怕遭到汉朝惩罚，会迁到更远的地方躲避。谷吉表示："没一使以安百姓，国之计，臣之愿也。"如果牺牲他一人，能让国家安宁，这是他的愿望。

事情的发展的确诡异，也不知郅支怎么想的，还真就把谷吉等人杀了，唯一的解释是他太痛恨汉朝扶持呼韩邪单于了。汉朝长时间没有谷吉等人的消息，后从匈奴降者口中得知谷吉在瓯脱地被杀。此地为呼韩邪单于辖区，一度让汉朝对呼韩邪产生了误会，不过汉朝很快调查出谷吉为郅支所害。

郅支深知自己彻底得罪了汉朝，又听闻呼韩邪单于治下的匈奴日益强盛，担心遭到袭击，就想再往远方迁徙。就在此时，机会送上门了，位于乌孙西边的康居国（今巴尔喀什湖和咸海之间）诚邀他率部到康居东部驻牧。

乌孙虽然奈何不了匈奴，但是对付康居还绰绰有余，让康居君臣很烦恼。当他们了解到郅支单于流落在外，而乌孙又一向畏惧匈奴，就谋划邀请郅支单于率部到康居东部驻牧，然后联兵征服乌孙，并让郅支单于在乌孙称王。既化解了康居危机，又让郅支单于成为水草丰美的乌孙新主人，的确是两全其美的策略。

郅支担心呼韩邪攻击，又怨恨乌孙。康居提供的方案可谓体贴周到，他开心地应允。郅支单于率军向西进发，康居派人带着数千匹骆驼、驴、马去迎接。可郅支单于太过心急，违背草原上的生态规律，竟然冬季远徙，结果遭遇寒流暴雪，造成大批人死亡，史书载最后仅剩三千人到达康居。郅支单于部众至少五万余人，而他要去康居东部，带领的人只能多不能少，史载只剩三千人如果是真实的，那么死亡率实在太高。

康居王与郅支单于联姻，康居王把女儿嫁给郅支单于，郅支单于也把女儿嫁给康居王。康居王希望郅支单于以威力胁迫各国，郅支单于也没让他失望，几次从康居借兵攻打乌孙，从康居借兵也间接表明郅支单于手里没有多少兵。郅支单于率军攻入乌孙都城赤谷城，残杀抢掠，乌孙（大昆弥治下）也没脾气，只得撤离西部，造成西部方圆千里无人烟。

郅支单于本人傲气十足，加之匈奴素有威望，现在自己俨然是在重复祖先冒顿单于的辉煌，更是飞扬跋扈，不可一世。他容不得别人对自己哪怕一点的不敬。不知何故，康居王对郅支不够礼敬，惹得他怒气冲天，杀了康居王的女儿（也就是他妻子）及康居贵族、平民数百人，有的肢解躯体扔到都赖水（今哈萨克斯坦南部之塔拉斯河）中。

郅支单于强迫康居人为他建城，也就是郅支城（今哈萨克斯坦南部江布尔市），每天五百人施工，五百人对中原王朝来说可能不多，但对游牧部族而言就不少了，历时二年完工。匈奴虽然也有学汉朝建城的历史，但最终的教训是建城徒劳无益。郅支单于建城的原因可能是受到周边国家的影响，尤其乌孙、康居都有自己的都城，而且康居的筑城技术在同期的西域地区首屈一指。作为一个大国，也该有一座像样的都城，但他终究没有想到，这座防御工程是他最后的归宿。

郅支单于要建立大帝国，他派出使节前往阖苏（即奄蔡，今咸海至里海一带）、大宛（今乌兹别克斯坦费尔干纳盆地）诸国，责令他们每年进贡。面对不可一世的郅支单于，他们只得俯首称臣，奉献财物。

郅支殒命：陈汤豪赌虽远必诛

郅支单于在西域迅速崛起，汉朝非常了解，多次派出使节查问谷吉等人遗体下落。郅支单于侮辱汉使，根本不肯接受诏书，只是通过西域都护上书："居困厄，愿归计强汉，遣子入侍"。意思是自己身处贫瘠之地，非常想归顺强大的汉朝，愿意派儿子去做人质。这明显是调侃汉朝。

如果没有陈汤的出现，整个西域的政治版图会与后来的发展大相径庭。公元前36年，陈汤与甘延寿赴西域都护府就职，甘延寿为西域都护、骑都尉，陈汤为西域副校尉。陈汤是个不拘泥常规的人，敢想敢干，渴望建立奇功，而西域就非常适合建立奇功。

陈汤不是莽夫，他对西域的形势做了分析，向甘延寿建议，游牧族群敬畏强者，西域各国本来都属匈奴管辖，现今郅支单于威名远播，一旦征服乌孙、大宛，就可以"北击伊列（今伊犁河一带），西取安息（即帕提亚，据有今伊朗高原及两河流域），南排月氏（位于阿姆河上流，后建立贵霜王朝）、山离乌弋（即乌弋山离，大约在今阿富汗西部）"，只要数年，西域城邦国家就会陷于险境。郅支单于性情剽悍，喜好征伐，时日一久，西域的政治版图会发生根本性改变。

分析了形势后，陈汤继续建议，虽然郅支城地处偏远，汉朝大军很难去征讨，但其也有自身弱点：城堡不够坚固，弓弩不够强劲。只要征发屯田之兵与乌孙之兵打到城下，他们逃无可逃，坚守又不能自保，千载之功可一朝而成。

陈汤很了解匈奴人不善于守城，而西域建筑的城池根本没有中原的坚固。他也知道乌孙肯定会全力支持汉朝，不仅因为乌孙臣属汉朝，更因为乌孙已经受够了郅支单于的霸凌，早就希望汉朝援助他们。

甘延寿深表认同，要按照程序奏请朝廷批准。陈汤则反对，认为此事一旦上了朝廷商议，基本没戏。甘延寿不想违反程序，但偏偏病倒了。陈汤一看机会来了，单独行动，假传圣旨，征发西域诸邦军队与车师戊己校尉的屯田部队。甘延寿听闻大吃一惊，从病床上翻滚下来，前去阻止。

陈汤箭在弦上，不得不发，手按剑柄，怒斥甘延寿道："大军已经集结，你小子要坏事吗？"甘延寿看架势，木已成舟，只好和陈汤一起成大事。两人共动员部署四万余人的兵力。军队集结完成后，上奏章自我弹劾假传圣旨之罪，并陈述理由。

奏章发出的当天，大军出发，分成六路，其中三路沿南道越过葱岭，穿过大宛。另外三路由甘延寿亲自率领，从温宿（今新疆维吾尔自治区乌什县一带）出发，由北道经乌孙首府赤谷城，穿过乌孙，进入康居边界，挺进到阗池（今吉尔吉斯斯坦伊塞克湖）西岸。

正赶上康居的军队在赤谷城东边攻击乌孙（大昆弥辖区），杀掠千余人，抢走大批牲畜。见到汉军，他们也不畏惧，直接追击，夺取大批辎重。陈汤命西域联军迎战，杀四百六十人，夺回康居掳掠的乌孙民众四百七十人，交给大昆弥，夺回的牲畜则留下补给军队。

军队进入康居东部国界后，陈汤严明军纪，不准烧杀抢掠，又秘密召康居的贵族屠墨来会晤，展示汉朝的实力，同时也交代了军事行动不是针对康居，而是只针对郅支单于，为的是维持西域固有的秩序。康居的贵族对郅支单于早已恨得牙痒痒，知道汉朝是为了征讨郅支，甚为高兴。双方盟誓，联手铲除郅支单于。

大军继续挺进，在距郅支城六十余里处扎营。恰好俘虏了康居贵族贝色子，让他做向导。贝色子是屠墨的舅父，也痛恨郅支单于，把知道的全盘告知陈汤。

第二天，大军又前行三十里，再次扎营。郅支单于倒是没有派军来攻击，而是派使节前来询问汉军来此目的。汉方回答得很巧妙："单于曾上书抱怨所处环境差,愿意归降强汉。皇帝怜悯单于放弃广大国土,屈身康居,所以派遣都护率军前来,迎接单于及妻子儿女。恐怕惊扰单于,所以没敢直接抵达城下。"

双方使节来往数次后,甘延寿、陈汤出面责备其使节道:"为了单于,我们不远万里而来,可至今没有一位贵族出面晋见都护将军,配合完成任务。为何单于对大事如此疏忽,不讲待客之礼?我们远道而来,人马困乏已极,粮草又快用尽,恐怕连返程都不够用,请单于跟大臣们尽快给个说法。"甘延寿、陈汤的说辞一方面谴责了郅支单于,另一方面让郅支单于对汉军的现状产生误判。

第三天,大军挺进到都赖水畔,在距郅支城三里外扎营布阵。但见郅支城上五色旗帜迎风飘扬,数百匈奴士兵披甲戴胄守备。从城中冲出一百余名骑兵往来奔驰。一百余名匈奴步兵在城门两侧结成鱼鳞阵,进行战前演习。城上守军不忘向汉军挑衅:"斗来!"一百余名匈奴骑兵直冲汉营,汉营强弩早已准备就绪,匈奴骑兵见状,只好撤退。强弩部队对城门区域展开射击,匈奴兵只得全部退守城内。就表象看来,匈奴军队不是很多。

郅支单于听说汉军杀来,打算弃城出逃。转念又想,一旦康居军与汉军里应外合,自己两面受到夹击,而包括乌孙在内的西域各国出兵,更是无处可逃,还不如坚守城中,汉军远征,不可能坚持太久。于是又返回城中。

甘延寿、陈汤决定攻城,攻城对于汉军而言是强项。两人下令各就各位,听到鼓声就攻城,很快城楼上的匈奴守军逃走。康居人建的郅支城,在土城之外还有两层木城,在木城上可以实现对汉军的有效射击,汉军也因此伤亡众多,但是中原军队善于放火,很快木城大火熊熊。入夜,匈奴数百骑突围,被汉军迎面射杀。

郅支单于全身披甲,在城楼上指挥作战,就连他的数十位阏氏也参加了作战,向汉军射击。汉军的强弓劲弩显示了优势,郅支单于被射中鼻子,阏氏们也多被射死。郅支单于下楼跨马,继续号令作战。

夜过半,木城被烧穿,匈奴军退回土城,登上城头,呼号呐喊。这时,康居一万余人的骑兵援军赶到附近,分散十余处,环城部署,与城上守军呼应。可见,康居内部意见也不统一,虽然痛恨郅支单于,但也不希望他彻底被汉军消灭。康居兵趁着夜色向汉军营地冲击了数次,但都无所得,只好退回去。

天将亮时,四面火起,官兵振奋,乘机大呼,钲鼓之声动地。康居军被迫后撤,汉军举着盾牌从四面同时冲入土城。郅支单于率百余人逃入王宫,汉军纵火焚烧,官兵争先冲入,一代枭雄郅支单于身负重伤而死,武官杜勋砍下了他的头。

汉军在王宫中搜出汉朝使臣的两块符节,以及谷吉等人携带的文书。凡是抢掠的财物都归抢掠者所有。斩杀阏氏、太子、名王及以下共一千五百一十八人,生擒一百四十五人,俘虏一千余人,分配给发兵的十五国君主。

公元前35年春季正月,郅支单于的头被送到长安。甘延寿、陈汤向元帝上了篇慷慨激昂,让后世无数人热血沸腾的奏章:"臣闻天下之大义,当混为一,昔有唐虞,今有强汉。匈奴呼韩邪单于已称北藩,唯郅支单于叛逆,未伏其辜,大夏之西,以为强汉不能臣也。郅支单于惨毒行于民,大恶通于天。臣延寿、臣汤将义兵,行天诛,赖陛下神灵,阴阳并应,天气精明,陷陈克敌,斩郅支首及名王以下。宜悬头槀街 (汉代长安街名,胡人聚居地) 蛮夷邸间,以示万里,明犯强汉者,虽远必诛。"(《汉书·傅常郑甘陈段传·陈汤》)

这篇奏章强调了大夏 (巴克特里亚,今帕米尔高原以西的阿富汗一带) 以西也是汉朝政治辐射范围,不会因为有葱岭这一天然屏障,汉朝的势力就会止步,只要需要,完全可以继续向西发展。

丞相匡衡等认为:"按照《月令》所规,当此春季,正是掩埋尸骨之时,不应悬挂人头。"汉元帝下令悬挂郅支单于头示众十日,然后掩埋。祭告先祖,大赦天下。

从公元前44年郅支单于与汉脱钩,到公元前36年郅支单于被诛的近十年里,郅支单于在西域北部迅速崛起,一个大帝国即将形成,并将改变整个地区政治格局。陈汤改变了这一切,北匈奴 (西匈奴) 被灭,匈奴分裂的局面终结。

从公元前85年到公元前36年,五十年间,匈奴从危机走向分裂,再到结束分裂,等待它的将是一个和平复兴的时代。

第五章

盟誓诺水东

第一节　汉匈一家

汉匈立约

汉元帝永光元年（前43），汉朝的车骑都尉韩昌、光禄大夫张猛护送呼韩邪单于的入侍质子返回匈奴，这是他们的首要任务。另外就谷吉被害一事进行调查问询，基本确定此事与呼韩邪部众无关，教他们打消顾虑。

韩昌、张猛此行看到匈奴部众人丁兴旺，呼韩邪单于的力量足以自卫。又得知匈奴的贵族、大臣在劝说呼韩邪单于返回漠北，理由是塞下的禽兽已经猎尽。此时匈奴部众主要集中在阴山北麓长城一带活动，没有更多的山地林木供其射猎。呼韩邪单于也想返回漠北单于庭。韩、张二人担心他们一旦回归漠北，就脱离了汉朝的有效监管，便擅自做主，提出与呼韩邪单于订立盟约。

盟约首先明确："自今以来，汉与匈奴合为一家，世世毋得相诈相攻。"接着就具体事宜达成一致："有窃盗者，相报，行其诛，偿其物；有寇，发兵相助。"就是说，有盗窃抢掠对方的事发生，双方要相互通报，惩罚为盗的人，赔偿损失；有敌人侵犯时，要出兵互相救助。最后对违背盟约者下出诅咒："汉与匈奴敢先背约者，受天不祥。令其世世子孙尽如盟。"就是说，谁先违背盟约，谁就会受到天谴。无论是匈奴还是中原王朝都敬畏上天，相信上天会惩罚逆天者。盟约的适用范围是汉朝与匈奴的子子孙孙。

出于对盟约的重视，双方举行了庄重的"留犁挠酒"仪式。韩昌、张猛与呼韩邪单于及贵族、大臣登上匈奴的诺水（今内蒙古自治区达茂草原艾不盖河）东山，杀白马，呼韩邪单于用宝刀"径路"刻金置酒，用饭匕"留犁"搅和掺着马血的酒，再取出月氏王头颅做成的饮器，双方共饮血盟，史称"诺水东山之盟"。

韩昌、张猛擅自行事，遭到朝廷一些大臣激烈批评。他们认为呼韩邪单于即使回到漠北，也不会对汉朝造成实质性的威胁。韩昌、张猛擅自行事，拿汉朝世代子孙与匈奴赌咒立盟，使得单于能够用恶语上告于天，使国家蒙羞。他们建议应该马上祭天，与匈奴解除前盟，至于韩昌、张猛二人，更是罪至大逆不道。

无论是游牧族群还是农耕族群都敬畏天，相信有神灵左右着这个世界。既然在天的见证下盟誓，双方必须遵守，如果违约，就会遭到惩罚，这是朝廷大臣们不愿意看到的。就此事而言，韩昌、张猛二人做得没错，由于是单于首次出面立盟约，且用了最为庄重的仪式，无疑在匈奴的族群记忆中留下了深深烙印，那就是要与汉朝和好，视为一家。汉元帝倒也不糊涂，没同意解除盟约，对韩、张二人，以财物赎罪即可。

呼韩邪单于重返漠北王庭，标志着呼韩邪才是匈奴的合法单于，匈奴依然是蒙古高原的主人，其他部族渐渐归附，匈奴国内安定，国力逐渐恢复。郅支单于深知回到故土无望，只能向西发展，试图在西域地区建立庞大的帝国。

昭君出塞

公元前36年，郅支单于命殒郅支城，呼韩邪单于"且喜且惧"，喜的是没了对手威胁，惧的是郅支地处绝域，汉朝也不放过。在这种复杂的心理下，呼韩邪单于向汉元帝上书，说："一直想谒见天子,只是担心郅支和康居会突然袭击,既然郅支已经伏诛,我想尽快朝见天子。"

公元前33年春季正月,呼韩邪单于到达长安朝见汉元帝,此行也是他第三次进长安,并表示愿意成为汉家女婿。元帝把后宫良家女子王嫱,也就是王昭君,嫁给呼韩邪单于。

王昭君"丰容靓饰,光明汉宫,顾景裴回,竦动左右"(《后汉书·南匈奴列传》)。呼韩邪非常高兴和感激,上书愿意承担东起上谷、西至敦煌的汉朝边塞防护,而且世世代代如此,请求汉朝撤销边防,让人民得以休息。呼韩邪单于的真诚表态不容置疑,问题在于他如何保证世世代代都按照他的意思做。

呼韩邪的上书引发公卿大臣的讨论,多数人认为可以接受。但是对边事熟悉的郎中侯应不同意,提出了"论罢边十不可"。在他看来,边防的事情不是一朝一代的事情,现在如果废弃边防,百年后再次重建,更加劳民伤财。地理环境的客观存在、游牧族群的习性、历史的经验教训,不可能用静止的思维和一厢情愿来解决。另外设防不仅对外,也有对内的功能,不能直接罢了完事。

元帝看了侯应奏书后,下令停止讨论撤除边防事宜。对呼韩邪单于的诚心也不能泼冷水,就派车骑将军许嘉向单于传达口谕:"单于上书希望汉朝撤回守卫边塞的军队,让匈奴人世代保卫。单于心慕礼义,为民着想,此是长久之策,我甚为赞赏。中国四方都有关卡、要塞,并非只是防备塞外,也是为了防备中国强盗肆意妄为,跑出边塞为害匈奴,所以才申明法度,以惩戒众心。单于的心意,我很明白,毫无疑心。我担心单于怪我不罢边防,特派大司马车骑将军许嘉向单于解释。"呼韩邪单于道:"我愚,不知长远大计，多亏天子派大臣来告知我，对我太优待了。"

从汉元帝与呼韩邪单于的话语往来看，虽然匈奴臣属汉朝，但依然是兄弟之国，彼此平等尊重，充分考虑了对方的族群感情。间接证明呼韩邪单于亲汉的抉择是正确的，这让他想起谋划亲汉的左伊秩訾。

有人向呼韩邪单于进谗言，说左伊秩訾自恃有安定匈奴之功，却没得到封赏，常怀不满，引起君臣猜疑，左伊秩訾担心被杀，率领部下一千余人降汉，汉朝封他为关内侯。此次呼韩邪单于来到长安，颇有感触，遂当面向左伊秩訾道歉，希望他跟随自己返回匈奴。

呼韩邪单于道："大王为我出谋划策，匈奴才有今日安定之局面，皆大王之力，恩德岂能忘记？我让大王失望，离开故国，远我而去，都是因我之过。如今我想向天子奏请，请大王重返王庭。"左伊秩訾道："单于仰赖天命，归附汉朝，使匈奴得以安宁，靠的是单于圣明、汉朝天子的护佑，非我之力。既然我已归降，再回匈奴，是有二心。我愿留在汉朝作为单于使臣，不敢听命再回匈奴。"呼韩邪坚决请求，但左伊秩訾心意已决，呼韩邪只好作罢，带着王昭君回国了。

呼韩邪带着王昭君从汉都长安出发，先过左冯翊，然后经北地、上郡、西河、朔方，而至五原。接着出五原向西行，至朔方郡临河县（今内蒙古自治区巴彦淖尔市临河区东北），渡北河（今乌加河），向西北方向出高阙，越过长城，离开汉地，进入了匈奴辖区。

越过长城之后，即处于阴山东麓。由于从阴山北进至单于庭的道路被大戈壁所阻，故绕道西行至休屯井（今址不详），从休屯井北渡车田卢水（今址不详），西北行至范夫人城（夫羊句山狭东北，今蒙古国达兰札达加德城东北），过浚稽山（在居延之北，今杭爱山脉东端），到姑且水（今杭爱山脉东南的图音河）。然后沿姑且水东岸北上，接安侯河（今鄂尔浑河）河源，沿该河东岸继续北上，至中游而止，转东行，顺利直达单于庭（今蒙古国乌兰巴托附近）。

公元前33年，昭君出塞，汉朝与匈奴重启和亲，从战争走向和平。汉朝为此将年号改为"竟宁"，意为边境安宁之意。

兄终弟及

呼韩邪单于与左伊秩訾的关系非同一般，左伊秩訾兄长呼衍王的两个女儿嫁给了呼韩邪单于，且都受到恩宠。长女为颛渠阏氏，生有二子，长子且莫车、幼子囊知牙斯。幼女为大阏氏，生有四子，长子雕陶莫皋，次子且麋胥，二人都年长且莫车；三子咸与四子乐，年龄都小于囊知牙斯。另外，呼韩邪单于与宁胡阏氏（王昭君）生有一子，名叫伊屠智牙师，后封为右日逐王。

呼韩邪单于是高产父亲，子嗣众多，与六位阏氏生子十一人。颛渠阏氏相当于中原王朝的皇后，地位最高，其所生长子且莫车深受单于喜爱。当呼韩邪单于病危将死之际，毫不犹豫选定且莫车为继承人。但颛渠阏氏反对，这位可能受到叔父左伊秩訾以及丈夫呼韩邪单于影响的亲汉者道："匈奴内乱十余年，不绝如发，依赖汉朝之力，才重新转危为安。如今平定未久，人民畏惧战争。且莫车年少，难以服众，立他恐怕会再次危害国家。我与大阏氏本就亲姊妹，所生之子都视为己出，不如立雕陶莫皋。"大阏氏则道：

"且莫车虽年幼，但可由大臣辅佐，如今舍贵立贱，后世必乱。"

两姊妹都很谦虚识大体，她们确实说到了匈奴政治中极为重要的继承制度问题。匈奴的几次危机也多与继承问题有关。从头曼单于开始，匈奴实行的是父死子继，其间，又有兄终弟及，往往两制交叉混合，但始终没有一个定制。呼韩邪单于亲身经历五单于内讧，知道两位阏氏所言都对。既然他想传位给且莫车，而他年龄尚小，不如让长子雕陶莫皋为继承人，以后按照兄终弟及传承。呼韩邪单于"约令传位与弟"，定下兄终弟及的继承制，要求后世子孙必须遵守。

"兄终弟及"的继承制度会在相当长的时间内保持权力平稳过渡，但终究会面临周期性的继承危机，无法越过"胡虏无百年之运"的宿命。当第一代的"兄终弟及"结束后，第二代都认为自己有继承权，此时"兄终弟及"的制度破产，重新回到武力称雄的道路，内乱开启。

除了确立"兄终弟及"制度外，呼韩邪单于还非常羡慕汉帝谥号为"孝"。汉朝提倡忠孝立国，自从惠帝开始，谥号都有个"孝"字，是程序化的硬性要求。呼韩邪单于也希望匈奴以后政治稳定，不要再出现兄弟相杀、子弑其父的事情，要求自他以后，单于的名号中也要加"孝"字，即"若鞮"。故而从复株累若鞮单于至呼都而尸道皋若鞮单于，共计六位单于皆冠"若鞮"。至其孙南匈奴醢落尸逐鞮单于以下至乌稽侯尸逐鞮单于，共有十一位单于冠以简化了的"鞮"。实际称呼中可以省略"若鞮"或者"鞮"。

公元前31年，呼韩邪单于病逝，在位二十八年。雕陶莫皋继位，称复株累若鞮单于。复株累若鞮单于姓挛鞮氏，名为雕陶莫皋，复株累乃王号，全称为复株累若鞮单于掌鞮雕陶莫皋。

复株累单于即位后，遣子右致卢儿王醢谐屠奴侯到汉朝入侍为质，任命且麋胥为左贤王，且莫车为左谷蠡王，囊知牙斯为右贤王。按习俗，复株累单于再娶王昭君为妻，生下二女，长女名云，嫁匈奴贵族须卜氏，称为须卜居次；小女名字不详，嫁匈奴贵族当于氏，称当于居次。居次，匈奴语，可以理解为公主。

诈降事件

公元前33年，元帝刘奭去世，其子刘骜继位，即汉成帝。两年后，呼韩邪单于病逝，其子雕陶莫皋继位，即复株累单于。呼韩邪单于和汉元帝共同开创的汉匈"一家亲"的局面是否能够持续，面临新的考验。

公元前28年，复株累单于派遣右皋林王伊邪莫演等人赴汉廷进贡，并参加元旦庆典。庆典结束后，汉遣使者护送伊邪莫演。到了蒲坂县（今山西省永济市西），伊邪莫演竟然要归降汉朝，并决绝地说："如果汉朝不接受就自杀，至死不回匈奴。"使者哪敢决定，据实奏报。成帝下公卿讨论。有人认为，按照旧例，接受归降。光禄大夫谷永、议郎杜钦则表示反对。

其一，不该固守旧例，因小失大。"单于诎体称臣，列为北藩，遣使朝贺，无有二心"，既然单于没有二心，汉朝对待匈奴的政策应与过去不同。现今享受了单于的进贡，却又接收他的叛逃之臣，"是贪一夫之得而失一国之心，拥有罪之臣而绝慕义之君也"（《汉书·匈奴传》）。

其二，可能是新即位单于的一次政治试探。单于新即位，本意是继承亲汉政策，但对汉朝有些疑虑，便暗中指使伊邪莫演诈降，来试探汉朝的诚意。如果接受伊邪莫演，汉朝道义有亏，单于就会在政治策略上同中原王朝疏远。

其三，不排除反间计的可能。单于可能故意设下反间，借此在匈奴与汉朝之间建立仇恨，如果汉朝接纳伊邪莫演，正中单于之计，匈奴就可以理直气壮地把违背汉匈盟誓、破坏汉匈关系的责任甩给汉朝。

总之，在谷永、杜钦看来，此事不可小觑，关系到战争与和平。他们主张决不能接受伊邪莫演投降，要正大光明地安抚单于。成帝采纳了他们的意见，派中郎将王舜查问相关情况，伊邪莫演却道："我病狂妄言耳。"显然，从伊邪莫演一句"我有病，只是胡说而已"，基本可以看出此次投降一幕的确存在诸多疑点。伊邪莫演回到匈奴后，官职未变，但单于不再准许他会见汉朝使者。可见，即便盟誓，也不敢保证双方的继承者会严格遵守。不妨说这就是复株累单于对汉朝的一次试探。当然，结果令他满意。

两年后（前26），复株累单于上书汉成帝，希望在河平四年（前25）正月来朝拜天子。这是复株累单于首次朝拜汉天子，待遇比照竟宁年间。

复株累单于在位十二年，于汉成帝鸿嘉元年（前20）逝世。按照约定，他传位于弟且麋胥，称为搜谐若鞮单于。

搜谐单于即位后，遣儿子左祝都韩王朐留斯侯入汉为质，任命且莫车为左贤王。搜谐单于在位九年，于汉成帝元延元年（前12）在去参加第二年汉朝正月朝礼的途中病逝。其弟且莫车继位为单于，称车牙若鞮单于。

车牙单于即位后，遣儿子右于涂仇掸王乌夷当入汉朝为质，任命囊知牙斯为左贤王。车牙单于在位五年，汉成帝绥和元年（前8）逝世。其弟囊知牙斯继位，称乌珠留若鞮单于。

从公元前31年到公元前8年的二十四年间，共历复株累、搜谐、车牙三位单于，他们很好地继承了呼韩邪单于的遗志，履行了汉匈誓约。

"斗地"之争

乌珠留单于即位后，立乐为左贤王，立舆为右贤王。乐和舆是呼韩邪的第二阏氏与第五阏氏所生，与乌珠留单于是同父异母的兄弟。乌珠留单于派其子右股奴王乌鞮牙斯入汉为质。汉朝派中郎将夏侯藩、副校尉韩容出使匈奴。

此时成帝之舅王根担任大司马、骠骑将军并领尚书事，位高权重。有位对汉匈边地熟悉的官员为了讨好王根，告诉王根匈奴有块土地在汉地之内（大致在今甘肃河西走廊以北一带），直达张掖郡，与张掖郡相对，史称"斗地"。该地出产优质的木材，还可提供箭杆与鹫鹰羽毛。该官员建议，如果汉朝能获得这块土地，"于边甚饶，国家有广地之实，将军显功，垂于无穷"（《汉书·匈奴传》），也就是对国家和王根都非常有益。如果成功，王根无疑立了大功。

王根向成帝做了奏报，成帝觉得不错，但他也不敢直接向单于索要土地。如果单于一口否决，那就没有回旋的余地，皇帝的尊严与国家的尊严都将受损。王根于是要求出使匈奴的夏侯藩落实。

夏侯藩到了匈奴后，在与乌珠留单于交谈时直接要地。他道：

"这块土地需要汉朝三名都尉、数百兵士驻防,苦寒之地令将士很辛劳。作为单于应该主动呈献此地,把突出楔入部分割让给汉朝,既可减轻汉朝边防压力,又可报答天子厚恩。汉天子必然给予厚报。"夏侯藩虽说得委婉,但挟恩自重的意味很浓。

乌珠留单于一听,心中不舒服,反问道:"这是天子诏命,还是你自作主张?"夏侯藩大概没有想到单于并不买账,答道:"天子诏命有这意思,不过,我也是好心帮单于筹划而已。"乌珠留单于听出汉皇帝没说一定索要土地,是下边的人在搞鬼,装作无奈地道:"孝宣、孝元皇帝哀怜我的父亲呼韩邪单于,曾表示长城以北的土地归匈奴所有。你提到的土地正是温偶駼王驻牧地,相关情况我也不太了解,需要派人打听下。"汉昭帝元凤三年(前78),匈奴犁污王被汉将射杀后,温偶駼王领有此地。

夏侯藩回国后向王根做了如实汇报,按理乌珠留单于以了解情况为由,其实就表达了拒绝之意。无论是游牧族群还是农耕族群,都知道土地对族群发展的重要性,怎么可能轻易割去?在匈奴历史上,冒顿单于可以容忍他国的一些非礼要求,但独有土地不肯割让。如果夏侯藩、王根等人对匈奴历史有所了解,就该知道索要土地几乎不可能,但他们却还很执着。

再一次出使匈奴时,夏侯藩又提出土地要求。乌珠留单于没有任何犹豫,直接回绝:"我们父子兄弟已传位五世,汉朝从来没有索要此地,偏偏到我在位时提此要求,究竟为何?"乌珠留单于这一问,答案就在疑问中,他在指责汉朝不守契约,在欺辱他。接着他又讲:"我已问过温偶駼王,匈奴西部诸侯制作穹庐及车子,都依赖此地木材。况且先父留下的土地,不敢失去。"

单于明确回绝并给出理由，夏侯藩回国复命。虽然要地不成，夏侯藩还是有苦劳，升迁为太原太守。太原太守有处理匈奴事务的职权。乌珠留单于对此事耿耿于怀，遣使者到长安上书，汇报夏侯藩求地之事。成帝才知道，事情有点过了，必须给匈奴明确的说法，于是下诏单于："夏侯藩擅自假称诏旨，向单于求地，依法应当处死。因为经过两次大赦，现在把他调往济南任太守，不许他再插手匈奴事务。"

乌珠留单于看出汉成帝并不想破坏汉匈关系，也就不再计较此事。第二年（前7），入侍汉朝的质子逝世，归葬匈奴。乌珠留单于按照约定，另派其子左于验仇掸王稽留昆入汉为质。

反击乌孙

自汉朝把乌孙分为两部，乌孙就步入多事之秋，而汉朝也是忙得焦头烂额。尤其是在乌孙大昆弥星靡、小昆弥乌就屠皆病故后。星靡之子雌栗靡继位大昆弥，乌就屠长子拊离继位小昆弥（前21）。

小昆弥部首先出现政治动荡，即位数年的拊离被其弟日贰所杀，西域都护段会宗立拊离之子安日为小昆弥，日贰则逃亡康居。安日遣贵族以叛逃身份投奔康居，趁机刺杀了日贰。接着安日又被降民刺杀身亡，小昆弥部陷于大乱。汉成帝命原西域都护段会宗（前33—前30，前21—前18，共两任）前往乌孙恢复秩序。段会宗立安日之弟末振将为小昆弥，恢复了安定。

当时乌孙大昆弥雌栗靡不但骁勇，治国也有方略，国家安定，国势蒸蒸日上，达到了翁归靡时期的水平。末振将很担心小昆弥部被兼并，他不是想着如何发展国力，而是派遣贵族乌日领诈降，乘机刺杀了雌栗靡。

末振将害怕汉朝讨伐，逃亡康居，其弟卑爰疐随后率领部众八万余人也来投靠康居。汉朝也不敢贸然发动战争，就派段会宗与西域都护郭舜（前15—前12任职）外交斡旋，抚慰大昆弥民众，改立雌栗靡叔父，即大乐之子、解忧公主之孙伊秩靡为大昆弥，并把小昆弥末振将在长安的质子收为官奴，以示惩罚。

可大昆弥部众不甘心，翕侯难栖可能也是以叛逃身份投奔康居，趁机杀死了末振将。末振将死后，安日之子安犁靡继位。汉朝很遗憾没能为大昆弥部撑腰，为了挽回颜面，于公元前11年，命令段会宗调集戊己校尉及西域诸国军队，斩杀末振将的太子番丘。

汉廷认为大昆弥的大臣对雌栗靡被刺负有不可推卸的责任，遣特使将大昆弥大禄、大吏、大监等高级官员的金印紫绶全部没收，换成铜印墨绶。难栖因诛杀末振将，授职坚守都尉，段会宗则授爵关内侯。

投靠康居的卑爰疐经常发兵，企图吞并大、小昆弥，重新统一乌孙。汉朝遣段会宗与都护孙建（前12—前9任职）合力防范卑爰疐。大、小两昆弥为了自保，更加依赖西域都护，亲附汉朝。

汉哀帝建平二年（前5），卑爰疐的部众入侵匈奴西部，抢夺牛羊牲畜，杀了不少匈奴人。乌珠留单于派左大当户乌夷泠率领五千骑反击乌孙，杀死数百人，抢掠千余人，驱赶牛畜而归。卑爰疐大为恐慌，派遣其子趋逯到匈奴为质。匈奴单于接受，并将此事呈报汉朝。汉朝派使节到匈奴，责备乌珠留单于，命其将人质归还卑爰疐。单于接受诏令，把趋逯遣送回去。

乌珠留单于之所以答应，也是基于以前的盟誓契约，因为匈奴与乌孙同为汉朝属国，匈奴无权接受乌孙人作为人质。而且汉朝此举也是有意向卑爰疐示好，希望他率众从康居返回乌孙。果然在汉平帝元始年间（1—5），卑爰疐杀死乌日领，率领部众归降，以此表明忠于汉朝，汉封其为归义侯。不过卑爰疐觉得自己是长辈，加之杀死乌日领、率部归汉，于是居功自傲，根本不把大、小昆弥放在眼里，最终被西域都护孙建所杀。

乌孙卑爰疐入侵匈奴，匈奴干净利索地反击，可见匈奴的实力已非几十年前可比。而对汉朝的指责，匈奴也坦然接受，说明匈奴也在尽力维持汉匈关系，不想因为此事影响双方关系，而且汉朝的理由很正当，并不是居高临下的霸道无理。

朝汉魔咒

汉哀帝建平四年（前3），乌珠留单于上书，希望参加建平五年正月的朝贺。可见匈奴单于在极力维护与汉朝之间的关系，可是汉哀帝以"虚费府帑"为由，没有答应。这当然是推托之词，真正原因是"单于朝中国，辄有大故"，就是每次单于亲自来朝贺，就会出现皇帝、亲王死亡，或者出现天灾。

单于朝贺的黄龙元年，宣帝逝世；单于朝贺的竟宁元年，元帝逝世；成帝河平四年春正月，单于来朝，结果当年"三月壬申，长陵临泾岸崩，雍泾水。夏六月庚戌，楚王嚣薨"。这似乎成了魔咒。汉朝的大臣认为"匈奴从上游来厌人"，大概意思是匈奴位居上游来到汉朝，就会导致"相应"的灾祸出现。

以当时人们的认识，这绝对不是巧合，而是某种必然。汉朝找个理由拒绝匈奴所请，在扬雄看来是欠考虑的，于是他上书哀帝劝谏，希望哀帝以国家社稷为重，以维持汉匈关系为重，切不可因为莫名其妙的缘由导致汉匈关系破裂，重回敌对状态。哀帝看后，幡然醒悟，派人召回匈奴使者，更换文书，允许单于入朝拜见。

没想到乌珠留单于此时突发疾病，就把朝贺推迟到下一年，并请求打破旧例，把入朝人数从二百余人升为五百人，以显示匈奴"人民盛壮""明天子盛德"。人数多，汉朝给予的财物就会增多，不过与战争损失相比，就不算什么了。

汉哀帝元寿二年（前1）春，乌珠留单于一行来到长安。哀帝虽然从国家社稷的大局考虑，准许单于来朝贺，可之前的魔咒还是令他不安。哀帝把乌珠留单于安排在上林苑蒲陶宫，理由是"太岁厌胜所在"。太岁是古代天文学中假设的星名，太岁所在为凶方；厌胜是古代的一种巫术，通过以对应预言或者谶纬的形式来消除或者转嫁灾祸。蒲陶宫正对应太岁，达到克制匈奴、消解灾祸，保护汉朝平安的目的。

乌珠留单于后来得知汉朝的真实目的，心中多有不快，但看在汉朝表面文章做得很到位，对自己也敬重，况且还给予丰厚的财物，心里终归舒服一些。汉朝自觉理亏，派中郎将韩况护送单于与质子稽留昆回匈奴。乌珠留单于一行出了边塞，到达休屯井，向北渡过车田卢水。可以看出乌珠留单于的返北路线与当年呼韩邪单于携王昭君北归的路线相同。

因为道路曲折遥远，韩况护送队伍出现粮食短缺，单于提供了必要补给。在超过期限五十余天后，韩况才返回汉朝。说明以往汉朝的护送队伍到达边塞即可，可这次却一直护送到漠北单于庭。乌珠留单于见汉朝对他如此尊敬，也是心存感念，从他为护送队伍提供补给可见一斑。

公元前1年的正月朝贺，不仅匈奴单于出席，乌孙大昆弥伊秩靡也来了，汉廷自是觉得荣光。此时西域五十余国臣属汉朝，佩戴汉朝颁赐的印信、绥带的就达三百七十六人。至于康居、大月氏、安息、罽宾、乌弋山离（今阿富汗西部）等国，因距离汉朝过远，不在五十国之内，不归西域都护管辖，如果他们来贡献，汉朝即给予相应的回报。

尽管汉哀帝用尽浑身解数，努力避免"单于朝中国，辄有大故"的魔咒，但是终究没有幸免。乌珠留单于走后四个月，在位七年（前6—1）、年仅25岁的哀帝刘欣驾崩于未央宫。尽管哀帝死于堕落和荒淫，但魔咒毕竟阴魂不散。人们相信一种超自然的力量在左右着一切。

重返权力中枢的王莽为了擅权，不肯立年长的君主，迎立年仅9岁的中山王刘衎入宫即位为帝，是为汉平帝。汉匈之间的和平关系就此出现转变，尤其是王莽建立新朝后，一番乱操作，游牧民族与农耕民族重回敌对状态。

第二节　王莽毁约

新规四条

公元2年，新都侯王莽主持朝政，为取悦临朝称制的太皇太后王政君，显示太皇太后与众不同的地位，王莽暗示乌珠留单于，希望他派王昭君之女须卜居次云入朝侍奉太皇太后。王莽此举除了取悦于姑姑太皇太后，也是为了鼓励支持匈奴的亲汉派。乌珠留单于本人就属于亲汉派，遣须卜居次云入汉也在情理之中。对王莽，乌珠留单于还在观察中，毕竟汉朝的皇帝年幼，他不想得罪这位权臣，而且王莽赏赐很阔绰。

乌珠留单于很重视汉匈之间的盟誓契约，尽量避免引起汉朝的不快。当时，西域突发变故，车师后国（今新疆维吾尔自治区吉木萨尔县一带；公元前48年，车师分为前后两部）国王姑句、婼羌国去胡来王唐兜二人跑到匈奴投降。

车师后王国有一条直通玉门关的道路，不但可以缩短行程，还可以避开白龙堆（今库姆塔格沙漠）的恶劣环境，戊己校尉徐普打算开通此道。车师后王姑句担心新道会成为他们供给服务的负担，非常不情愿。这条道路所在地与匈奴南将军驻牧地相接，徐普要勘明路线分界，然后上报朝廷。他招来姑句，确认证实路线分界，可姑句不配合，徐普就把他关押了起来。由于车师前王兜莫曾被都护司马所杀，出于恐惧，姑句的妻子建议与其等死，不如投降匈奴。姑句等人跨马突围，冲出戊己校尉驻所高昌城，逃到了匈奴。

赤水羌原游牧于今青海湖西北，公元1世纪初，逐渐西迁至阿尔金山（塔里木盆地和柴达木盆地的界山），与婼羌国为争夺牧地而经常相互侵犯。婼羌国王称号为"去胡来"，是汉朝授予的，意思是离弃匈奴投向汉朝，可以世袭。去胡来王唐兜在一次与赤水羌的交战中战败，向西域都护但钦告急，但钦与唐兜有怨，没有按时派遣援兵。唐兜退至玉门关又被拒绝入关，于是率领妻子儿女及部众千余人逃亡匈奴。

车师与婼羌是汉朝进入西域的门户，可西域都护府的官员们竟然把与两国君主的关系搞得如此对立紧张，迫使他们不得不逃亡，投降匈奴。乌珠留单于接受他们的投降，将他们安置在左谷蠡王辖地，并派使者向汉廷汇报。

汉朝派使者前往匈奴，告知乌珠留单于，西域归属汉朝管辖，匈奴无权接受投降者，立即放回他们。单于认为自己完全是按照汉匈之间的契约行事，无意冒犯汉朝。他辩解道："孝宣、孝元皇帝哀怜，为作约束，自长城以南天子有之，长城以北单于有之。有犯塞，辄以状闻；有降者，不得受。臣知父呼韩邪单于蒙无量之恩，死遗言曰：'有从中国来降者，勿受，辄送至塞，以报天子厚恩。'此外国也，得受之。"（《汉书·匈奴传》）

乌珠留单于说得合情合理，按照当年的契约与呼韩邪单于的遗训，他觉得没做错什么。在他看来，西域不属于中国，不在长城以南，不该受到约束。汉使并没有从契约文本上反驳单于，而是挟恩自重，说道："匈奴骨肉相攻，国几绝，蒙中国大恩，危亡复续，妻子完安，累世相继，宜有以报厚恩。"汉朝的做法不厚道，只会让匈奴人更加反感。

乌珠留单于一听汉使放了如此重的话，已经上升到伦理道德问题了，只得承认汉使说的是历史事实。他当然不希望因为此事背负不义的骂名，于是乌珠留单于向汉使叩头谢罪，把姑句和唐兜交给汉使。

乌珠留单于请求汉朝能赦免姑句、唐兜，但被拒绝。不仅如此，汉朝竟然会集西域各国君主，当众杀了姑句、唐兜，以警示威慑。汉朝的做法让匈奴很没面子，而当众诛杀西域国王，也使其他国王对汉朝一反常态的做法感到意外与抵触。

既然乌珠留单于总提汉匈之前的契约，汉朝便提出新规四条："中国人亡入匈奴者，乌孙亡降匈奴者，西域诸国佩中国印绶降匈奴者，乌桓降匈奴者，皆不得受。"汉朝派人出使匈奴，向单于颁布四条规约，将规约与玺书封在一函之内，交给单于，要求单于照此执行。并就此把汉宣帝与匈奴制定的契约文书封函收回。汉朝的做法已经背弃了当年的盟誓，毁约在先，乌珠留单于也忍了。

印文改易

王莽是个喜欢瞎折腾的人，非常热衷改名字。他在全国推行单字名（三国人物基本都是单名，原因在此），还觉得不过瘾，想让匈奴贵族也改成单名，就派使者委婉转告单于，既然羡慕汉朝文化，不如也把名字改为单字，汉朝一定会给予厚赏。匈奴人凡事简单，并不在意这些，乌珠留单于就答应了，他名囊知牙斯，就改名为"知"。王莽非常高兴，给予丰厚赏赐。

公元9年，王莽正式终结汉朝（西汉），建立新朝，年号始建国。王莽派五威将军王骏率领甄阜、王飒、陈饶、帛敞、丁业六人为使团，带着大量财物到匈奴，向单于通报新朝受命代汉的情况，并更换单于玺印。汉朝颁给匈奴单于的玺印印文是"匈奴单于玺"，可王莽把印文换成"新匈奴单于章"。

使团到了匈奴，代表新朝授给单于新印绶（玺印以及系玺印的绶带），并宣诏命令单于上交原来的印绶。单于再拜，接受诏令。翻译上前要解下单于的印绶，单于配合地抬起胳膊。旁边的左姑夕侯苏见状道："没见到新印文，先别给。"单于就放下胳膊。单于请使团在穹庐落座，就要上前敬酒。五威将军道："原印绶现在就该交上来。"单于道："好吧。"就又抬起胳膊让翻译来解。苏在旁又道："未见印文，不要给。"单于答道："印文怎么会变！"于是解下印绶奉上。单于直接佩戴上新印绶，并没解开看印文。酒宴直到夜里才结束。

回到住所，右将军陈饶对其他将军讲，左姑夕侯对印文已经有所怀疑，一旦单于看到印文变了，必定索要旧玺印，那将有辱使命，不如毁掉旧印，断绝祸根。其他人犹豫不决。陈饶是燕地人，行事果断，拿起斧子就毁坏了旧印。

第二天，单于果然派右骨都侯当上门来，右骨都侯道："汉赐单于印，言'玺'不言'章'，又无'汉'字，诸王以下乃有'汉'言'章'。今去'玺'加'新'，与臣下无别。愿得故印。"汉朝颁给单于印上的印文为"玺"，乃皇帝专用，体现了汉朝皇帝与匈奴单于是对等关系。新朝的做法完全是把单于降为臣下。

五威将军将毁坏的旧印取出，并表示，毁坏旧印乃顺天之举，单于理应顺应天命，尊奉新朝制度。右骨都侯回去汇报给单于，单于也知道事已至此，无可奈何，况且又收了不少财物。但他也不甘心，遂派右贤王舆带着礼物随新朝使团入朝称谢，并上书王莽要求赐予与汉同样印文的玺印，这无疑是与虎谋皮。

兵出乌桓

使团回国途中经过左犁污王咸的辖地，见到许多乌桓民众，便问左犁污王咸怎么回事，咸向使团介绍了事情大概，这还要从四条规约说起。

汉朝颁布四条规约后,护乌桓使者告诉乌桓民众,拒绝向匈奴交纳皮布税。四条规约中并不涉及乌桓向匈奴纳税事宜,所以汉朝的做法或者属于对四条规约的过度解读,或者就是过度傲慢。匈奴按旧例派使者去乌桓征税,匈奴的一些商贩及妇女也随使者一起前往,显然游牧族群非常愿意做贸易。乌桓以听从汉天子诏令为由,拒绝纳税。

匈奴使者就下令把乌桓的首领吊起来,乌桓首领的兄弟们杀了匈奴使者以及随从官员,把商品、匈奴妇女及其牛马全部扣留。乌珠留单于得知,立即命令左贤王出兵进攻乌桓,乌桓被打散,有人跑上山,有人到东边凭堡垒自保。匈奴杀了不少人,把乌桓的近千名妇女弱小驱赶到匈奴左地,派人通知乌桓拿马畜皮布来赎人。乌桓派被掠亲属二千余人带着物品去赎人,匈奴收留了物品,却不放人,而且把来赎人的两千余人也扣留了。

使团了解后,当即表示按照先前的四条规约,匈奴不可以接受乌桓投降的人,马上把他们送回。此时的使团是新朝的使团,并非汉朝的使团,既然改朝换代,匈奴可以不遵守之前的条规。

左犁污王咸不能决断,说要汇报单于,如果单于同意,他就放回乌桓人。乌珠留单于听到汇报很不高兴,派人回复左犁污王,让他追问使团,乌桓人是从塞内送回,还是从塞外送回。使团不敢擅自决定,奏报朝廷。王莽下诏从塞外送回。

到了此时,乌珠留单于已经忍不住了,尽管之前汉朝的几件事情让他不太愉快,但至少成帝、哀帝还是设法弥补,并且给予他极大的尊重。但是自从王莽秉政以来的一系列乱折腾,单于的耐心渐渐被消磨,尤其是把单于地位降低到诸侯王一级。借着乌桓之事,单于派右大且渠蒲呼卢訾等十余人率领一万骑兵，以护送乌桓人归还的名义，驻军朔方边塞。谁都知道，匈奴已经开始展示武力与实力了，而受到压制的西域诸国也开始转向匈奴，求得支持。

军入西域

公元9年，另一支由五威将军王奇率领的十二人使团到达西域，通知诸国，中原王朝已经改朝换代，并宣布西域诸王降为侯。西域诸国对王莽新朝的倒行逆施非常反感。第二年（10），王莽派广新公甄丰为右伯到西域，车师后王须置离一听就头大。去年五威将军王奇率领的使团经过，他们提供的补给就不足，而甄丰职位更高，须置离认为国家本已贫穷，更无力供应。须置离所说的供应，物资是牛、羊、粮食、草料，人员是翻译、向导。

须置离与主要大臣商量，干脆逃到匈奴去。他的筹划被戊己校尉刀护获悉，就把须置离找来盘问，须置离招认，被押送到西域都护但钦驻地埒娄城。

埒娄城就是乌垒城（今新疆维吾尔自治区轮台县东北），原是乌垒国的都城。汉宣帝神爵二年（前60），郑吉在乌垒设立的西域都护府就在此城。新朝建立后，王莽托古改制，将乌垒城更名为埒娄城，因都护陈睦死于该城，也称"陈睦故城"。

须置离的民众知道须置离一旦去了都护府就不能回来，都哭着送别，至少说明须置离很得人心。果然到了都护府就被但钦斩首。须置离的兄长辅国侯狐兰支率民众二千余人，驱赶着牲畜，举国逃奔匈奴。

乌珠留单于不但接受狐兰支的投降，还派遣军队与狐兰支联军，攻打车师，杀了车师下边的一个小城首领，并伤了西域都护司马，炫耀武力后，联军返回匈奴。匈奴的出兵，已经摆明了要重新构建地缘新秩序。

此时，戊己校尉刀护患病，就安排属下陈良率兵屯守桓且谷（匈奴南下吐鲁番盆地通道），防备匈奴侵犯，终带负责运输粮草，韩玄管领各壁，任商管领各垒。刀护的确尽职，可他没想到自己的属下已经对新王朝不抱希望，不想为王莽卖命。

陈良、终带、韩玄、任商四人谋划，现在的形势是西域诸国纷纷背叛新朝，匈奴也即将大举重返西域，如果不有所作为，只会坐以待毙。如今之计，就是杀死校尉刀护，率领人马投降匈奴。

他们率领数千骑兵前往校尉府，威胁诸亭马上点起烽火，告知诸壁垒："匈奴十万骑兵来攻，都要拿起武器迎敌，不积极者斩！"这样又获得三四百士兵。大军继续向校尉府进发，在距离数里处停止进军。直到清晨，点燃烽火，校尉刀护不知是诈，开城门，击鼓集合士兵。陈良等人趁机而入，除了杀死刀护，他的四个儿子和兄弟子侄也未能幸免，只有妇女和小孩未被杀。

陈良等人留驻戊己校尉府，派人向匈奴南犁污王南将军通报情况。匈奴南犁污王南将军，简称南将军，设置不晚于平帝元始元年 (1)。南将军辖区在车师后王国（今新疆维吾尔自治区吉木萨尔县）、蒲类海（今新疆巴里坤湖）一带，是继日逐王后，匈奴控制西域及丝路北道的又一重要机构。

南将军率领二千骑兵迎接陈良等人。之所以出兵多，是因为陈良还要把戊己校尉所在的官吏、士兵、男女共二千余人劫持到匈奴。匈奴将韩玄、任商留在南将军辖地，将陈良、终带领到单于庭，劫持去的两千余人安置在零吾水畔务农。

乌珠留单于很高兴，大概觉得陈良、终带所为乃是正义之举，赐号乌贲都尉，经常召他们一起饮酒。此时匈奴在对中原王朝的战略上已经取得主动权，无论是西域诸国还是对王莽失去信心的人，都成为匈奴的支持力量。

边火重燃

西域都护但钦向王莽上书，报告匈奴南将军右伊秩訾率兵入侵西域。王莽容不得匈奴造次，打算从政治与军事两方面打击匈奴。

王莽采取分化瓦解来削弱匈奴，决定将单于封号增加为十五个。他派人率军一万骑，带着大量财物到达边塞，诱引呼韩邪单于的子孙来接受单于封号。翻译出塞，成功引诱左犁污王咸，咸之子登、助等三人。王莽封咸为孝单于，封助为顺单于，派驿车送助、登来到长安，实际是押为人质。

王莽的分化瓦解直刺匈奴痛点，令乌珠留单于大为恼火，怒曰："先单于受汉宣帝恩，不可负也。今天子非宣帝子孙，何以得立？"乌珠留单于正式宣告，不承认新朝合法性。他派左骨都侯、右伊秩訾王呼卢訾以及左贤王乐率兵入侵云中郡，大肆杀戮。此事在新莽始建国三年 (11)。

匈奴既然不承认新莽的合法性，战争的规模也随之扩大。乌珠留单于多次要求左右部都尉、诸边王入侵边地，抢掠民众、牲畜、财物。雁门、朔方的太守和都尉被杀，财产损失不可胜数。

军事行动是分化瓦解的延续，但暴露了王莽的狂妄与无知。

他天真地以为，凭借精良的装备，拜十二部将，征发三十万大军，调集三百天的补给，以十路大军对匈奴穷追猛打，将匈奴人赶到最北的丁零境内，然后将匈奴国土人民划分为十五国，立呼韩邪子孙十五人为单于。王莽的军事策略根本无视历史的教训、游牧地区的自然环境、国家的现有实力、军事行动受限因素。大将严尤劝谏他，提出了出兵有"五难"。

严尤指出国家正遭灾年，一年之间根本无法筹集三百天的粮草，先到边境的军队长期暴露野外，军人疲敝，武器损坏，没有了战斗力，此一难。

边境本就十分空虚，不能供应军粮，而内地的征调一时又供应不上，此二难。

粗略计算，一个士兵三百天需要粮食十八斛，一定要用牛来驮运，可是牛要吃草料，又得加上二十斛。匈奴地方多沙地，缺水缺草，按过往经验推测，大军出动不满百日，牛就基本死光，可剩下的粮食尚多，人又背不动，此三难。

匈奴地域秋冬寒冷，春夏常刮大风，只有多带大锅、木炭才能应付正常饮食，但嫌其太重并不携带。如此恶劣环境，历经四季，军队难免不发生疫情。所以，以往攻打匈奴不过百日，并非不想延长时间，是客观因素不允许，此四难。

粮草辎重跟随大军，必然减缓行军速度，匈奴逃去也追不上。即便与匈奴遭遇，又有辎重粮草拖累，作战不便。一旦遇到狭路险径，大军衔尾相随，单行前进，匈奴人拦腰截断，前后袭击，那就危险了，此五难。

王莽根本不听，继续调兵运粮，搅得天下骚动。

王莽册封匈奴左犁污王咸为孝单于，咸并不情愿，他不想因此造成匈奴的分化削弱，所以跑回单于庭，把被胁迫的情况告知单于。单于按理应该表扬咸的行为，但他却心生怀疑，竟然把咸降为于粟置支侯，这属于低贱的官职。咸虽然跑了，但没有改变王莽的决策部署。咸的儿子助（顺单于）病死后，王莽马上让咸的另一个儿子登接替顺单于，让乌珠留单于更加认为咸是父子演戏，并非真的忠于自己。

王莽派军驻扎云中郡边塞，防御匈奴的轮番入侵，但是边地依然损失巨大。从抓获的俘虏中得知，组织多次进攻边塞的是咸的儿子角。王莽遂于新莽始建国四年（12）会集各地蛮夷，在长安斩杀咸的儿子登。登是他刚刚册封的顺单于，说杀就杀，简单粗暴。王莽希望通过恐吓达到目的，结果事与愿违。

《汉书·匈奴传》载："初，北边自宣帝以来，数世不见烟火之警，人民炽盛，牛马布野。及莽挠乱匈奴，与之构难，边民死亡系获，又十二部兵久屯而不出，吏士罢弊，数年之间，北边虚空，野有暴骨矣。"可见，王莽倒行逆施，自以为是，胡乱施为，把游牧族群与农耕族群又拉到战争对立状态，许多人因为他的瞎折腾而丧命。

居次转圜

就在匈奴与新朝给人感觉要全面对决之际，新莽始建国五年（13），乌珠留单于逝世，在位二十二年。乌珠留单于遵守汉匈誓约，奉行了呼韩邪的遗训，致力于维护汉匈"一家亲"。从王莽秉政到新莽建立，开始毁坏誓约，对匈政策全面倒退，最终导致汉匈兵戎相见。实际上，从呼韩邪单于开始，匈奴中亲汉派（亲中原派更切合）占绝对优势，自王莽毁约，自主派渐渐壮大。两派之间的力量对比，取决于中原王朝的对匈政策。

匈奴执政大臣为右骨都侯须卜当，是须卜居次云的丈夫。云是复株累单于（呼韩邪单于长子）与王昭君所生，加之曾到汉廷陪伴太皇太后王政君，所以很认同中原王朝，很仰慕中原文化，力主匈奴与中原王朝改善关系，继续和亲。

云与咸的叔侄关系素来不错，而王莽也一直看重咸。在云的运作下，地位被贬低的咸还是越过舆，被立为单于，即乌累若鞮单于。

乌累单于怨恨乌珠留单于当初贬低自己，将他排除继承人之外，遂进行报复行动。乌珠留单于时期，左贤王屡次早逝，人们认为是封号不吉所致，就改名为"护于"。乌珠留单于任命自己长子任护于，摆明了想让儿子继承单于位，这当然是对"兄终弟及"制的破坏。乌累单于把护于贬为左屠耆王，并任命自己兄弟舆任左谷蠡王。

当与云夫妻两人力劝乌累单于与中原王朝和亲。新莽天凤元年（14），云与当派人到西河郡虎猛县（今内蒙古自治区鄂尔多斯市伊金霍洛旗西南）的塞下通知新朝官员，匈奴单于要会见和亲侯王歙（王昭君之侄）。

王莽积极回应，派王歙与其弟王飒出使匈奴，祝贺单于新登大位，给予赏赐，但欺骗单于说他的儿子登很好。

王歙、王飒此次到匈奴还有一个任务，把当年叛逃匈奴的陈良、终带等人赎回来，乌累单于同意了。匈奴把陈良等四人抓捕，还有杀死校尉刀护的芝音及其妻儿以下共二十七人，也全部押入囚车, 交给新朝使者。乌累单于派右厨唯姑夕王富等四十人护送王歙、王飒返回。王莽以"焚如之刑"烧死陈良等人。同时, 为了表达和好的态度, 王莽大幅减少边塞驻军。

乌累单于贪财, 表面上尊奉新朝, 暗地里还是经常侵略边塞求利。尤其是知道儿子登已被杀的消息后, 更是对王莽怨恨, 便派兵从左地入侵, 掳掠不绝。王莽派使者前去责问, 得到的回答是, "乌桓与匈奴的狡黠之民勾结入侵边塞, 就像中国有盗贼一样! 我刚刚即位, 威信尚浅, 当全力禁止类似事情发生, 并不敢有二心。"王莽对此也是无可奈何。

第二年 (15), 王莽又派王歙与五威将王咸等六人护送右厨唯姑夕王返回匈奴。既然登被杀已经不是秘密, 王莽也就把登以及随从被杀的匈奴贵族的遗体送回匈奴安葬。一行人到了塞下, 乌累单于派云、当以及大且渠奢 (云与当所生之子) 等人前往迎接。

王咸等人到了单于庭后, 送给单于丰厚的礼物, 目的是劝说单于改名字, 把"匈奴"改为"恭奴", 把"单于"改为"善于", 并赐给印绶。同时, 册封骨都侯当为后安公, 当的儿子奢为后安侯。乌累单于基本熟悉王莽的套路, 既然改名字就能获得赏赐, 也没什么不好, 自己内部该怎么称呼还怎么称呼。单于一边对新莽言听计从, 一边侵掠如故。

王咸、王歙又把新朝赎回陈良等人的金钱交给云和当, 让他们赐给下属。此次出使可谓出色完成任务, 至少王莽这样认为, 毕竟改名在他心里是极重要的事情。王莽很高兴, 对出使的人一番赏赐, 出手相当大方。

乌累单于在位六年，新莽天凤五年 (18) 去世，其弟左贤王舆
继位，称为呼都而尸道皋若鞮单于，简称呼都而尸单于。按照以往
的程式，应该是新朝派人来祝贺，但不知为何，竟然是呼都而尸单
于派大且渠奢与醯椟王 (王昭君小女儿当于居次之子) 一起到长安
向王莽奉贡。

也许王莽觉得先前单于都是表面一套背后一套，在耍自己，一
定要立一个听命于自己的单于。他派和亲侯王歙与大且渠奢一起
到西河虎猛塞下，请求与云、当约见，然后以武力胁迫，将两人带到
长安。云与当的小儿子侥幸从塞下逃回匈奴。

到了长安后，王莽拜他为须卜单于，要出动大军护送他回去做
匈奴单于。王莽的军队还没调动起来，被惹恼的匈奴各部联合向
新朝北部边境入侵，北部边塞就此破败。此时，当又病死，王莽只
好另立单于，他把女儿嫁给当之子后安公奢，要出兵扶立他做匈奴
单于，实现真正的和亲。

王莽推行新政期间，中原地区屡有旱、蝗、瘟疫、黄河决口
改道等灾害出现。他的新政多倒行逆施，结果导致众叛亲离，天
下动荡。

公元16年，王莽派五威将王骏、西域都护李崇率戊己校尉郭
钦前往西域。投降匈奴的焉耆 (今新疆维吾尔自治区焉耆县西南)
诈降，却暗通姑墨 (今新疆维吾尔自治区温宿县、阿克苏地区一
带)、尉犁 (今新疆维吾尔自治区焉耆县西南)、危须 (今新疆维吾
尔自治区和硕县一带) 三国，合击王骏七千人马，结果王骏被杀，
全军覆灭；郭钦率另一支军队屠了焉耆全城进行报复，然后返回长
安；李崇收拾残兵，退守龟兹，流落西域。

政治危机、社会危机与天灾的叠加，引发各地纷纷举兵，形成赤眉军和绿林军两大军事势力。公元23年二月，绿林军领袖王匡、王凤等人拥立刘玄为帝，年号更始，复国号汉，自称玄汉。九月，汉军攻入长安，王莽、云、奢都被杀死，新朝灭亡。

作为王昭君之女，须卜居次云为了游牧族群与农耕族群的和平，举全家之力调解，最终命丧长安，所愿终未达成。虽然如此，经过几十年的密切交往，汉匈相亲、拒绝战争已经有了一定的民意基础，而云就是这方面的代表。

第六章

再款五原塞

第一节　复兴气象

扶植卢芳

公元24年冬天，玄汉遣中郎将归德侯刘飒、大司马护军陈遵出使匈奴，授呼都而尸单于舆以玺绶，恢复当初的印文，并把随云和当来长安、仍健在的亲属和从人全部送回。玄汉此举向匈奴展示其继西汉衣钵的合法性和对匈政策的延续性。

呼都而尸单于十分骄横，对刘飒、陈遵说道："匈奴本与汉为兄弟，匈奴中乱，孝宣皇帝辅立呼韩邪单于，故称臣以尊汉。今汉亦大乱，为王莽所篡，匈奴亦出兵击莽，空其边境，令天下骚动思汉，莽卒以败而汉复兴，亦我力也，当复尊我！"呼都而尸单于明确表示，对汉朝的复兴他们出了力，应该效仿当初汉朝对待匈奴的模式"复尊我"，也就是汉朝应该向匈奴称臣，这样才算对等。虽然使团努力去纠正呼都而尸单于的认识，但基本无效。在匈奴人的文化里，强者为尊。

到了第二年夏，刘飒、陈遵才回到长安，没过多久，赤眉军攻入长安，更始政权投降，玄汉灭亡。呼都而尸单于说得可能没错，更始政权自己才活不足三年，有什么资格代表汉朝，又有什么资格与匈奴平起平坐，简直不自量力。

匈奴趁着中原大乱，加之休养生息几十年，有了足以睥睨天下的底气，开始介入西域地区。但与冒顿时代相比，复兴之路远没有走完，毕竟包括河西走廊在内的西北地区已经很难回到匈奴的版图。

两汉之际，天下纷乱，西北的特殊地位突显，扮演了重要角色。当时人们对西北地区习惯用西州代称，其地域主要涵盖陇右（陇山以西、黄河以东地区）、"河南地"以及河西地区。自从汉武帝拓边徙民，中原灌溉技术引入，朔方地区（今鄂尔多斯高原北部与后套平原）仰赖黄河及其支流，河湟地区（今青海与甘肃交界的黄河和湟水交汇地带）仰赖纵横的水道，河西地区仰赖祁连山的冰雪融水，西州的农业获得了前所未有的发展。

历经百余年的经营，西州与中原的关系已经密不可分，战略地位也越发显现。来自中原的豪门大族，对当地的政治、经济、文化各方面都有着深刻的影响。同时，西州原本是羌胡之地，拉拢利用当地的羌胡提升了西州兵的作战能力，而中原一旦战乱，西州因偏于一隅而享受独安，吸引大量的中原大族及平民迁入避难，并最终形成割据势力。

两汉之际，西州形成隗嚣、窦融和卢芳三大割据势力，最终匈奴选择扶植卢芳"以汉制汉"，实现"复尊我"的目的。

卢芳居住于安定郡（治高平县，今宁夏回族自治区固原市）三水县（今宁夏回族自治区同心县）左谷（今宁夏山水河东支流的苦水河谷）。安定郡地处关中地区与河西走廊的交接点，是西汉抗御羌乱的战略枢纽。三水县城是安定属国管理机构——属国都尉府驻地。

安定属国主要安置匈奴浑邪部和休屠部内附民众。汉武帝元鼎三年（前114），汉廷将北地郡西部地区析出，另置安定郡，原北地属国也划归安定郡管辖，所以改称安定属国，又因其治所在三水县，故亦称三水属国。三水县原本为义渠戎的活动范围，这里气候温和，水草丰茂，可耕可牧。

安定属国原本主要是匈奴人居多且掌权，但是随着羌人从陇西、天水等郡迁徙过来，到了东汉，羌人势力超过了匈奴人。

新莽时期，一部分人思汉，卢芳就编个故事，说自己是汉武帝的曾孙，本名刘文伯，其曾祖母是匈奴谷蠡浑邪王的姐姐、汉武帝的皇后，这样他不但有皇室血统，还有匈奴血缘。而他生活的地域本就是安置浑邪王降众的，无疑又增加了故事的真实感和他与匈奴的亲切感。

为了让故事更加完整，他又编说，当时曾祖母生了三个儿子，因遭"巫蛊之祸"，太子被杀，皇后获罪死，中子刘次卿逃亡到长陵，小子刘回卿逃到了左谷。后来，霍光想立刘回卿为帝，但刘回卿拒绝，一直住在左谷，他有一子刘孙卿，刘孙卿又有一子刘文伯。卢芳编的故事漏洞很明显，因"巫蛊之祸"而死的太子是刘据，其生母为皇后卫子夫，按卢芳所言，匈奴谷蠡浑邪王的姐姐岂不是卫子夫？

尽管卢芳编的故事有明显漏洞，但知晓宫廷内部事情的人毕竟是少数，所以在西州得以传播，人们相信这一切都是真的。新莽末年，卢芳与三水属国羌胡起兵。更始帝刘玄灭了新莽，入主长安后，征卢芳为骑都尉，命他镇抚安定以西。玄汉政权垮台，刘玄被杀后，三辅地区社会秩序紊乱，三水的豪杰们共同计议，以卢芳为刘氏子孙、应当继承宗庙为由，共立卢芳为上将军、西平王。因有匈奴血缘和特殊的地缘关系，卢芳主动派使者与西羌、匈奴和亲。

卢芳把自己打造成为具有匈奴血缘的汉朝皇室后裔，无论从

政治角度还是地缘角度考虑, 呼都而尸单于都应该支持, 他说道:
"匈奴本与汉约为兄弟。后匈奴中衰, 呼韩邪单于归汉, 汉为发
兵拥护, 世世称臣。今汉亦中绝, 刘氏来归我, 亦当立之, 令尊事
我。"呼都而尸单于继续奉行他的"复尊我"原则, 派句林王率领
数千骑迎接卢芳, 卢芳及其兄弟都到了匈奴。单于立卢芳为汉帝,
命卢程为中郎将, 率领匈奴骑兵返回安定驻扎。

其后, 匈奴主动与边塞上拥兵自重的五原李兴、隋昱, 朔方田
飒, 代郡石鲔、闵堪等割据势力撮合。建武四年 (28) , 单于派遣无
楼且渠王到五原塞, 与李兴等结亲通好, 并特别告知李兴等人, 匈
奴要扶植卢芳返回汉地为皇帝。

公元29年, 李兴、闵堪等人率军到匈奴单于庭迎接卢芳。十二
月, 卢芳和李兴等一起进入五原塞, 建都九原 (今内蒙古自治区包
头市九原区) 。历经十年, 卢芳于九原正式称"汉帝"。呼都而尸单
于认真地效仿汉宣帝对待呼韩邪的故事, 并没有趁着中原动乱,
南下占领漠南的意图, 而是把"以夷制夷"变成了"以汉制汉"。

卢芳政权很快控制安定郡大部、北地郡大部、朔方郡、五原
郡、云中郡、定襄郡、雁门郡和代郡。其中, 安定、北地、朔方、
五原、云中五郡的属地皆跨河连接今鄂尔多斯高原与其毗邻区
域, 其他三郡分布在今山西省北部、内蒙古自治区南部和河北
省西北部。

刘秀北上

公元25年, 刘秀称帝, 延续"汉"国号, 年号建武, 史称"东
汉"。此时的刘秀汉政权也只是多个政权之一。刘秀志在统一全

国，当时的主要方针是先东后西，北部边疆基本放任不管。

在扶植卢芳的前后，匈奴也在积极扶植彭宠。公元26年，为刘秀平定河北立下赫赫战功的彭宠因遭构陷，被迫以渔阳为据点，起兵反叛，并积极与匈奴结好和亲，获得匈奴的支持。匈奴派遣左南将军率领七八千骑，援助彭宠。在攻下蓟县（今北京市大兴区）后，彭宠自立为燕王。

消灭西线的赤眉军后，公元28年，东汉军队主力开始北上平叛彭宠。匈奴派两王引兵南下，为彭宠助战，匈奴骑兵经过军都（今北京市昌平区境）时被汉军狙击，匈奴大败，两王都被杀。彭宠无奈放弃蓟县，率领主力撤回渔阳。第二年，一代枭雄被家奴杀死。

北部的割据势力见汉军主力开始介入北部地区，感受到威胁，加之匈奴扶植的彭宠已死，于是加快在汉地立卢芳为帝，希望整合北部军事力量，在匈奴的支持下，有效对抗刘秀的东汉，并伺机南下。

在匈奴与卢芳的政治和军事双重挑战下，刘秀意识到该和匈奴对话了。公元30年，刘秀派归德侯刘飒出使匈奴，匈奴也派使者到东汉都城洛阳进贡，东汉与匈奴正式实现互访。尽管刘秀表现得非常谦恭，但呼都而尸单于自比冒顿，对汉使讲话狂妄轻慢，对刘秀的汉政权并不买账，毕竟他还在扶植卢芳政权。

北部边境的军事冲突并没有减少的迹象。时任代郡太守的刘兴率兵攻击卢芳的部将贾览，双方在高柳（代郡郡治，今山西省阳高县）大战，结果刘兴战死。在北地郡诸豪强背叛隗嚣、投降东汉后，刘秀命令征西大将军冯异顺势进军义渠（北地郡郡治，今甘肃省庆阳市西南），击败卢芳的将领贾览以及匈奴奥鞬日逐王。北地郡、上郡、安定郡全部归降东汉。

就在这个关节，卢芳政权出现了内讧，卢芳诛杀了拥他为帝的五原太守李兴兄弟，结果引发连锁反应，朔方太守田飒、云中太守桥扈主动献郡，投降东汉政权，刘秀命他们原职留任。接着，刘秀命杜茂率兵北上，屯田晋阳（今山西省太原市）、广武（今山西省代县），防御匈奴进攻，并伺机消灭卢芳政权。当时卢芳占据高柳，与匈奴军队相互配合，多次侵犯边地。

公元33年春，"名震西州，闻于山东"的隗嚣步入英雄末路，又病又饿，忿恨而死。隗嚣据有陇右，他一直摇摆不定，一会儿帮助公孙述，一会儿配合刘秀，一会儿又希望河西窦融、巴蜀的公孙述与自己合纵联盟，割据建国。隗嚣最终向公孙述称臣，结局不如窦融，在此之前，窦融举河西全境向刘秀效忠。

隗嚣一死，陇右基本平定，中原只剩下一个割据势力公孙述。在压力大幅减轻的情况下，东汉调动大批军力，剑指北方。刘秀命杜茂与雁门太守郭凉出兵讨伐卢芳，在繁畤（今山西省繁峙县）与卢芳部将尹由对阵，卢芳部将贾览率匈奴骑兵万余人前来救援，杜茂军与其交战，大败，被迫退入楼烦城（今山西省娄烦县）。同年（33），刘秀派大司马吴汉率领四位将军，统领五万余人，在高柳攻打卢芳部将贾览、闵堪，匈奴派兵救援，吴汉不敌。

第二年，吴汉与王霸等率领六万大军，再次攻打卢芳部将贾览，匈奴数千名骑兵援救，就在平城（今山西省大同市）展开拉锯战。虽然吴汉力战，赶走了匈奴兵，但也是所获无几。

东汉的大规模出兵不但没达到预期效果，反而暴露出自己的军事实力，引起匈奴更强的报复，烧杀掳掠更为严重。对此，刘秀只好在常山郡（治元氏县，今河北省元氏县西北故城）、涿郡（治涿县，今河北省涿州市）、渔阳郡（治渔阳县，今北京市密云区西南）、上谷郡（治沮阳县，今河北省怀来县）屯兵布防。

公元36年，东汉灭了公孙述政权，只剩下北部的卢芳政权，而卢芳政权问题的本质是匈奴问题。卢芳和匈奴依然与东汉保持着敌对状态，他们联合乌桓（内蒙古西辽河上游），多次侵掠边地。杜茂等率军与匈奴、乌桓多次战争，始终不能克敌制胜。

刘秀命骠骑大将军杜茂等镇守北地，并命王霸带领六千刑徒，与杜茂整修华北平原与北方边郡间的交通咽喉——飞狐道（今河北省涞源县北蔚县南）。除了在最高最险要之处的黑石岭附近驻兵把守外，要求从代（今河北省蔚县东）到平城（今山西省大同市），沿着山脊建成三百里的长城。另外，刘秀又要求捕虏将军马武驻军滹沱河（发源于山西省繁峙县）岸，防备匈奴。

汉军在北上与卢芳及匈奴的对抗中不占任何优势，只能加大北边的防御力量，同时加大对卢芳将领的悬赏招降。招降的效果立竿见影，几个将领袭杀了平城守将尹由，投降东汉。卢芳的重要部将尹由被杀，加之汉朝悬赏善待降者，不断有卢芳控制的城邑投降。

公元37年，卢芳进攻云中郡，却久攻不下。留守九原的将领隋昱认为卢芳大势已去，谋划胁迫卢芳投降刘秀。卢芳得到消息无力应付，只好带领十余名骑兵仓促逃入匈奴。

卢芳逃遁匈奴，首都九原丢失，表明卢芳汉政权已瓦解。卢芳的部众都由隋昱节制，他到洛阳归降刘秀。刘秀任命隋昱为五原太守，赐封镌胡侯。至此刘秀的东汉王朝才成为中原唯一的政权。

卢芳反复

从匈奴支持卢芳在九原建立汉政权，到他失去九原，有九年之久，匈奴扶植的第二个政权失败了。匈奴希望"以汉制汉"，实现"复尊我"的构想最终不是那么完美，这是很失体面、令人不悦的。

对此，自比冒顿单于的呼都而尸单于只有展现实力给东汉王朝看了，匈奴加大军力侵犯东汉边郡，东汉政府无力招架，唯有选择"打不起，躲得起"的退避策略。

公元39年，东汉朝廷把雁门郡、代郡、上谷郡的官民六万余人迁徙到居庸关（今北京市昌平区西北）、常山关（今河北省保定市唐县西北、太行山东麓的倒马关）以东，希望借助天险，避开匈奴的侵扰，空出的三郡马上被匈奴左部填上。东汉朝廷见此形势，只好在边塞增加驻军人数。与此同时，在修整飞狐道的工事基础上，继续加强防御工事，修缮要塞，增加堡垒。

汉朝让出三个郡，卢芳大概觉得自己还有机会，于是返回代郡高柳，但很快被骑都尉张堪击败。卢芳虽然败了，但其政治影响力还在，听说东汉朝廷悬赏求得卢芳，单于想让卢芳投降，借此大捞一笔。

卢芳见匈奴希望他降汉，不管真假，先降了再说。公元40年，卢芳和闵堪、闵林遣使到洛阳，请求投降。刘秀封卢芳为代王，任命闵堪为代相、闵林为代太傅，并给予丰厚赏赐，希望卢芳在代地为朝廷安抚匈奴，重新实现和平。

卢芳上书表达感谢，同时强调自己当初编造故事并非恶意。他说当年起兵反叛王莽，是为了恢复汉朝社稷，"西连羌戎，北怀匈奴。单于不忘旧德，权立救助"（《后汉书·卢芳传》）。卢芳特别强调匈奴单于的正面意义。最后卢芳表示一定"和辑匈奴"（《后汉书·卢芳传》），努力促成汉匈之间的和睦。

卢芳请求入朝觐见，刘秀让他明年（41）正月来首都。冬天，卢芳起身赶路，向南行进到昌平（今北京市昌平区南），突然接到推迟一年入朝的诏令。刘秀的莫名之举引起卢芳的疑虑恐惧，从昌平返回代地，就于公元42年五月反叛，而闵堪、闵林兄弟却不愿意背叛，两派互相攻击，连战数月。

匈奴没有见死不救，派数百名骑兵迎接卢芳及家人到塞外，从此卢芳留在匈奴，直到十余年后因病去世。就匈奴的表现看，匈奴与卢芳的确建立了非常良好的关系。

匈奴呼都而尸单于本想凭借卢芳投降获得一些丰厚财物，不料卢芳却说自己是主动归降，并未提及匈奴授意。单于没有得到任何好处，还让卢芳大失所望。单于耻于提及自己的谋划，又羞愧又恼怒，遂对东汉边地的侵犯向纵深推进，不仅为自己，也要为卢芳出口恶气。

压制东汉

从公元41年到公元45年，匈奴对东汉采取了报复性进攻。公元41年，匈奴、鲜卑、赤山乌桓（今河北省北部滦河上游）多次联军，攻入边塞，屠杀官民，大肆掠夺。公元44年，匈奴两次侵掠上党

（治长子县，今山西省长子县西）、右扶风（治槐里，今陕西省兴平市东南）、天水（治平襄县，今甘肃省通渭县西北）。匈奴军队进入三辅地区的右扶风，西汉皇陵受到威胁，而侵掠上党则威胁东汉首都洛阳。

东汉名将马援曾是隗嚣的部下，但他最终选择跟随刘秀。他西破陇羌，南征交趾（今越南北部），立下了赫赫战功。面对北疆局势，放出豪言："方今匈奴、乌桓尚扰北边，欲自请击之。男儿要当死于边野，以马革裹尸还葬耳，何能卧床上在儿女子手中邪？"（《后汉书·马援列传》）

公元45年，乌桓和匈奴、鲜卑的军队再度联兵犯边。代郡以东受乌桓的侵害最为严重。"其居止近塞，朝发穹庐，暮至城郭，五郡民庶，家受其辜，至于郡县损坏，百姓流亡，边陲萧条，无复人迹。"（《资治通鉴·汉纪三十五》）

乌桓接近边塞，与沿边五郡（代郡、上谷郡、渔阳郡、右北平郡、辽西郡）距离非常近，当地民众受到伤害的严重性也就可想而知了。刘秀派遣马援修筑城堡要塞，逐渐恢复郡县，招集民众返乡。

聚居在上谷郡长城外白山（大马群山，阴山山脉东段，位于今河北省与内蒙古自治区边界）地区的乌桓最为强悍和富庶。马援率三千骑兵袭击，无功而返。

鲜卑的一万余骑兵侵犯辽东郡。辽东太守祭肜率领数千人给予痛击。鲜卑骑兵逃奔的时候，有一多半落水而死，余下的丢下武器逃命。东汉的这次反击，让鲜卑对祭肜有了忌惮。

同年冬，匈奴再次入侵上谷、中山（治卢奴县，今河北省定州市)，"杀略钞掠甚众，北边无复宁岁"(《后汉书·南匈奴列传》)。东汉北部边境已经没有安宁日子了。

两汉之际，中原大乱，经过几十年休养生息的匈奴实力大大恢复，除了介入西域外，就是要学习汉宣帝对待匈奴，既可以复兴汉王朝，也可以争回匈奴的尊严，这就是呼都而尸单于总要强调的"复尊我"。然而匈奴的相关表现很是一般，最终还是匈奴直接与东汉周旋，回到西汉初年的汉匈关系上。此时的匈奴虽实现了复兴，呼都而尸单于自比冒顿，但与西汉初年的匈奴实力相比还有很大距离。

由于刘秀强调以柔治国，至少在国力没有恢复之前，不想介入更多的军事战争，他一度想放弃凉州，听了马援分析利害才作罢。他也曾感慨："每一发兵，头须为白"(《后汉书·岑彭传》)。在对待匈奴问题上，更多的是采取防御，首要的是休养生息，恢复国力。张堪与王霸在地方治理上就很好地诠释了刘秀的治国理念。

张堪在高柳击败匈奴后，调任渔阳太守，任职八年(39—46)，张堪的"渔阳惠政"除了阻止匈奴的侵扰，还开垦良田八千余顷，劝民耕种，以致殷富，受到民众赞誉，歌曰："桑无附枝，麦穗两岐。张君为政，乐不可支。"(《后汉书·张堪传》)

王霸与匈奴、乌桓交战次数很多，对边疆军事非常熟悉，在上谷郡任职二十余年。他多次上书主张与匈奴和亲，也建议由温余水(今北京温榆河，是大运河的上游，发源于北京市昌平区军都山麓)漕运运输，以省去陆路运输的辛劳，在对匈奴、乌桓的作战中，温余水漕运起到了巨大作用。自王霸建议后，温余水成为历代王朝的漕运要道。

总之，就当时的状况，一方面要实现边地人民生活富足，才有实力对抗匈奴的侵扰；另一方面就是与匈奴和亲，效仿西汉初年故事。

第二节　南北对峙

百年运势

果然"胡虏无百年之运"，人算不如天算，就在东汉为北部边境困扰之际，匈奴内外部出现了新状况。作为游牧帝国，最担心的不外乎两件事情：内部的继承问题和外部的自然灾害问题。如果两个问题同时发作，对帝国的生存冲击无疑是致命的。

公元46年，在位二十九年的呼都而尸单于逝世，这位自比冒顿单于的天之骄子的确有其过人之处，但他终归不是冒顿，尤其在继承人的安排上犯了大忌。按照当年呼韩邪单于的遗训，单于位的继承遵循兄终弟及，可是呼都而尸单于为了让自己的儿子继位，并没有让弟弟右谷蠡王伊屠智牙师担任左贤王成为储君。

如果呼都而尸单于就此打住也就罢了，但他却把伊屠智牙师杀了，伊屠智牙师是王昭君之子，属于亲汉派，这就埋下了仇恨的种子。一旦呼都而尸单于死去，其子如果不能有效平衡各方，分裂内讧将不可避免。

作为呼都而尸单于的侄子、前单于乌珠留单于的长子，右日逐王比就很有意见。他实力雄厚，统领南边八部，见伊屠智牙师被诛，甚是不满，口出怨言："若以兄终弟及论，右谷蠡王伊屠智牙师当继位；若以父死子继论，我是前单于长子，我当继位！"因为不满，又担心步伊屠智牙师后尘，比便很少赴单于庭参会。呼都而尸单于知道比不满，派了两名骨都侯去监督统领南边八部军队。

呼都而尸单于逝世后，其子左贤王乌达侯继位，不久就去世了。乌达侯之弟左贤王蒲奴继位，这让比更加愤怒。就在内部关系紧张之际，蒙古草原发生了自呼韩邪单于以来百年最大的一场天灾，"连年旱蝗，赤地数千里，草木尽枯，人畜饥疫，死耗太半"（《后汉书·南匈奴列传》）。

匈奴帝国到了最危险的时刻，乌桓趁火打劫。游牧族群以强者为尊，乌桓以前也没少受匈奴的气，此时正好报复，出兵进攻侵掠，匈奴北撤数千里。蒲奴单于担心东汉趁势出兵北伐匈奴，主动遣使到渔阳（治渔阳县，今北京市密云区西南）请求和亲。汉廷也积极响应，派遣中郎将李茂回访。

日逐王比也迅速行动，秘密遣汉人郭衡拿着匈奴地图，于建武二十三年（47）到西河太守处请求归附东汉。负责监督的两位骨都侯觉察出比的意图。恰逢五月龙城大会，两位骨都侯向蒲奴单于紧急报告，说比一向图谋不轨，不杀之则国家必有祸乱。如此重要的情报，保密工作却做得相当之差。比之弟渐将王就在单于帐下，闻听此言，即刻快马加鞭向兄长汇报。

比虽然有些惧意，但决定先发制人，夺回南边八部四五万人的军事统领权，待两位骨都侯返回，准备立即诛杀，彻底与蒲奴单于摊牌。两位骨都侯还没到达南边，就发现情况不对，立即掉转马头北奔，回去告知蒲奴单于。蒲奴单于只派遣了一万骑兵前去讨伐，见到比的军队威势，估计出击必败无疑，无奈撤兵。

建武二十四年（48）春，南边八部大人召开贵族大会，商议拥立日逐王比为呼韩邪单于。之所以袭用呼韩邪单于名号，是因为比的祖父呼韩邪单于归顺汉朝让匈奴得以安宁。会后，比来到五原塞，表示"愿永为蕃蔽，捍御北虏"（《后汉书·南匈奴列传》），永远做汉朝的屏障，抵御北部的敌虏。南部匈奴已经把自己的族人视作敌人和野蛮人，而把自己视为文明人，很具讽刺意味。

东汉朝廷就此事进行了讨论，很多人反对，理由是真假难辨，很难认定南部匈奴的诚意。五官中郎将耿国认为应该按照宣帝时期的先例，同意南部匈奴归附，让南部匈奴东边抵御鲜卑，北边抗拒匈奴，做蛮夷的表率。最终，刘秀同意了南部匈奴的归附。

公元48年冬天，比自立为南单于，对内称呼为醯落尸逐鞮单于，对外则称呼韩邪单于。单于比作为头曼的第十八代孙，正式成为南匈奴的第一代单于。从此匈奴正式分为南北两部，南北两个单于。

与上次匈奴分裂不同，上次匈奴分裂后，汉朝灭了郅支单于，呼韩邪统一匈奴，又回到漠北王庭。可是这次匈奴分裂，南北匈奴再也没有实现统一，南匈奴一直向南移动，北匈奴一直向西迁徙。

南庭附汉

公元49年正月，辽东太守祭肜以财物安抚招纳鲜卑大都护偏何，承诺如果要立功，就去斩杀匈奴人。偏何带军杀了二千余人，将人头献到官府，祭肜没有食言，给予他很多赏赐。

南匈奴也似乎意识到，北匈奴决然不会对南匈奴附汉视而不见，必然会军事攻击，而汉朝还有人怀疑南匈奴归附的诚意。鉴于此，南匈奴决定对北匈奴主动展开军事行动。

南单于派其弟左贤王莫率兵一万余众，进攻北单于之弟左贤王，将其生擒，合并北单于部众一万余人，获得七千匹马、一万头牛羊。北单于震恐，后撤一千余里。南匈奴的军事行动导致北匈奴内讧，左骨都侯与右骨都侯率三万余众投奔南单于。

南匈奴对北匈奴展开的第一次军事行动，宣告了南北势不两立，南匈奴必须无条件地臣服东汉王朝。三月，南单于再次遣使到洛阳，以藩国之礼称臣，请求汉朝遣使到南匈奴监护，并请求将王子送到洛阳为质，重新缔结旧日和约。

对东汉朝廷而言，北部边疆问题正向好发展。可能是南匈奴归附汉朝起到了示范作用，乌桓部落也归附汉朝。乌桓当初趁火打劫匈奴的时候，东汉朝廷采取了拉拢政策。同年（49），辽西郡乌桓部落大人郝旦等率众九百二十二人归附。刘秀下诏册封其中八十一个首领，并移居塞内，安置在沿边各郡，命令他们招徕本族之人，由东汉朝廷供给衣食。归附的乌桓人负责汉朝边境的侦察，协助汉朝打击匈奴和鲜卑。

为此，司徒掾班彪上书建议恢复护乌桓校尉，负责对乌桓部落的管理，于是汉朝在上谷郡宁城（今河北省张家口市西北部）重新设置护乌桓校尉，不但负责乌桓事务，而且也有权处理鲜卑事务。

班彪原在隗嚣手下，写了一篇很长的文章规劝隗嚣，但隗嚣并不认可。班彪便投奔窦融，两人的观点倒是一致，也因此班家与窦家的关系不一般。班彪的两个儿子也很有名，一个是班超，一个是班固。

汉朝北疆最重要的问题依然是匈奴问题，妥善处理南匈奴内附很重要，绝对不能像对待乌桓部落那么简单。既然南匈奴强烈希望汉朝派人对其监管，那又何乐不为。公元50年，汉廷派中郎将段郴、副校尉王郁出使南匈奴，在距五原（治九原县，今内蒙古自治区包头市九原区）西部边塞八十里的地方（今内蒙古自治区乌拉特中旗石哈河镇）设立南单于庭。

在南单于迎接汉使的时候，汉使表示单于必须俯身下拜，接受诏书。南单于来回看看，犹豫了一会儿，才接受汉匈历史上从未有过的新仪式。拜完后，单于还是感觉尊严受损，通过翻译告知使者，在众人面前不要让单于过于屈尊。单于的臣子们见到不久前还不可一世的匈奴沦落于此，不免悲从心起，"皆泣下"（《后汉书·南匈奴列传》）。

段郴等人回到洛阳复命，东汉对南单于的诚意不再怀疑。刘秀下诏，听任南单于入住云中郡（治云中县，今内蒙古自治区托克托县），为其提供更大的生存空间与回旋余地。

同年秋，南单于遣子入汉为质，汉朝给予了相应的礼仪和物品，又从河东郡（治安邑，今山西省夏县北）转运了二万五千斛米、三万六千头牛羊，赈济南匈奴。与此同时，汉朝与南匈奴之间确立了一些制度。

汉朝在南匈奴派驻使匈奴中郎将，也称使中郎将、匈奴中郎将或护匈奴中郎将，中郎将下设安集掾史，由安集掾史率领五十名被武装的弛刑（解除枷锁的刑徒）护卫单于，并参预处理诉讼案件，侦察动静。

按照匈奴的传统，诉讼案件由贵族主断，"呼衍氏为左，兰氏、须卜氏为右，主断狱听讼，当决轻重，口白单于，无文书簿领焉。"（《后汉书·南匈奴列传》）使匈奴中郎将不但负责监视单于的一举一动，还要参与匈奴司法以及政务。南匈奴正式成为东汉的藩属。

另外还规定，到了年终，南单于要派人呈送奏章，送质子入汉，由中郎将手下一名从事带到洛阳。汉廷也派谒者护送前质子回单于庭，双方在路上交会；每年正月的朝贺，拜祭陵墓和宗庙后，南匈奴使者即可返回，汉朝会派谒者护送，并赐给单于、单于母亲、各位阏氏、单于之子、左右贤王、左右谷蠡王、骨都侯中有功德者各种彩色丝帛一万匹，每年如此，成为常例。

南匈奴既然归附汉朝，除了继续保持传统祭祀外，也要同时祭祀汉帝，借此机会召集各部商量国家大事，并举行竞技活动。至于内部权力分配，则是："其大臣贵者左贤王，次左谷蠡王，次右贤王，次右谷蠡王，谓之四角；次左右日逐王，次左右温禺鞮王，次右渐将王，是为六角：皆单于子弟，次第当为单于者也。异姓大臣左右骨都侯，次左右尸逐骨都侯，其余日逐、且渠、当户诸官号，各以权力优劣、部众多少为高下次第焉。"（《后汉书·南匈奴列传》）

东汉王朝鉴于与南匈奴已经建立了藩属关系，于是要求云中、五原、朔方、北地、定襄、雁门、上谷、代等八郡的流民返回本土。汉廷派出谒者带领免刑囚徒修补城郭，并把内迁中原的边地居民遣回各县，对返归人员给予安置费和粮食供应。当年（39），刘秀一纸诏书要求边疆民众大迁徙，结果城郭已成废墟，现在一切都要从头开始，刘秀也是懊悔不已。

南匈奴的内附自然是件好事，但并非所有匈奴人都认可，尤其对于新投降南匈奴的北匈奴人而言，他们可不是铁杆的亲汉派，而是自主派。公元50年夏季，南单于所俘虏的北匈奴左贤王率领旧部及南匈奴的五位骨都侯共计三万余人，叛南北逃。

既然北逃就认真点，左贤王竟然在距北匈奴王庭（今蒙古国乌兰巴托附近）三百余里处，自立为单于。史料没有记载他们为何要再立一个单于，以区区三万人面对南北夹击，有多大的生存空间？一个多月后，没等南北夹击，自己先发生内讧，互相攻击，五位骨都侯全死，左贤王自杀。五位骨都侯之子各自拥兵自守。

到了冬季，实在熬不下去了，五位骨都侯之子率领部众三千人回归南匈奴，北匈奴派骑兵追击，将他们全部俘获。南匈奴发兵援救，却迎战失利。可见，北匈奴的实力依然不容小觑。

有鉴于此，汉朝廷让南单于移居西河郡（治平定县，今内蒙古自治区鄂尔多斯市伊金霍洛旗红庆河古城）美稷县（今内蒙古自治区鄂尔多斯市准格尔旗暖水镇榆树壕古城）。西汉时期设置的西河郡，大致位于今陕西东部、北部，内蒙古鄂尔多斯地区东部及山西西部、中部。其兴衰沿革显示出国家的兴衰。

南匈奴单于庭南迁到美稷县，东汉王朝命段郴、王郁留驻西河郡护卫，又命西河长史每年冬天率领二千骑兵、五百免刑囚徒，协助匈奴中郎将护卫南单于，冬屯夏罢遂成常例。这样匈奴中郎将的权力扩大，对南单于的控制力也加大了。

南单于迁徙西河郡以后，依旧设立各部侯王，协助汉朝抵御戍边。韩氏骨都侯驻守北地，右贤王驻守朔方，当于骨都侯驻守五原，呼衍骨都侯驻守云中，郎氏骨都侯驻守定襄，左南将军驻守雁门，栗籍骨都侯驻守代郡，他们都统领部众为郡县巡逻侦察。八个部落中有五个部落（西河、北地、朔方、五原、云中）分布于今鄂尔多斯高原及其邻区地带。

南匈奴分制八郡，既分化了南匈奴的力量，又使得各郡和匈奴中郎将对南匈奴各部起到监督制衡作用。汉朝免去沿边八个郡的全部租税和劳役，减轻当地人的负担，加速恢复生产，增强八郡实力。

匈奴人进入八郡，从此两个族群、两种文化长期接触，加速了民族融合。匈奴人与汉民杂居，互通婚姻，他们的后代很多就是"五胡乱华"中的胡人；受中原文化影响，很多人从游牧生活变为农耕定居生活；南匈奴单于还派贵族子弟到洛阳学习汉文化，更是加速了匈奴贵族汉化。

南匈奴虽然作为东汉的藩属，但是因为地缘关系，使得它与其他藩属表现得很不一样，他们所统领的八郡更像是一个特区。以往匈奴攻击八郡，是游牧族群对农耕族群的战争，可现在变成了游牧族群对游牧农耕混合族群的战争。

北庭自主

匈奴的分裂，对北匈奴而言无疑是雪上加霜，漠北的自然灾害还没有结束，现在却要面对南匈奴与汉朝的联盟。北匈奴首先表示出善意，放回被掠走的汉民。在军队经过汉朝边塞时会很有礼貌地说："我们只是讨伐叛徒日逐王而已，不敢侵犯汉民。"

为了避免遭到汉朝与南匈奴的联兵攻击，也为了分化南匈奴与汉朝之间的关系，北匈奴在公元51年、公元52年两次请求与汉朝和亲。

对公元51年的和亲之请,主战派则主张趁着北匈奴"人畜疫死,旱蝗赤地",放弃固守文德,以武力根除北匈奴的威胁。他们认为"厚悬购赏,喻告高句丽、乌桓、鲜卑攻其左,发河西四郡、天水、陇西羌胡击其右",不过数年就可以消灭北匈奴,建立"万世刻石之功"。

对此,光武帝刘秀以诏书正式回复,他认为目前最紧要的事务是解决国内问题,让人民过上安定的生活。在他看来,北匈奴并非主战派想象得那么不堪一击,自己并非不想解决北匈奴问题,而是实力不够,时机未到。"诚能举天下之半以灭大寇,岂非至愿;苟非其时,不如息人。"(《后汉书·臧宫传》)

光武帝的正式答复,宣告了汉朝的基本政策是和平而非战争,是先内后外,要把休养生息放在首要位置。就当前而言,考虑到一旦答应北匈奴之请,南匈奴必生二心,于是要求武威太守不要接待北匈奴使者,拒绝了北匈奴的请求。

公元52年的和亲之请,北匈奴没有派使者到武威郡,而是直接到了洛阳,并献了一些贡品。他们这次除了主张和亲,另外加了两个请求,希望得到汉朝的乐器,希望可以率领西域各国胡客,一道来洛阳进贡朝拜。

北匈奴把乐器之事放到请求之中,显然汉朝赏赐乐器代表了某种认可。北匈奴此举想要汉朝承认北匈奴才是匈奴的正统。请求率领西域人同来进贡朝拜,是想突出北匈奴已经控制了西域,向汉朝显示实力,同时给南匈奴造成一定压力,冲击亲汉派的心理,起到分化作用,可谓用心良苦。

汉朝不敢怠慢,刘秀就答复事宜交付三公讨论。司徒掾班彪上书建议，北匈奴接连进贡物品，请求和亲，正说明其国内空虚。现在既然未能获得南部助力，也不宜和北部断绝往来。按照羁縻的原则，于礼数应给予回复，给北匈奴等价的赏赐，并把呼韩邪和郅支的故事讲一讲，起到提醒警示的作用。

为此班彪还草拟了回复文稿，文稿传达三个意思：对北单于的行为表示赞赏，同时表示，汉朝不会听信南匈奴一面之词，擅自发兵进攻北匈奴；希望北单于效仿呼韩邪单于，不要学习郅支单于；西域诸国隶属匈奴，与隶属汉朝并无区别，至于乐器之类，需要的时候自然会提供。

班彪的答复既尊重了北单于，也巧妙地驳回了北单于的不合理诉求，刘秀完全采纳。为了安抚南匈奴，汉朝在第二年 (53) 赐南匈奴数万头羊。两年后 (55)，北匈奴与以往一样，又派来使者，刘秀以玺书回复单于，赐予彩缯，但不遣使回访。

北匈奴向汉朝展示国家实力很正常，请求带领西域各国胡客到洛阳进贡朝拜就有此含义，但并不是唯一目的。除此之外，北匈奴希望借此机会，达到威慑西域诸国的目的，此时的匈奴也只是控制了西域北道部分国家。

在中原大乱之际，西域诸国不再受中原王朝控制，短暂复兴的匈奴趁机重返西域，重新开始征税，且要求西域诸国限期把几十年没有交纳的税物一并补交。匈奴的做法令人反感，况且匈奴也只控制了北道诸国，对于南道则没有完全控制，尤其是莎车国（王治莎车城，今新疆维吾尔自治区莎车县）根本不依附匈奴，一度成为西域霸主。

莎车王延在西汉元帝时曾作为侍子久居长安，深受汉文化熏陶。延告诫其子："当世奉汉家，不可负也！"其子康接任王位后秉承父亲遗训。康率领邻国抵制匈奴，保护原都护吏士和眷属千余人，并发文书到河西，询问中原的情况。

汉光武帝建武五年（29），基于莎车对汉朝的无比忠诚，窦融承旧制，封康为"莎车建功怀德王、西域大都尉"，代表东汉管辖天山南北的西域诸国。这当然只是形式上的册封，至于莎车能否实现，那要靠莎车的实力，尤其是能否与匈奴抗衡。

四年后（33），莎车王康去世，其弟贤立。贤即位没多久，就攻杀扜弥（今新疆维吾尔自治区于田县）国王与西夜（今新疆维吾尔自治区叶城县境）国王，派康的两个儿子分别担任扜弥王与西夜王。贤明显与前任国王不一样，他热衷于武力。

不过贤并没有忘记祖上的遗训，加之匈奴捐税苛刻，西域诸国希望汉朝再次派遣都护。公元38年，莎车王贤、鄯善王安都遣使到洛阳进贡，表达了希望汉朝派遣都护的意愿。刘秀以中原刚刚平定，没有应允。不过，西域与中原就此恢复中断多年的联系。

莎车王贤并没有放弃，三年后（41）再次遣使至汉廷，请求派遣都护。此时已入朝任大司空的窦融向刘秀建议，赐贤西域都护印绶，以表彰其"父子兄弟相约事汉"、数世不渝的功德，却遭到敦煌太守裴遵的反对，他以"夷狄不可以假以大权"为由，请求刘秀收回西域都护印绶，改赐"汉大将军"印绶。莎车使者不肯交换，裴遵竟然强行夺回。汉廷如此出尔反尔，贤从此开始怨恨，诈称是西域都护，向西域各国发送文书，各国却也服从，称贤为"单于"。

贤能被尊为单于，可见莎车实力非同小可，也表明匈奴实力大不如前。贤不但向各国征税，还多次举兵进攻龟兹（今新疆维吾尔自治区库车市)，力图统一西域。西域诸国是投靠匈奴不甘心，投靠莎车也不甘心，只好加大力度请求汉朝出面干涉。

公元45年，车师前国(今新疆维吾尔自治区吐鲁番市)、鄯善国(今新疆维吾尔自治区若羌县)、焉耆国(今新疆维吾尔自治区焉耆县)等十八国各遣子入侍为质，请求汉廷派出都护。刘秀以中原刚刚平定，北方还处于战乱，无暇顾及西域，委婉地拒绝了。

一方面是莎车要吞并西域各国，一方面是汉朝无暇顾及西域。西域诸国只好采取拖延战术，请求将侍子留住于敦煌，造成汉朝即将派出都护的假象，以欺骗莎车。可时间一长，这招儿就不灵了。

第二年(46)，贤要求鄯善王安断绝和汉朝的通道，安拒不执行，并将莎车使者斩首。贤大怒，发兵攻打鄯善，安迎战不利，逃往山中。贤杀略数千人后退兵。同年冬，贤又攻杀龟兹王，并吞其国。可见莎车确有统一西域的实力，只不过贤过于相信武力，忽视外交等其他策略。

鄯善王安也知道，他已经彻底激怒了莎车王贤，于是再次上书，表示愿意遣子入侍，请求汉廷派出都护，如果东汉再不派都护，就唯有投靠匈奴。鄯善王安已经走投无路，而此时匈奴正经历最为严重的天灾，更无力量对付莎车。刘秀见了鄯善王安的上书，也是无可奈何，只好说："如诸国力不从心，东西南北自在也。"(《后汉书·西域传》)准确无误地告诉西域诸国，各位自便。鄯善国、车师国再次归附匈奴。

匈奴衰弱之际，莎车王加速了统一西域的步伐。连距离莎车遥远的妫塞国(今阿姆河流域)也难逃被攻击的命运，其国王被杀；由于大宛国 (今乌兹别克斯坦费尔干纳盆地) 减少贡税，莎车王贤亲率诸国军队征大宛。其势力扩张至帕米尔高原以西。

贤将龟兹国一分为二，立其子与莎车贵族为王；又吞并于阗国 (今新疆维吾尔自治区和田地区)，重立国王，又怀疑他们会反叛，于是杀掉，改换自己的将领镇守。可镇守的将领生性残暴，引起于阗人反抗。

汉明帝永平三年 (60)，于阗人杀死了镇守将领，于阗贵族休莫霸自立为于阗王。贤派太子、国相率诸国军队两万人攻击休莫霸，反倒被击败，死了一万余人。贤于是又征发诸国军队数万人，亲自统领，攻打休莫霸，又被打败，只好逃回莎车。休莫霸转而围攻莎车，却被流箭射死，于阗军队也只好撤兵。休莫霸的兄长之子广德被立为于阗王。

莎车王吞并龟兹数年后，龟兹国人杀死莎车所立的国王，遣使匈奴，请匈奴为龟兹另立国王。匈奴立龟兹贵族身毒为龟兹王，龟兹国归附匈奴。此时的匈奴已经分裂，北匈奴与汉朝维持相对平和的关系，希望趁着西域两大国火拼之际，控制西域南道。

匈奴与龟兹诸国联兵攻打莎车，但未能攻克。于阗王广德乘莎车困窘，派其弟率兵攻莎车。此时莎车王贤才意识到自己今非昔比，实在难以招架，遣使与于阗议和，将拘禁在莎车数年之久的广德之父释放，并把自己的女儿嫁给广德，同于阗建立了和亲关系，于阗军队这才撤走。

一个强大的国家，其最大的危机并非源于外部，而是出在内部。第二年 (61)，莎车国相对国王贤的残暴已忍无可忍，策划投降于阗。广德一听还有这么好的事，立即率领各国联兵三万余人围攻莎车。贤如果据城坚持防守，莎车也未必败，可历史的轨迹不是这样。

贤派使者去责问广德，既然已经和亲，为何还要来攻击。广德回说，只是想在城外相会结盟。贤就此事征求国相，国相回答说，都是亲人，可以一见。贤于是轻率出城而被抓。广德与莎车国相里应外合，吞并莎车国。一世英雄、西域霸主的莎车王贤被囚在于阗，一年后被杀。

北匈奴不想看到一个莎车被灭，又崛起一个新兴霸主于阗，便派遣五将发焉耆、尉犁（今新疆维吾尔自治区焉耆县西南）、龟兹等十五国兵三万余人围攻于阗。广德乞降，以太子为人质，并答应每年向北匈奴进贡。同年（61）冬，北匈奴遣兵立贤在匈奴的质子不居徵为莎车王，但不久广德又杀死不居徵，立不居徵之弟齐黎为莎车王，北匈奴也无可奈何。

公元61年，北匈奴实现了对西域天山南北的控制，增强了经济实力、军事实力以及政治影响力，尤其是控制了作为西域门户的伊吾（今新疆维吾尔自治区哈密市）、车师前国（今新疆维吾尔自治区吐鲁番市）和鄯善（今新疆维吾尔自治区若羌县）等地域，不但可以直接进攻东汉河西地区，而且切断了东汉王朝与外部的联系。

第三节　西域拉锯

隔绝南北

公元56年，南匈奴单于比去世，在位九年，其弟左贤王莫继位，即丘浮尤鞮单于。对南单于的死葬与继立，东汉遣使前去吊祭与镇慰，行使册封属国藩王之权，并且成为常例。第二年（57），光武帝刘秀也去世，其子刘庄继位，即汉明帝。重建汉匈关系的两位君主相继去世，却给后继者们留下了丰厚的政治遗产，对东汉与匈奴都有着深远影响。

从公元56年单于莫继位，到公元63年单于长继位，七年之间五任单于，分别是：丘浮尤鞮单于莫在位两年去世（57），其弟汗继位，即伊伐于虑鞮单于；伊伐于虑鞮单于汗在位三年逝世（59），单于比之子适继位，即醢僮尸逐侯鞮单于；醢僮尸逐侯鞮单于适在位五年去世（63），单于莫之子苏立为单于，即丘除车林鞮单于；丘除车林鞮单于苏在位数月后又去世，单于适之弟长立为单于，即胡邪尸逐侯鞮单于。

单于在位时间短，更换频繁，南匈奴难以形成政治强势。军事打击北匈奴，统一匈奴，回归漠北，也就很难在短时期落实。

在此期间，公元58年，辽东郡太守祭肜派鲜卑首领偏何讨伐最为强悍的赤山乌桓（今河北省北部），终于大败乌桓，斩杀其首领，震慑塞外。西起武威郡（治姑臧县，今甘肃省武威市），东到玄菟郡（治高句丽，今辽宁省新宾县西南），各异族部落皆来内附。一时间"野无风尘"，东汉于是撤走边境屯兵。

北匈奴应该又出现了内讧。公元59年，北匈奴护于丘率领部众一千余人前来投降南匈奴。南匈奴接纳北匈奴的人，北匈奴自然不会善罢甘休，在控制了整个西域后，趁着汉朝边境撤走屯兵之际，北匈奴展开了军事行动。

公元62年冬季，北匈奴六七千骑兵进入五原塞，接着入侵云中，攻到原阳（今内蒙古自治区呼和浩特市东南八拜乡古城），被南单于击退。东汉西河郡长史赶去支援，北匈奴军队才撤走。

北匈奴屡次侵犯汉边，与以往的缘由差不多，其中比较重要的就是要求互市，开展双边贸易。西域可以说是北匈奴的生命线，而北匈奴控制了丝路，基本垄断了中西商贸，通过与汉朝贸易，才能实现财富的最大化，也可以弥补因为自然环境的不确定性而造成的损失。

公元64年，北匈奴遣使到洛阳，请求与汉朝进行双边贸易与和亲，汉明帝刘庄经过评估，最终同意。不过从后面发展情况看，贸易的确展开了，和亲应该没有。第二年（65），东汉王朝第一次向北匈奴派出使者。使者为郑众，也就是汉朝大儒、经学家郑兴之子。郑兴曾投奔隗嚣，受到相当礼遇，但他最终还是离开隗嚣回到洛阳。郑兴不相信谶纬，但刘秀却很迷信，因此郑兴惹恼了刘秀，也没得到重用。

东汉朝廷与北匈奴的互访，引起了南匈奴内部的猜疑与怨恨，南匈奴的须卜骨都侯等人打算反叛汉朝，与北匈奴秘密串通。郑众出塞后，感觉情况不对，怀疑南北秘密来往，就派人暗中监视，果然抓到须卜骨都侯委派的使者，于是立即上书，重申耿国的建议，在南北匈奴之间建立常设军事机构，杜绝他们秘密来往。

郑众的上书，明帝非常重视，立即设置了度辽将军。度辽将军所统率军队称为度辽营兵，以中郎将吴棠兼度辽将军，任命副校尉来苗、左校尉阎章、右校尉张国率领黎阳（今河南省浚县）虎牙营的士兵在五原曼柏（今内蒙古自治区鄂尔多斯市北部达拉特旗东南）驻守，又派骑都尉秦彭率军在美稷（今内蒙古自治区鄂尔多斯市东部准格尔旗榆树壕古城）驻守，形成两面夹击之势。

北匈奴按照计划，于当年秋季派出二千骑兵到朔方郡侦察，用马革做成船，准备接渡南部匈奴人。但是发现东汉已经有了军事防备，只好退走。可见北匈奴与东汉之间稍有密切往来，南匈奴中就有人开始准备跑回北匈奴。

郑众出使

北匈奴控制了西域南北两道，实力有所增强，也就不再对东汉低三下四了。虽然东汉朝廷首次派出使者到北匈奴，已经给了北匈奴足够的尊重，可北单于竟要求郑众行叩拜礼。郑众不从，北单于就派人包围他的帐篷，断绝水火供应。郑众拔出佩刀以死抵抗，宁可自杀，也不屈膝。北单于怕闹出大事，没法收场，只好罢手，遣使随郑众前往洛阳。

尽管北匈奴与东汉互通使者，北匈奴还给东汉进贡，但依然侵掠不断。北匈奴率领西域诸国侵掠河西地区，以致郡县城门白天都要紧闭。这就是说即便是在郑众出使的过程中，北匈奴也没有停止对河西地区的侵扰。汉明帝还是希望通过外交途径解决，毕竟就在公元65年的秋季，东汉十四个郡国发生水灾，目前出兵不合时宜。

明帝寄希望于外交途径解决，打算再派郑众出使，郑众却反对，上书劝谏说得非常直白，他认为北匈奴之所以要汉朝派出使者，无非是想分化南匈奴，坚定西域诸国的效忠之心。北匈奴对外宣扬与汉朝和解，让西域诸国放弃了归附汉朝的念想。汉朝再派使者只能让北匈奴得寸进尺，导致南匈奴内部人心动摇，乌桓也会与汉朝离心离德。南匈奴久居汉地，对汉朝的情势非常了解，一旦背叛汉朝，将产生巨大灾难，现在因为设立了度辽营，才不至于出现大乱。

明帝还是坚持出使北匈奴，郑众还是坚持出使无益，于是又上书明帝。他告诉明帝，上次去北匈奴因为不行跪拜之礼，引起北单于愤恨，此次再去，定然会受凌辱，一旦迫于形势向北匈奴屈服，必损大汉之国威。明帝依然坚持，郑众不得已动身。

不过郑众在路途中还是接连上书，坚持己见，终于把明帝惹怒了，明帝不但下诏责备，还将其追回，交给司法部门处置。好在适逢大赦，郑众就回家了。后来，北匈奴使者讲郑众与单于因礼争执，夸奖郑众"意气壮勇，虽苏武不过"（《后汉书·郑众传》）。明帝听后，再次征召郑众，任命为军司马。

郑众虽然没有二次出使北匈奴，想必明帝还是派其他人去了。接下来的六年，北匈奴与汉朝一直在边境进行贸易，没有大规模的战事，至少史料没有记载。

天山之战

经过几十年的休养生息，东汉王朝也逐渐恢复了元气。公元66年，"是岁，大有年"。全国大丰收；公元69年，"是岁，天下安平，人无徭役，岁比登稔，百姓殷富，粟斛三十，牛羊被野"。（《后汉书·显宗孝明帝纪》）这些因素给了明帝攻击北匈奴的底气，"欲遵武帝故事，击匈奴，通西域"（《后汉书·窦固传》）。

作为耿国之子、耿弇之侄的耿秉，"数上言兵事。常以中国虚费，边陲不宁，其患专在匈奴。以战去战，盛王之道"。（《后汉书·耿秉传》)他认为要以战争消灭战争。明帝也有北伐的想法，内心赞同耿秉的主张，只是在等待合适的机会。

公元72年，耿秉再次上书主张攻打北匈奴，汉明帝认为时机已经成熟，于是召集御前会议。前来参会的人都很熟悉边疆事务，包括在河西跟随伯父窦融的窦固，担任过辽东太守的太仆祭肜，马援长子、虎贲中郎将马廖，下博侯刘张，耿弇之子、好畤侯耿忠等人。

会议上，耿秉介绍了消灭北匈奴的全盘计划。耿秉认为，匈奴以前难以制服，是因为其他部落依附和占有富饶的土地，自从汉武帝出兵占领河西及居延（今内蒙古自治区阿拉善盟额济纳旗）、朔方"河南地"以后，匈奴不但失去足以养兵的土地，也断绝了与羌、胡的联系，其势力范围只有西域，而西域不久也依附了汉朝。西汉时期呼韩邪单于请求归附，就是基于以上形势所迫。

耿秉继续分析，现今西域尚未依附汉廷，北匈奴也没有挑衅作乱。汉朝此次出兵完全是因为国力恢复了，要军事解决北匈奴问题，但不应该直接去攻打北匈奴，而应该夺取西域地区。

他给出的方案是，先击白山（今天山山脉东段，新疆维吾尔自治区哈密市北），夺得伊吾（今新疆维吾尔自治区哈密市），打败车师（今新疆维吾尔自治区吐鲁番市西北），通使乌孙各国，以切断匈奴右臂。在伊吾还有一支匈奴南呼衍部驻牧，如果将其击败，便折断了匈奴的左角，然后就可以对匈奴本土进攻了。明帝完全认可。有人补充道，进攻白山，北匈奴不会坐视不顾，一定会出兵救援，还应该在东方分散匈奴兵力。明帝同意。

从耿秉的出兵方案不难看出，汉朝此次目标很明确，就是重返西域，首要的是占领西域东部门户伊吾。

同年（72）十二月，东汉朝廷任命耿秉为驸马都尉，窦固为奉车都尉。任命骑都尉秦彭（外戚，秦彭之妹为贵人）为耿秉的副手，耿忠（耿弇之子，与耿秉为堂兄弟）为窦固的副手。两都尉设置属官，统领大军，屯驻凉州（治姑臧县，今甘肃省武威市），做战前最后准备。

永平十六年（73）二月，按照御前会议计划，东汉王朝四路大军对北匈奴展开首次讨伐。祭肜与度辽将军吴棠率领河东（治安邑县，今山西省夏县北）、西河（治平定县，今内蒙古自治区鄂尔多斯市准格尔旗西南）的羌人、胡人及南单于兵一万一千骑出高阙塞（乌拉山与狼山之间的缺口，今内蒙古自治区巴彦淖尔市杭锦后旗西北）；窦固、耿忠率领酒泉、敦煌、张掖的甲卒及卢水的羌人、胡人一万二千骑出酒泉塞；耿秉、秦彭率领武威、陇西、天水（治平襄县，今甘肃省通渭县西北）的募士及羌人、胡人一万骑出张掖居延塞（今内蒙古自治区额济纳旗）；骑都尉来苗、护乌桓校尉文穆率领太原、雁门、代郡、上谷、渔阳、右北平、定襄诸郡兵及乌桓、鲜卑一万一千骑出平城塞。

四路大军其实分为两部，一部进攻右边的西域地区，这是主战场，一部进攻北匈奴控制的蒙古高原西部地区，以牵制北匈奴兵力。

窦固、耿忠大军抵达天山，攻击北匈奴呼衍王，斩杀一千余人，追击到蒲类海（今新疆巴里坤湖），夺取了西域东部的门户伊吾。窦固在这里设立宜禾都尉，留下部分将士驻军屯田。

窦固打击的主要军事目标是北匈奴呼衍王。呼衍氏是仅次于挛鞮氏的贵族,西汉时期的呼韩邪单于曾娶呼衍王二女为阏氏,足见呼衍氏家族与单于家族的关系之密切。东汉初年,匈奴分为南北两部后,留在北匈奴的呼衍氏家族追随北单于西迁,逐渐在西域蒲类海一带形成了强大势力,经常侵掠河西地区。汉朝此次出兵虽然占领伊吾,但并未重创呼衍王。

耿秉、秦彭大军进攻北匈奴句林王,横越沙漠六百里,到达三木楼山(又称沐楼山,今甘肃居延海北六百余里处)后班师。

来苗、文穆大军挺进匈河水(即匈奴河,今蒙古国拜达里格河,位于杭爱山脉南部),北匈奴部众溃散,向北逃亡。此路大军没有斩获。

祭肜、吴棠、南匈奴左贤王大军攻打在涿邪山(即涿涂山,今阿尔泰山脉东南端与戈壁阿尔泰山脉西端间的山体)的皋林温禺犊王,出高阙塞九百余里,占领一座小山。左贤王信因与祭肜素不和睦,便谎称此山为涿邪山,因见不到北匈奴人踪影,就此班师。事后,祭肜和吴棠被指控率军逗留、畏缩不前,遭逮捕下狱。汉廷任命骑都尉来苗兼摄度辽将军,取代被免职的吴棠。

吴棠也就认了,可祭肜自恨没有建立功勋,深感奇耻大辱,出狱数天,吐血而死。祭肜长期担任辽东太守,在边地素有威望。他死后,乌桓、鲜卑部落每次遣使到洛阳朝贺,总要到祭肜坟头祭拜,仰天大哭。辽东郡的官民还为祭肜建了祠庙,四时奉祭。

东汉首次对北匈奴大规模出击,四路大军中只有窦固军有所斩获,他本人也因此擢升特进。其实也很好理解,按照当初御前会议的计划,其他军队的主要目的是做战略配合,减轻窦固一路的压力,以便实现攻下西域门户的战略目标,从这个意义讲,其他三路功不可没。

班超出使

东汉的战略意图已经非常明确——重返西域。除了军事上的较量，北匈奴与东汉也展开了政治外交的角逐。

随窦固出征的假司马(代理司马)班超显示了出众的才能。班超是班彪的幼子，自从窦融与班彪在河西相会，两家紧密的关系就此建立。班超此次与北匈奴交战，斩获甚多，更是得到窦固的赏识，于是派他和从事郭恂一起出使西域。

班超有大志，曾经投笔叹曰："大丈夫无它志略，犹当效傅介子、张骞立功异域，以取封侯，安能久事笔研间乎?"左右皆笑之。超曰："小子安知壮士志哉!"(《后汉书·班超传》)

就在窦固启动外交攻势的同时，北匈奴也派出了使者到西域。班超一行三十六人首先到南道的鄯善(今新疆维吾尔自治区若羌县)，这是北匈奴与汉朝必争之地。

班超到了鄯善没多久，北匈奴的使者也到了鄯善。班超发现鄯善王对他们的态度一改之前的热情，变得疏懈冷淡，基本断定北匈奴使者到来。在鄯善王看来，北匈奴的实力要强于东汉王朝，他们应该倾向北匈奴。

班超认为此事要当机立断，先下手为强，"不入虎穴，焉得虎子。"于是趁着风高月黑放火杀人，班超亲手格杀三人，其他官兵斩杀北匈奴使者及随从三十余人，其余约一百人被火烧死。鄯善全国震恐，只好臣属汉朝。

班超完成使命，回去向窦固复命。窦固非常高兴，向明帝汇报，并建议朝廷选派使者正式出使西域。明帝也看出班超是个人才，就说："吏如班超，何故不遣。"何必另选他人，于是任命班超为军司马。

班超虽然成为东汉朝廷任命的使者，但依然只带领先前的班底三十六人。这次他们出使的国家是南道大国于阗（今新疆维吾尔自治区和田地区）。于阗地处塔里木盆地南沿，东通且末（今新疆维吾尔自治区且末县）、鄯善，西通莎车（今新疆维吾尔自治区莎车县）、疏勒（今新疆维吾尔自治区喀什市）。此时于阗攻灭莎车不久，虽然称雄于西域南道，但仍受北匈奴使者的监督。对汉使者的到来，他们心理上其实很复杂。

如果于阗王广德忠于北匈奴，巫师就不会说："神已发怒，责问我们为何倾向汉朝？汉使有一匹黑唇黄色的骏马，快去取来侍奉我！"于阗人与匈奴人一样，都相信巫术。于是广德派国相向班超索求骏马，班超一口答应，但要求巫师亲自来取。结果是班超把巫师斩首，鞭笞国相数百，将巫师首级送给广德，并对广德给予谴责。一套下来，基本吓坏了于阗人。广德随即杀死匈奴使者，归降汉朝。

于阗的归附产生了连锁反应，西域诸国派出王子到汉朝为质。西域与汉朝中断联系六十五年后，又开始恢复交往。六十五年，是从王莽建立新朝（9）算起，如果从焉耆杀新朝都护但钦（13）算起，应该是六十一年。

东汉在西域频频得手，北匈奴岂能就此认栽。同年（73），北匈奴攻入云中，接着入侵渔阳，以此牵制东汉在西域的行动，不过却遭到云中太守廉范（廉丹之孙，廉丹以无恶不作闻名）的回击，斩杀北匈奴数百人，匈奴自相践踏而死一千余人。北匈奴的这次战略进攻彻底失败。

永平十七年 (74)，班超平定了疏勒。疏勒位于西域南、北两道的交会点，为东西交通的主要进出口。龟兹 (今新疆维吾尔自治区库车市) 是西域大国，因其国王为北匈奴所立，龟兹在西域北道称王称霸。龟兹攻破疏勒，杀死其王，另立龟兹人为疏勒王。班超与疏勒人合力驱走北匈奴势力，拥立原王室家族成员为王。

疏勒国的都城是盘橐城，位于今新疆维吾尔自治区喀什市东南郊的吐曼河岸。班超平定疏勒后，就把盘橐城作为根据地，抗击北匈奴，安抚西域。

再战天山

班超在西域南道经营，并且控制了西域的西边门户。而东汉王朝想要守住西域东边门户伊吾，就必须占领车师 (今新疆维吾尔自治区吐鲁番市西北)。

永平十七年十一月，东汉朝廷二次兵伐天山，派遣奉车都尉窦固、驸马都尉耿秉、骑都尉刘张出敦煌郡昆仑塞 (今甘肃省瓜州县)，进攻西域。骑兵共计一万四千人，由窦固全权统领。东汉军队在蒲类海 (今新疆巴里坤湖) 畔击败了驻扎白山 (今天山山脉东段，新疆维吾尔自治区哈密市北) 的北匈奴呼衍王部，接着进攻车师。

车师分为两个国家，车师前王国 (王庭交河城，今新疆维吾尔自治区吐鲁番市) 与车师后王国 (王庭金蒲城，今新疆维吾尔自治区吉木萨尔县南)。车师前王是车师后王之子，两国王庭相距数百里，并不遥远，关键是两国之间隔着高达五千米以上、终年积雪的博格达山（准噶尔盆地与吐鲁番盆地的界山，属北天山东段）。尽管先征服后王国，前王国不战可降，可大军欲进入后王国，就要面临恶劣的自然环境。

窦固不想冒险，打算先攻打前王国。在他犹豫之际，耿秉奋身而起道："我来打先锋！"于是跨上战马，率领本部军队向北进入深山，其他部队无奈只得跟进，沿途斩杀车师后王国官兵数千人。车师后王被迫投降，车师前王也随之投降，车师国全部得以平定。

窦固上书建议重新设置西域都护及戊、己校尉。汉明帝任命陈睦为西域都护；任命司马耿恭为戊校尉，屯驻后车师金蒲城；任命谒者关宠为己校尉，屯驻前车师柳中城（今新疆维吾尔自治区鄯善县西南鲁克沁城）。每地驻军数百人。

汉朝重返西域，并且占领了极具战略地位的车师国。北匈奴哪能就此放弃，第二年（75）三月，北单于派左鹿蠡王率领两万骑兵进攻车师。耿恭命司马领兵三百人前去救援，途中遭遇北匈奴大军，全军覆没。北匈奴趁势击败车师后王，将其杀死，然后全力攻打金蒲城。

在作战的数月中，耿恭给北匈奴的最大印象是，此人具有某种神力。他使用毒箭，却哄骗匈奴人说："这是汉家神箭，中箭者必出怪事。"中箭的匈奴人见伤口溃烂，烫如沸水，军心大乱。恰好赶上狂风暴雨，又增添了神秘气氛，汉军乘雨出击，杀伤众多。北匈奴内部传言："汉兵神，真可畏也！"于是解围而去。

耿恭知道金蒲城很难长守，北匈奴是因为敬畏鬼神，自己被自己吓跑的，下次可就未必。他率军到疏勒城（此为车师国内之城），希望借助城市旁边的涧水供给，实现与北匈奴的长期对抗。

同年（75）七月，北匈奴再次进攻车师，直取疏勒城，被耿恭军队击散。北匈奴就在城下堵塞涧水，断绝城中水源。耿恭下令在城中掘井，但是掘了十五丈仍不出水。官兵渴得受不了，挤榨马粪汁来饮。耿恭仰天叹道："闻昔贰师将军拔佩刀刺山，飞泉涌出；今汉德神明，岂有穷哉！"（《后汉书·耿弇列传》）乃整理衣服向井再拜，为官兵祈祷，不久，泉水涌出，众人齐呼万岁。耿恭命官兵从城上往下泼水，匈奴人又被吓蒙了，以为有神明在助汉军，又撤走了。

不过神明不会永远都护佑汉军。八月，汉明帝刘庄去世，享年四十八岁，太子刘炟即位，是为汉章帝。得知汉朝大丧，北匈奴策动西域北道的焉耆和龟兹两国进攻西域都护陈睦，陈睦全军覆没。同时，北匈奴军队在柳中城包围己校尉关宠。见北匈奴强势回归，汉朝不会立即派出援军，车师再度反叛，同北匈奴合力进攻耿恭。

此时耿恭陷入绝境，数月后，粮食耗尽，乃用水煮铠甲弓弩，食用其兽筋皮革。耿恭和士卒推诚相见，同生共死，但死者日渐增多，只剩下数十人。北单于欣赏耿恭，遣使劝耿恭投降，予妻封王。耿恭不同意也就罢了，竟然诱骗使者登城，亲手将其杀死，在城头炙烤。北单于大怒，增兵围困，但一时仍难以破城。

汉军被困，关宠上书请求救援，可朝中对救援竟然也出现分歧，有的人主张放弃，好在章帝听从了司徒鲍昱的建议。他认为，耿恭、关宠两校尉仅各有数十人，北匈奴却久围不克，可见匈奴兵弱力竭。可命令敦煌、酒泉两郡太守各率精锐骑兵二千人急速解救。章帝于是派征西将军耿秉屯驻酒泉郡，代理太守职务；派酒泉太守段彭与谒者王蒙、皇甫援征发张掖、酒泉、敦煌三郡郡兵及鄯善（今新疆维吾尔自治区若羌县）的部队共七千余人，前往救援。

段彭等人率军在柳中城（今新疆维吾尔自治区鄯善县西南鲁克沁城）集结，进击车师交河城（今新疆维吾尔自治区吐鲁番市），斩杀三千八百人，俘虏三千余人。北匈奴军惊慌遁逃，车师国见形势逆转，再度投降汉朝。此时，关宠已去世，谒者王蒙等人计划撤军，放弃耿恭。恰好耿恭的一名军吏范羌在王蒙军中，坚持要营救耿恭，其他将领并不想再次涉险，就拨给范羌两千人马。范羌经由山北去接应耿恭，途中遇到一丈多深的积雪，用尽全力，勉强到达疏勒城下。

耿恭等人夜间闻听兵马之声，以为北匈奴又增兵了，那必死无疑。惊魂未定之际，听到远处传来喊声："我是范羌，大汉派部队迎接校尉来了！"城中的人齐呼万岁，打开城门，大家相持涕泣。次日，耿恭与救兵返回。北匈奴派兵追击，汉军只得边战边退。从疏勒城出发时，耿恭部下还有二十六人，因为饥饿寒冷，沿途不断死亡，建初元年（76）三月抵达玉门时，只剩十三人。这十三人"衣屦穿决，形容枯槁"。

中郎将郑众为耿恭及其部下安排洗浴，更换衣冠，并上疏道："耿恭以单兵固守孤城，当匈奴之冲，对数万之众，连月逾年，心力困尽，凿山为井，煮弩为粮，出于万死无一生之望。前后杀伤丑虏数千百计，卒全忠勇，不为大汉耻。恭之节义，古今未有。宜蒙显爵，以厉将帅。"（《后汉书·耿弇列传》）

就在西域东部陷入战争之际，西部的班超也不好过。龟兹（今新疆维吾尔自治区库车市）、姑墨（今新疆维吾尔自治区温宿县、阿克苏地区一带）又数次发兵攻打疏勒（今新疆维吾尔自治区喀什市）。班超孤立无援，依然坚持驻守在疏勒附近的盘橐城，与疏勒王相呼应。

尽管汉朝的将领有誓死报效国家的精神，可就在明帝去世这年（75），东汉出现了大旱。整个局势已经让刚刚即位的章帝不得不重新考虑是否有经营西域的必要，朝廷就此问题也是分为坚守与放弃两派，最终章帝决定放弃西域。

东汉势力逐步撤离，北匈奴皋林温禺犊王率领部众返回涿邪山（今阿尔泰山脉东南端与戈壁阿尔泰山脉西端间的山体），南单于和汉朝边境郡兵及乌桓部落一同出击，将北匈奴打败。就在汉朝出现旱灾的时候，南匈奴也发生饥荒，汉朝不得不为南匈奴供应粮食。

公元76年，章帝下诏，将戊校尉、己校尉和西域都护一并撤销，召班超回国。北匈奴再度派兵占领伊吾地区。

第七章

决战金微山

第一节　北庭瓦解

班超建功

东汉撤离了西域，北匈奴再次控制西域东部门户，但是西域西部却依然有班超在活跃着。汉廷征召班超回国，引发疏勒（今新疆维吾尔自治区喀什市）、于阗（今新疆维吾尔自治区和田地区）当地官民的强烈挽留。想到自己壮志未酬，班超决定留在西域，以一己之力征服西域。

公元78年，班超率领疏勒、康居（今巴尔喀什湖和咸海之间）、于阗、扜弥（今新疆维吾尔自治区于田县）等国兵万余人攻破姑墨（今新疆维吾尔自治区温宿县、阿克苏地区）石城。虽然班超控制了西域南道于阗、疏勒等国，但西域北道诸国仍在北匈奴控制之下，而且北匈奴还占据了鄯善等西域和中原往来的咽喉要地，阻碍了东汉与西域的交通往来。

班超此时才发现，如果没有汉军在东部配合，自己也很难成事。公元80年，班超上疏章帝请求朝廷给予支持。班超认为西域诸国人心向汉，主要几个大国，如扜弥、莎车、疏勒、月氏（公元30年建立贵霜王朝）、乌孙（今伊犁河流域）、康居愿归附东汉，合力破灭龟兹，重开通往汉朝的道路。

在如何平定龟兹的问题上，班超提出"以夷攻夷"的主张。当然汉廷最担心的是费用支出，班超提出"莎车、疏勒田地肥广，草牧饶衍，不比敦煌、鄯善间也，兵可不费中国而粮食自足"。既然汉朝的军队在西域可以屯田自给，朝中反对经营西域的阻力就变小了。

　　班超的建议被采纳，章帝决定派徐干率一千人增援班超。章帝虽然认为班超的事业会成功，但依然没有采取大规模行动。主要原因是章帝即位以来，东汉的经济每况愈下，另外原因就是烧当羌的叛乱。

　　烧当羌是西羌的一支，以战国初期羌人首领无弋爰剑的十八世孙烧当为名。烧当的玄孙滇良，本居住在黄河以北的大允谷（今青海龙羊峡一带），滇良联合其他诸羌，击败了先零羌，夺得了大榆中地（今青海省贵德县至尖扎县黄河南），烧当羌开始强大。在王莽末年、更始时期、隗嚣时期，烧当羌不断侵入内地。滇良死后，儿子滇吾继立，其部落日趋强盛。到光武末年，烧当羌已成为"常雄诸羌"的部落联盟首领。

　　从东汉王朝建立到灭亡，近两百年历史中，汉羌冲突成了东汉西北历史的主旋律。东汉西北史，就是中原王朝与羌人的冲突史，东汉的灭亡与羌乱有密切关系。

　　东汉的军力和财力都在应对西北的羌变，加之旱灾、牛疫等出现，无力经营西域。西域的经营也就落在班超一人身上。

　　莎车以为汉朝不会出兵，于是向龟兹投降，疏勒的都尉也背叛了班超。徐干率领一千人的非正规军到了西域后，与班超联兵，平定疏勒。

　　班超打算攻打龟兹，认为乌孙兵强，应当利用乌孙的力量，于是上疏道："乌孙是个大国，有善射之兵十万，因此武帝把公主嫁给了乌孙王。到孝宣皇帝时，终于收到成效。如今应当遣使招抚慰问，使乌孙与我们同心合力。"章帝同意。

　　公元83年，东汉正式拜班超为将兵长史，徐干为军司马。根据班超之前的建议，派使者前往乌孙，力图恢复与乌孙的关系，合力攻打龟兹。

第二年（84），东汉再派八百人援助班超。于是班超征调疏勒、于阗军队进攻莎车。莎车以重利分化疏勒王忠背叛班超，疏勒王率军跟随莎车，西行到乌即城（今新疆维吾尔自治区疏附县）据守。班超与疏勒亲汉势力联合进攻乌即城，攻打持续半年。

这时，康居却派出精兵支援疏勒王忠。考虑月氏和康居联姻，班超遣使带着丰厚礼物见了月氏王，请月氏王出面劝说康居王。效果明显，康居王果然罢兵，并把疏勒王忠带回康居。乌即城就此向班超投降。

公元86年，前疏勒王忠不甘心失败，向康居借兵返回疏勒，占领了桢中城（今新疆维吾尔自治区疏勒县或疏附县），并与龟兹密谋，遣使诈降班超。却不料班超技高一筹，将计就计，赏乐饮酒中杀死了忠，击破其众，西域南道终于打通。

公元87年，班超征发于阗等诸国兵共计二万五千人，再次进攻莎车。龟兹王则征发温宿、姑墨、尉头（今新疆维吾尔自治区阿合奇县以东、以南一带）三国军队五万人，前往救援。在敌强我弱的情况下，班超采取调虎离山之计，急速奔袭莎车军营，打得对方措手不及，乱作一团，四处奔逃，班超等追击斩杀五千余人，莎车归降，龟兹联军只好各自退散。自此，班超威名震动西域。

从公元80年到公元89年夏，这十年间，班超"不动中国，不烦戎士；得远夷之和，同异俗之心"（《后汉书·班超传》）。班超能取得这番成就，除了个人能力外，另外一个重要因素就是北匈奴的进一步衰弱。

优留被杀

北匈奴的衰弱缺乏详细的史料记载，但基本是内讧与天灾导致大批北匈奴人投奔南匈奴。公元83年，北匈奴三木楼訾部落首领稽留斯率领三万八千人，赶着两万匹马、十余万头牛羊，到五原塞投降。

北匈奴急于与东汉建立和平关系，再次提出互市，在河西边境地区开展贸易，东汉朝廷批准。北匈奴遣大且渠伊莫訾王等人赶着一万余头牛马，前来同汉朝商人交易。北匈奴的诸王有时也来交易，当地郡县妥善接待他们，并给予一定的赏赐。北匈奴与汉朝关系的改善是南匈奴不愿意看到的。南匈奴派出轻骑由上郡出发，拦截掠夺人口、牛马，大获而归。

互市并没能让北匈奴恢复财力，反倒引起更频繁的叛逃。除了物质诱惑外，应该还是北匈奴内部出现了政治危机。公元85年，北匈奴首领车利、涿兵等叛逃，投奔到汉朝边塞，前后共有七十三批。史料虽没有提到人数，但如此频繁，数量一定可观。

北匈奴国力持续衰弱，依附它的各个部落纷纷离散反叛，北匈奴面临四面为敌的处境。南匈奴进攻南部地区，丁零进攻北部地区，鲜卑进攻东部地区，西域诸国进攻西部地区。面对如此形势，北匈奴为了自保，只能远离故土，向更西的地方迁徙，驻扎在安侯河（今蒙古国鄂尔浑河）西。

这一年（85），在位二十三年的南单于长（胡邪尸逐侯鞮单于）去世，单于汗（伊伐于虑鞮单于）的儿子宣继位，为伊屠于间鞮单于。南单于宣派一千余兵到涿邪山（今阿尔泰山脉东南端与戈壁阿尔泰山脉西端间的山体）围猎。南匈奴敢到塞外围猎，也是不把北匈奴放在眼里。事实也是如此，南匈奴的军队与北匈奴的温禺犊王部遭遇，双方交战，南匈奴带着温禺犊王的首级返回。

北匈奴遭到南匈奴的抄掠，如何应对也成了汉廷争议的问题。北匈奴既然已经与东汉建立了臣属关系，南匈奴就不该去掠夺北匈奴，这不但会引起北匈奴对汉朝边塞的侵略，最重要的是有损汉朝的信誉。朝堂上两派对此辩论得非常激烈，一派主张南匈奴应该归还所抄掠之物，一派主张绝对不能归还。

对此，章帝下诏曰："传曰：'江海所以能长百川者，以其下之也。'少加屈下，尚何足病？"（《后汉书·南匈奴列传》）在章帝看来，屈卑一下并不打紧。既然与北匈奴的君臣名分已定，北匈奴按约而行，汉朝就不能违背信义。

基本原则定下后，章帝命令度辽将军兼中郎将庞奋，用加倍的价格赎买南匈奴所抢掠之物，然后归还北匈奴。至于南匈奴所杀敌擒虏，按照以往惯例论功行赏。章帝的诏令可谓"毒招儿"，一方面照顾了南、北匈奴的诉求，一方面则是鼓励南匈奴攻击北匈奴，削弱其有生力量。

果然，南单于命令奥鞬日逐王师子率领数千轻骑出塞，袭击北匈奴，斩获一千人。北部民众认为南部得到汉朝厚待，在不得已的情况下很自然地想去归降。

北匈奴的衰弱，给了正在崛起的鲜卑可乘之机。公元87年，鲜卑进攻北匈奴，杀了优留单于。此次战争虽然史料记载不详，但北单于被杀死，可见战争规模之大、战况之惨烈。由此导致北匈奴上层大乱，屈兰、储卑、胡都须等五十八部、二十万人口，其中作战士兵八千人，前往云中、五原、朔方、北地四郡投降。

公元87年的战役，仿佛是当年郅支单于被杀的重现，北匈奴受到重创，处于瓦解的边缘，整个族群的精神受到严重打击，已经很难在短时期内恢复元气。更坏的是，这不是结束，更猛烈的攻击即将到来。

破北成南

公元88年，汉章帝在章德前殿去世，年仅三十一岁，太子刘肇继位，即汉和帝，养母窦太后临朝称制。两个月后，南单于宣（伊屠于闾鞮单于）去世，前单于长（胡邪尸逐侯鞮单于）之弟屯屠何继位，即休兰尸逐侯鞮单于。

东汉与南匈奴的最高元首几乎同时更换，给北匈奴带来的却是灭顶之灾。

此时北匈奴正面临蝗灾与饥荒，骨都侯等人又推立优留单于异母兄右贤王为单于，又引起兄弟争位，人们离心溃散，纷纷叛逃南匈奴。

即位不久的南单于屯屠何希望趁着北匈奴蝗灾、内乱、大叛逃的机会，"破北成南，并为一国"（《后汉书·南匈奴列传》），实现南北匈奴统一，重返大漠，恢复昔日独立强大的"百蛮之国"。

在给汉朝的上疏中，屯屠何说得情真意切："臣伏念先父归汉以来，被蒙覆载，严塞明候，大兵拥护，积四十年。臣等生长汉地，开口仰食，岁时赏赐，动辄亿万，虽垂拱安枕，惭无报效之地。"（《后汉书·南匈奴列传》）他对"开口仰食，岁时赏赐"的依赖性生活表示惭愧，希望有机会报效汉朝，让汉朝的北边永远安宁，所以他主张对北匈奴实施统一战争，并汇报了作战方案：

南匈奴方面，征调本部和分散在各郡的匈奴精锐，包括原来的士卒和新近归降的北部士卒，派左谷蠡王师子、左呼衍日逐王须訾率领一万余骑兵出朔方，左贤王安国、右大且渠王交勒苏率领一万骑兵出居延，约定于十二月在北匈奴会合。屯屠何本人率领剩下的一万兵力驻守五原、朔方边塞，作为抵御和防守。

汉朝方面，屯屠何建议汉朝派执金吾耿秉、度辽将军邓鸿以及西河、云中、五原、朔方、上郡太守合力北征，命北地、安定两郡太守驻守要地。

屯屠何的上疏虽然是征求意见，但实际上已经实施军事部署。他命令各部整肃兵马，到九月龙祠之时，全部在黄河岸边集结。屯屠何特别强调"臣国成败，要在今年"（《后汉书·南匈奴列传》），总之，即便汉朝不出兵，南匈奴也要打这场战争。

南单于屯屠何的上疏到了汉廷，朝廷分为两派，一派主张南北匈奴统一，一派主张维持南北匈奴分立。

支持派主张答应南单于的请求，汉朝出兵支持。支持者是耿秉、窦宪及其背后的窦太后。当窦太后把南单于的奏书给耿秉看后，作为一直主张消灭北匈奴的坚定者，耿秉认为天赐良机，"以夷攻夷"也可减轻国家财力，应当答应。

窦宪是窦融的曾孙，窦融生长子窦穆，窦穆生窦勋，窦勋生窦宪。窦固的父亲是窦友，窦友是窦融之弟。所以，窦宪要比窦固低两个辈分。窦宪是窦太后的兄长，此人非常跋扈，公然派刺客杀死都乡侯刘畅并嫁祸他人。真相败露后，窦太后大怒，把窦宪禁闭内宫。窦宪自知性命难保，于是请求出击北匈奴，以赎死罪。窦太后也希望兄长立功赎罪，故主张发兵支持南匈奴。

反对派主要以尚书宋意和侍御史鲁恭为代表，除了按照王朝典制，不该在大丧之期出兵、不该在盛春之月征伐、不该因窦宪一人而毁弃万人性命、不该在北匈奴没有侵犯下消耗国家资财等诸多理由外，宋意的意见值得重视。

宋意认为匈奴南北分立，蒙古大漠上的各方势力才会互相攻伐，中原王朝才能利用各方矛盾纵横捭阖，坐收其利。如果南匈奴统一匈奴，重返漠北，实力将增强，鲜卑等势力将失去劫掠的对象，没了从汉朝拿到赏赐的筹码，必然成为新的边患。

反对派虽然人数多、理由充分，但窦太后执意如此。在反对声中，东汉开始了历史上最大规模的北伐准备，无论是将领的选用还是军队的选用及其部署，都费了心思，旨在一次性消灭北匈奴。

东汉朝廷任命侍中窦宪为车骑将军和前线总指挥，其他人也都是久经历练的宿将，老将执金吾耿秉为副将，负责北部边防的度辽将军邓鸿（名将邓禹之子）、副校尉阎盘，以及耿夔、梁讽、耿谭、吴汜等名将。

动员的军队则是最精锐的北军五校（屯骑、越骑、步兵、长水、射声），又征调黎阳营（主力是幽、冀、并三州骑兵）、雍营（主力是京畿园陵警卫军）、缘边十二郡（上郡、西河、五原、云中、定襄、雁门、朔方、代郡、上谷、渔阳、安定、北地）骑士，以及"义从羌胡"（归附汉朝廷的羌胡）等部队。这次出动的军队，主导力量是中央军，东汉朝廷唯恐地方生变，基本取消了郡国兵，遇有征讨，只好出动中央军，虽然中央军只有几千人，但至少也是一种姿态。

燕然勒石

公元89年夏季，东汉北征军分三路，向北匈奴进发，在涿邪山（阿尔泰山脉东南端与戈壁阿尔泰山脉西端间的山体）会师。

窦宪与耿秉各自率领四千骑兵，与南匈奴左谷蠡王师子所率一万人的匈奴骑兵出朔方郡鸡鹿塞，此为西路军。

南单于屯屠何率领一万人出满夷谷，此为中路军。

度辽将军邓鸿率缘边羌胡归附的八千骑兵，与左贤王安国的一万多匈奴骑兵出五原郡稒阳塞，此为东路军。

鸡鹿塞位于今内蒙古自治区巴彦淖尔市磴口县西北哈隆格乃山口，峡谷贯通阴山西段的狼山南北，为汉朝西北门户；满夷谷也称"满夷谷阙"，当位于今内蒙古自治区阿拉善左旗哈鲁乃山乌兰布拉格山谷，是通过阴山山脉的交通谷道；稒阳塞位于今内蒙古自治区包头市北昆都仑沟，也是通向漠北地区的一处交通枢纽。

鸡鹿塞、满夷谷、稒阳塞，处在汉朝北部边防线所在的山间谷地。窦宪麾下三路大军由此三地出发，跨过阳山（今阴山狼山段）和阴山，进入蒙古高原。

蒙古高原的鄂尔浑河—色楞格河流域水草丰美，为匈奴的经济腹地，同时也是政治中心，此地得失关系帝国安危。此时北匈奴已经因受鲜卑重创，退到安侯河（今鄂尔浑河）西，放弃了原位于安侯河东的单于庭。

游牧族群"逐水草而居"，按季节规律性选择牧场。在蒙古高原上，夏季牧场一般选择凉爽的山坡。窦宪大军北上的时间正值盛夏，北匈奴驻牧涿邪山符合游牧规律。同时，涿邪山是匈奴人比较稳定而且重要的驻牧地与战略要地，不会轻易放弃。

东汉三路大军北上涿邪山会合，也是希望合力攻下这块战略要地，也可能此处更适合汉军作战。北匈奴方面根据掌握的情报，转移到对其作战更为有利的地点，即涿邪山东侧浚稽山（在居延之北，今杭爱山脉东端）中的一座山峰稽落山上，希望借助地势击败北上联军。

涿邪山和浚稽山都是阿尔泰山脉的一部分，浚稽山在最东段，涿邪山比它更靠西一些。北匈奴转移到稽落山，也是希望阻止北上联军向西、向北深入，不过他们的回旋余地非常小。

北上三路大军的布置与当初屯屠何的计划不同，屯屠何希望南匈奴为主导，汉朝打配合，但东汉朝廷的军事部署却以东汉为主导。东西两侧的军队各有万余名南匈奴军由汉将统领，在他们手下还各自配有八千名东汉重兵和八千名来自湟水谷地的“义从羌胡”。只有中间一支的一万南匈奴军由南单于屯屠何统领，没有汉朝的将领和士兵参与。这样的安排到底出于什么目的？难道是牵制南单于，阻止其“破北成南，并为一国”？

北上军队本以为在涿邪山决战，不料想北匈奴转移到浚稽山。窦宪兵出鸡鹿塞，在三路大军中偏西，最靠近涿邪山，故而先行到达，但没见到北匈奴军队。他没有等到与其他两路大军会合，就派遣副校尉阎盘、司马耿夔、耿谭统领左谷蠡王师子、右呼衍王须訾等精锐骑兵一万余，转向稽落山，与北单于会战，大破北匈奴。

北匈奴军队崩溃，北单于趁乱逃跑，窦宪率军追击，一直追到涿邪山北侧的私渠比鞮海（今蒙古国巴彦洪戈尔省境内的本查干湖），斩北匈奴名王以下一万三千级，获得马牛羊骆驼一百余万头。

此战导致北匈奴贵族温犊须、日逐、温吾、夫渠王柳鞮等八十一部率众归降，共计约二十余万人，基本消灭了北匈奴的有生力量。

此战连带对鄂尔浑河流域做了一番彻底扫荡，沉重打击了匈奴人的自尊心。返回途中，窦宪、耿秉与部众登上燕然山（今杭爱山），"刻石勒功，纪汉威德"。中护军班固作《封燕然山铭》，铭文中写道："逾涿邪，跨安侯，乘燕然，蹑冒顿之区落，焚老上之龙庭。上以摅高、文之宿愤，光祖宗之玄灵；下以安固后嗣，恢拓境宇，振大汉之天声。兹所谓一劳而久逸，暂费而永宁者也。"（《后汉书·窦宪传》）虽然几百年了，汉朝依然不能忘记当年之耻，而今践踏冒顿的帐殿，焚烧老上的龙庭，终于实现了复仇，振扬了大汉的声威，可谓一劳永逸。

穷追猛打

燕然勒石后，窦宪认为虽然此次重创北匈奴，但毕竟北单于还在逃，他希望北匈奴能够彻底归附汉朝，这其实违背了南单于"破北成南，并为一国"的主张。窦宪派司马吴汜、梁讽携带贵重物品追寻北单于，军队尾随其后，如果北单于不降，直接军事打击。窦宪率领其他军队班师，返回五原驻扎。

经历再次打击的北匈奴已经人心涣散，吴汜、梁讽所到之处，皆有归降，前后万余人。追到东邻杭爱山、西靠阿尔泰山的西海（今蒙古国科布多城东哈腊湖），赶上了北单于。吴汜、梁讽建议北单于效仿汉宣帝时期呼韩邪单于附汉，保国安民。北单于欣然接受，率领部下与梁讽一起南归，抵达私渠北鞮海，听说汉军已入塞，就派其弟右温禺鞮王随梁讽到京都洛阳，进贡并留下为质。驻扎五原的窦宪得知北单于没有亲自入塞，很不高兴，便奏请朝廷遣回右温禺鞮王。

　　为了表彰窦宪出师大捷，汉和帝命中郎将持节到五原拜窦宪为大将军，封武阳侯。窦宪坚决辞去封爵，随同窦宪出征的将领都得到了封赏。窦宪出兵北伐胜利，得到了窦太后肯定。窦宪想不如一鼓作气，把北单于逼到绝境，彻底归附汉朝。

　　公元90年，窦宪决定进军西域，对北匈奴施压，同时配合班超在西域的活动。他命副校尉阎盘率领两千余骑兵，突袭驻防伊吾（今新疆维吾尔自治区哈密市）的北匈奴军队，北匈奴无力抵抗，只好撤走。东汉再次占领伊吾地区，车师向汉朝投降。

　　不仅如此，窦宪于同年秋季，亲率大军进驻凉州（主要是河西四郡，辖地今甘肃省、宁夏回族自治区及青海省东部），要彻底打垮北匈奴，直到他们心甘情愿地归降。北单于见东汉咄咄逼人，只好派车谐储王等人于居延塞（今内蒙古自治区额济纳旗北境）拜见窦宪，请求向汉称臣，并入京朝见。窦宪请示朝廷后，派班固、梁讽前往迎接。

　　东汉朝廷要接纳北匈奴，令南单于很不满，在他看来，这严重地违背了"破北成南，并为一国"的初衷。南单于再次上疏，建议消灭北匈奴政权，汉廷也没理由拒绝。于是，南单于派左谷蠡王师子等人率领左部和右部八千骑兵出鸡鹿塞，中郎将耿谭派从事卫护南匈奴军队。南匈奴本就对北匈奴的情况非常了解，到了涿邪山，卸去辎重，分为两部出发。

　　左部向北经西海到达河云（今大湖盆地内的吉尔吉斯湖西南）北，右部从匈奴河（今蒙古国拜达里格河）西绕燕然山（今杭爱山)，南渡过甘微河(今蒙古国扎布汗河)。

　　两军会合后，夜间突袭包围北单于王庭，北单于大惊，率领一千余精兵迎战。期间北单于受伤落马又侥幸上马，率领几十名轻装骑兵逃走。北单于只顾逃脱，其他则无力顾及。南匈奴获得了北单于的玉玺，抓了北单于阏氏及其五个子女，斩首八千人，俘虏数千人。

　　班固、梁讽等人走到私渠比鞮海，得知南匈奴对北匈奴展开战争，并且取得大捷，只好空手返回。南匈奴的胜利，让窦宪觉得当趁此机会把北匈奴的势力彻底摧毁。

　　公元91年，窦宪派右校尉耿夔、司马任尚、赵博等率领八百名精锐骑兵出居延塞，直奔北匈奴单于的王庭，在金微山(今阿尔泰山)大破北单于，俘虏了北单于之母阏氏，斩杀名王以下五千余人，北单于仅与数名骑兵逃脱，不知去向。据《后汉书·袁安传》载，"北单于为耿夔所破，遁走乌孙"，应该是逃往乌孙方向。

　　金微山之战，汉军出塞距离之远达到了极致，史书说距离五千余里。此次战争正式宣告北匈奴政权的灭亡。

大漠易主

　　北单于之弟右谷蠡王於除鞬自立为单于，率领右温禺鞮王、骨都侯以下部众数千人，驻牧蒲类海(今新疆巴里坤湖)，并派遣使节到边塞请求归附。窦宪上疏建议派使者立於除鞬为单于，设置中郎将监护，比照对待南单于的先例。此事交付公卿商议，产生很大争议。

　　宋由等人认为可以批准窦宪的奏请，袁安等人则反对，其主要论点是：

南匈奴安居内地只是权宜之计，既然大漠已经平定，理所应当同意南匈奴返回北方王庭；南匈奴首先提出北征计划，消灭北匈奴后，应该按照当初计划准许南匈奴回到北方王庭成为一国，不应该另立北单于，否则不但失信于南单于，而且失信其他众多蛮夷，汉朝必然面临重大的政治危机；乌桓、鲜卑不久前斩杀北匈奴优留单于，现在扶植北匈奴，必将引来乌桓、鲜卑的怨恨；费用高昂，得不偿失，汉朝供给南匈奴的费用每年达一亿零九十余万，供给西域的费用每年七千四百八十万，如今北匈奴距离更远，费用将翻倍，将耗尽国家的财力。

虽然袁安等人提出如此有力的理由，但窦宪此时威势如日中天，和帝最终同意窦宪的奏请。

公元92年，东汉朝廷派遣耿夔授予北匈奴於除鞬印信绶带，命中郎将任尚持符节屯驻伊吾协防，比照南单于先例。窦宪本计划护送北单于返回北匈奴王庭，在此期间东汉内部却发生政变，窦宪势力被清洗。得知情况后，北单于自行主张北返，并不听东汉朝廷指令。和帝派将兵长史王辅率一千余骑兵和任尚一同追赶，诱引於除鞬，将其斩杀，消灭其部众。

蒙古高原依旧，但它的主人却发生了改变，南匈奴没能重返漠北，倒是鲜卑在耿夔大败北匈奴后，快速占据了北匈奴故地。游牧族群以强者为尊，蒙古高原余下的十多万匈奴人归顺鲜卑，自称为鲜卑人，鲜卑由此强盛。

第二节　南庭兴衰

南匈奴几十年来在汉朝的扶持下，得到了壮大，尤其是北匈奴降众已超过南匈奴的人数。在北匈奴政权瓦解后，南匈奴已经统管三万四千户，人口达二十三万七千三百人，兵力五万零一百七十人。按照旧例，汉朝的中郎将下设两名从事，由于南匈奴人口激增，从事增加到十二人。

南匈奴人口激增，实力增强，并没有实现屯屠何设想的"破北成南，并为一国"。北匈奴於除鞬单于被斩杀当年（93），屯屠何逝世，英雄的事业就此终结，留给后人的是不断的内讧与叛乱。

安国之乱

公元93年，在位六年的休兰尸逐侯鞮单于屯屠何逝世，继单于位的是宣（第七任伊屠于闾鞮单于，85—88在位）之弟安国，史籍上未载其名号。

单于安国虽然是合法继承人，曾为左贤王，但在南匈奴威望很低。而单于适（第四任醯僮尸逐侯鞮单于，59—63在位）之子左谷蠡王师子一向在南匈奴威望极高，得到了前任单于宣及屯屠何的赏识。师子足智多谋，果敢有力，多次带兵出击北匈奴，即便东汉王朝的天子都对他刮目相看。

安国与师子之间的矛盾，在屯屠何时代就已显露。师子的威望过高，国内的人很敬重他、依附他，这让安国记恨于心，想找机会铲除。对北匈奴降众而言，师子既是造成北匈奴崩溃的直接元凶,也是他们被迫投降南匈奴的间接罪人。安国联合北匈奴新降者,密谋杀掉师子。

安国为单于后,师子依制为左贤王,成为下一任单于的法定继承人。师子本非等闲之辈,又岂能不知安国的心思。师子有自己的势力,但不会主动挑战单于,就躲避到五原边境。单于安国每次召集议事,作为左贤王的师子总是借口生病不去。时任度辽将军的皇甫棱获知内情后,不但支持师子,还给予保护,也不要求他前往王庭,单于安国更加怀恨于心。

度辽将军插手此事,侧面说明了南匈奴虽然此时异常强大,但还是受制于东汉王朝。单于安国把与东汉派驻官员的关系处理得异常紧张,导致自己陷于孤立。

公元94年,东汉任命执金吾朱徽兼摄度辽将军,接替被免职的皇甫棱。此时中郎将为杜崇,单于与杜崇不和,就上疏控诉杜崇。可上疏渠道竟然被杜崇切断,杜崇暗示西河太守截扣单于的奏章。足见设在南匈奴的机构权势之大,也看得出东汉朝廷在权力监督方面出现了重大漏洞。

单于安国已经彻底得罪了杜崇与朱徽,杜崇与朱徽遂联合上疏:"南单于安国疏远故胡,亲近新降,欲杀左贤王师子及左台且渠刘利等。又右部降者谋共迫胁安国,起兵背畔,请西河、上郡、安定为之儆备。"(《后汉书·南匈奴列传》)

中郎将与度辽将军联合上疏,控告单于安国倒行逆施,和帝将奏章交给公卿大臣商议后决定,做必要的军事准备,朝廷派出使者到单于庭,与杜崇、朱徽及西河太守合作,观察匈奴动静。如果安国没有妄动,可命令杜崇等人在安国那里召集左右大臣,责罚其侵害边疆部众。倘若安国不服从命令,则杜崇等人可以采取权宜之计。

事情发展到这个地步,得到授权的朱徽、杜崇肯定更愿意出动军队震慑安国单于,他们发大军抵达单于庭(西河郡美稷)。单于安国在夜里得知汉廷出兵,大为意外和震惊,索性一不做二不休,率领军队和北匈奴新降部众直接去铲除师子。显然安国知道汉朝出动军队就是由他和师子的矛盾引起。师子获知安国要带兵讨伐,就带领部众进入曼柏城(今内蒙古自治区鄂尔多斯市达拉特旗东南)严守以待。

安国来到曼柏城下,见城门紧闭。度辽将军朱徽派人晓谕安国,愿意为他与师子调解,希望他们和解。安国本应该顺势和解,求得汉廷的支持与理解,但安国不理,可安国的军队又一时难以攻克曼柏城,只好大军驻守五原。

安国不听规劝,杜崇、朱徽于是征调各郡骑兵急赴安国驻地。汉军的大规模介入引起安国部众的恐慌。安国舅舅骨都侯喜为见势不妙,担心受到连累,伙同他人格杀了单于安国。可叹安国,在位不到两年(93—94)。师子毫无悬念地继单于位,号称亭独尸逐侯鞮单于。

屯屠何的逝世是南匈奴内讧的导火索,於除鞬单于被斩杀说明东汉朝廷失信于北匈奴,引发北匈奴降众猜疑顾虑,而北匈奴投降的人数过多,短时期内又很难融入南匈奴。屯屠何作为匈奴统一大业的单于过早逝世,导致事业终结,让北匈奴降众失去了信心与期望。另外则是东汉朝廷处置问题失当。

逢侯之乱

单于安国被杀，师子成为新单于，使得问题进一步激化。北匈奴新降者的依靠者安国去世，让新降者难以接受，而师子在他们眼里则是罪人，于是新降者五六百人夜里偷袭师子，被安集掾王恬率领的单于护卫队击败。

军事政变引发连锁反应，北匈奴降者十五部二十余万人全都反叛。按照传统，必须推选挛鞮氏家族子孙为单于，他们强迫前单于屯屠何之子奥鞬日逐王逢侯为单于，与单于师子分庭抗礼。可见他们还是非常认可屯屠何的，如果屯屠何不过早去世，匈奴的历史也许真的会改写。

逢侯带领反叛队伍烧杀抢掠，大肆破坏，携带大量辎重向朔方进发，要北越沙漠，重建漠北王庭。南匈奴大规模叛变已经超出东汉朝廷的评估，东汉朝廷唯有采取军事力量平定此事。

东汉朝廷派行车骑将军邓鸿、越骑校尉冯柱、行度辽将军朱徽率领左右羽林军、北军五校将士和郡国积射士（寻迹而射的兵士）、沿边各郡的部队，乌桓校尉任尚率领乌桓、鲜卑的部队，合计四万人，讨伐叛军。

南单于师子和中郎将杜崇驻守牧师城（今内蒙古自治区鄂尔多斯市东胜区城梁古城），逢侯率领一万余骑兵围攻牧师城，久攻不下。到了公元94年冬季，邓鸿等军队抵达美稷，逢侯见状，由冰上越过要隘，向满夷谷（今内蒙古自治区阿拉善左旗哈鲁乃山乌兰布拉格山谷）退去。邓鸿兵分两路追击。

一路由邓鸿统领的部队、南单于师子派其子率领的一万骑兵以及杜崇统领的四千骑兵，一路追杀，在大城塞（今内蒙古自治区鄂尔多斯市杭锦旗敖楞布拉格古城）遭遇逢侯，斩首三千余级，掳获一万余人。冯柱又分兵追击逢侯其他部众，又斩首四千余级。

一路由任尚率领鲜卑大都护苏拔廆、乌桓大人勿柯的八千骑兵，抢先抵达满夷谷，拦截欲从此出逃塞外的逢侯军，又一次大败逢侯。

汉朝出动军队，前后斩杀逢侯部众一万七千余人，逢侯知道无力与南单于和汉朝对抗，率部经由朔方西北的漠南草原，逃到漠北涿邪山，汉军无力追赶。

逢侯出塞后，把部众分为两部，他自己统领右部驻守涿邪山下，左部驻扎在朔方的西北，两部相距数百里。

公元95年正月，汉朝班师。冯柱率领虎牙营留驻五原，遣散鲜卑、乌桓、羌胡的部队，册封苏拔廆为率众王。邓鸿回到京城，因逗留导致失去战机，下狱而死。朱徽、杜崇与单于安国不和，又阻止单于上疏，造成单于反叛，进而局势失控，和帝得知后，将他们召回京城，下狱而死。朝廷任命雁门太守庞奋兼摄度辽将军。

在东汉朝廷处理了三位大臣后，南单于师子也认为该清算了，而右温禺犊王乌居战首当其冲，倒不是师子诬陷，当初乌居战确实与安国同谋。乌居战恐惧，率领数千人再次反叛，逃到塞外的山谷间，为害官民。

公元96年秋天，庞奋、冯柱与各郡的部队攻打乌居战，乌居战无力抵抗，率众投降。东汉朝廷将乌居战的部众以及其他投降者二万余人迁徙到安定、北地两郡。

到了冬天，逢侯左部因相互猜忌而内讧，返回朔方塞，庞奋悉数接纳。其中作战士兵四千人、弱小民众一万余，东汉朝廷将他们分别安置在北部边境各郡。驻牧在涿邪山的逢侯部不但生存艰难，而且鲜卑不时来攻击，导致更多人逃回塞内。即便如此，逢侯也没有归降的迹象。

逢侯之乱尚未彻底解决，公元98年，在位五年的单于师子（亭独尸逐侯鞮单于）去世，单于长（第六任胡邪尸逐侯鞮单于，63—85在位）之子檀继位，号万氏尸逐鞮单于，为南匈奴第十一任单于，也是南匈奴在位时间最长的单于，在位二十七年，比其父单于长在位时间还要多四年。

单于檀即位后，着手解决逢侯之乱，他积极配合调任河南尹的庞奋、兼摄度辽将军的朔方太守王彪，连续数年攻打逢侯，逢侯抵挡不过，一些人归降塞内。给逢侯打击最大的莫过于鲜卑，鲜卑不会容忍匈奴人重返蒙古高原，他们向西追击逢侯。在东汉、南匈奴及鲜卑三方合力打击下，逢侯部众的处境越发窘迫。

直到单于檀在位的第二十年（117），逢侯部众遭到鲜卑毁灭性的打击，部众分散，几乎都归附鲜卑。逢侯自感无力回天，于第二年（118）春，带着仅存的百余名骑兵归降朔方。时任度辽将军的邓遵（邓太后之弟）在征得朝廷同意后，把逢侯等一百余人迁到颍川郡（治阳翟县，今河南省禹州市）。之所以如此，主要是因为担心逢侯作为屯屠何之子，在匈奴尚有强大号召力，一旦留在匈奴地域可能引发祸患。至此，持续二十五年（94—118）的逢侯之乱才结束。

因为安国与师子内部之争，引发逢侯之乱，汉朝出动大军平叛，劳民又伤财。南匈奴持续的动乱，本质上是族群要求独立与自由。事实上，当匈奴人走出大漠，失去固有的生活地理环境，就已经不再是严格意义的游牧民。况且北匈奴政权瓦解让他们认识到，如果不寻求机会重返漠北，匈奴人不但没有了家园，迟早也会被汉化，那么这个游牧帝国、这个族群也将不复存在。可惜历史没有再给匈奴人机会，逢侯坚持了二十五年，最终还是重回汉地。

单于檀叛汉

逢侯之乱尚未完全解决，单于檀竟然也公然反叛东汉，这也是逢侯之乱持续时间过长的一个原因。南匈奴与东汉的战争对彼此都是损害，反倒成全了鲜卑。单于檀敢于铤而走险，只因为东汉在走下坡路，不值得他们敬畏与尊重了。

事实的确如此。汉和帝刘肇于公元105年驾崩，他在位十八年，平定了西域，把东汉的国力推向了极盛，开创了永元之隆。可国运大抵如此，刘肇去世时方才二十七岁，预示着东汉未来走向。刘肇去世后，他出生仅一百余日的儿子刘隆继位，不满周岁就夭折，是为汉殇帝。公元106年八月，汉章帝刘炟之孙刘祜继位，是为汉安帝，东汉的第六位皇帝。

安帝即位后，东汉可谓危机重重，从自然灾害频发到边疆局势恶化，俨然一副末日景象。仅公元106年九月到公元109年六月的情况就糟糕透顶：水灾、雹灾、风灾、旱灾、地震，西域反叛、诸羌民变，甚至京城洛阳发生饥荒出现人吃人的现象。

东汉出现如此危局，南单于檀又岂能不知。公元109年的夏天，在谒见完汉安帝的返回途中，一个名叫韩琮的汉人怂恿南单于檀："如今函谷关以东发生水灾，民众因饥荒几乎死尽，可以趁机进攻。"南单于檀觉得这是千载难逢的机会，想一举摆脱汉朝的控制。

　　单于檀举兵反叛的消息传开，乌桓与鲜卑也趁火打劫。九月，雁门郡的乌桓率众王无何允与鲜卑大人丘伦等联合南匈奴的骨都侯共计七千骑兵，进攻五原郡，结果汉军大败。十月，单于檀亲自率兵在美稷包围中郎将耿种。

　　十一月，东汉朝廷命大司农何熙行车骑将军，以中郎将庞雄为副将，率领羽林五校营士的"中央军"出洛阳，北上平乱；同时，调发缘边十郡（五原、云中、定襄、雁门、朔方、代郡、上谷、渔阳、辽西、右北平）二万余兵马及鲜卑部族武装，由辽东太守耿夔统领，在雁门与何熙军队会合后，前往五原平定叛乱；又诏命梁慬行度辽将军，参与平叛。东汉三路兵马参与此次平叛。

　　何熙以耿夔为先锋，耿夔率大军向属国故城（今内蒙古自治区鄂尔多斯市达拉特旗马场壕乡城圪梁古城）进发，单于檀遣奥鞬日逐王率三千余骑兵截击。耿夔分兵出击，他攻击奥鞬日逐王左侧，命鲜卑兵击其右侧，日逐王大败溃逃。耿夔军继续追击，斩杀千余人，杀名王六人，缴获毡帐辎重千余辆，马畜牲口甚多。鲜卑的军马大多羸弱，遂反叛出塞。耿夔无力单独进军，没有继续追击，后被贬为云中太守。单于檀加大对耿种的进攻频率与力度，坚持数月的耿种只得向朝廷求援。

　　公元110年正月，行度辽将军梁慬率人马八千多，从曼柏城出发，向美稷疾驰救援。中途在属国故城与南匈奴左将军、乌桓武装交战，斩其主帅，杀死三千余人，获得丰厚财物。见此情形，单于檀再次亲率七八千骑兵迎战，把梁慬包围。梁慬披甲出击，所向披靡，单于檀只好引兵回到虎泽（今内蒙古自治区鄂尔多斯市东胜区西部、泊江海镇南部的桃日木海子)。

二月，单于檀派一千骑兵进攻中山(治卢奴县，今河北省定州市)、常山国(治元氏县，今河北省元氏县西北故城)，以分散汉军。

三月，何熙大军抵达五原曼柏城，何熙本人却暴疾病倒，遂命庞雄与梁慬及耿种率步骑兵共计一万六千人攻打虎泽。单于檀见汉朝诸军并进，大为惊恐，责备韩琮："你说汉人已经死尽，现在来的是何许人！"于是派左奥鞬日逐王到庞雄、梁慬处请降。庞雄、梁慬大摆兵阵受降。

单于檀脱帽赤脚，当面受缚，屈膝下跪，双手朝前，以额触地，自责犯了死罪。东汉朝廷将其赦免，待遇如初。单于檀送还所掳掠汉民，以及被羌人劫走后转卖到匈奴的汉民，共计一万余人。

何熙终究没有熬过暴疾，病故。朝廷任命梁慬为度辽将军。庞雄回到京城，被任命为大鸿胪。乌桓人在无何的带领下，向汉朝归降。

单于檀的叛变很轻率，他应该知道，如果他想重返蒙古高原，一定要与汉朝联合才行，除非他想做中原王朝的主人。

度辽将军

从南单于檀(公元98年即位)开始，汉朝的东北、西北局势都出现了新情况。东汉与鲜卑、乌桓、羌、南匈奴四股势力博弈，合作与战争同时进行。南匈奴见东汉面临困局，想要东山再起，却不承想他们真正的强敌是北边，而非南边。鲜卑已取代了北匈奴势力，成为东汉与南匈奴的重大威胁。西北的羌乱更成为东汉王朝挥之不去的阴影。

　　汉朝方面，自公元106年安帝即位、邓太后临朝摄政以来，"水旱十载，四夷外侵，盗贼内起。"（《后汉书·和熹邓皇后》）公元121年，邓太后去世，安帝刘祜亲政。东汉面临的问题其实没有好转，兵灾、水灾、旱灾、蝗灾、地震没有停止过，几乎伴随东汉政权至最终灭亡。

　　北匈奴瓦解，退出蒙古高原，鲜卑、乌桓、西羌迅速崛起，东汉面临新的边疆局势，度辽将军的职能也就发生了相应变化。

　　公元111年，羌人侵犯安定郡、北地郡、上郡，造成民众流离、谷价暴涨，三郡太守无力支撑。东汉朝廷命行度辽将军梁慬征调边兵接应三郡太守，护送他们迁徙到扶风郡边界。梁慬遣南单于侄子优孤涂奴率兵前往接应。事后，梁慬以优孤涂奴办事得力，擅自授予他羌侯印绶，被安帝下狱，后又赦免，因病去世。

　　被贬为云中太守的耿夔接替梁慬担任行度辽将军。三年后（114），耿夔因数次冒犯出使匈奴的中郎将郑戬，被免去职务，朝廷任命乌桓校尉邓遵为度辽将军。邓遵是皇太后的堂弟。

　　东汉于汉明帝永平八年（65）设度辽营、副校尉、左右校等职，但度辽将军之职及其所属官员一直是临时性的，其最高长官称"行度辽将军事"或"行度辽将军"。在待遇上，行度辽将军也与其职务相悖，这种状况持续到安帝时期。自从邓遵为度辽将军，才正式确立度辽将军机构，由此改为常设机构。

　　度辽将军的职责发生了变化，由初设时的"以卫南单于众新降有二心者"，到参加东汉王朝对北匈奴的征讨，发展到兼管乌桓、鲜卑、高句丽等东北诸族以及西羌诸种，成为东汉王朝北疆的重要防御机构。

　　邓遵担任度辽将军期间(114—121)，主要应对的是永初羌变。在接下来的时间里，度辽将军更大的精力用来对付鲜卑。鲜卑虽然打散了逢侯势力，算是帮了一回南匈奴与东汉，可更大的问题是鲜卑消灭了身边的匈奴，却代替匈奴开始威慑东汉。

应对东胡

　　公元119年，鲜卑攻打马城塞(今河北省怀安县)，邓遵和中郎将马续(马援侄孙、马融之兄，曾受命补写《汉书·天文志》)率领南匈奴部队追击，大败鲜卑。东汉与南匈奴联兵反击，威力之大，出乎鲜卑所料。第二年(120)，辽西郡的鲜卑大人乌伦和其至鞬率领各自部众归降邓遵，这也侧面说明度辽将军邓遵在当地享有一定威望。

　　即便作为皇太后的堂弟，当邓家势力一旦垮台，他也难逃一死。公元121年，邓遵被免去度辽将军，受诬下狱，自杀。邓遵的去世导致鲜卑卷土重来，鲜卑大人其至鞬侵犯居庸关(今北京市昌平区西北)，云中太守迎击，却被鲜卑打败并战死。鲜卑乘势在马城包围乌桓校尉徐常。再次就任度辽将军的耿夔与幽州刺史庞参征调广阳(治蓟县，今北京西南)、渔阳(治渔阳县，今北京市密云区西南)、涿郡(治涿县，今河北省涿州市)三郡部队支援，鲜卑军才离去。

　　鲜卑在多次杀害东汉郡太守之后，胆子越发大了。公元122年，鲜卑再次侵犯雁门、定襄，进而侵犯太原。公元123年，其至鞬又亲率一万余骑兵，分兵数路，围攻南匈奴重地曼柏城，奥鞬日逐王战死，一千余人被杀。

　　鲜卑的频繁侵扰已经成了摆不脱的麻烦,而南匈奴内部问题又复发。耿夔同温禺犊王呼尤徽率领新降的胡人连年出塞,征讨鲜卑。班师后,又命令他们据守险要。频繁的征调令这些新降者苦不堪言,怨恨极深,筹划着反叛。

　　就在这个关键节点,公元124年,单于檀去世,其弟拔立为单于,即乌稽侯尸逐鞮单于。与此同时,耿夔不知犯了何罪,被免去职务,太原太守法度接任。新旧单于与新旧度辽将军的更替,更加速了新降者反叛的进程。

　　公元124年夏天,新降的部众大人阿族等人反叛,胁迫呼尤徽共同反叛离开,呼尤徽道:“我老矣,受汉家恩,宁死不能相随!”(《后汉书·南匈奴列传》)在他人的劝说下,呼尤徽免于一死。阿族等人带着家人与辎重逃亡,试图摆脱当下的生活。东汉中郎将马翼(伏波将军马援之后)派军队和匈奴骑兵追击,阿族等人或者被杀,或者投河,几乎死尽。

　　阿族等人叛乱的直接原因是频繁的军事行动,对东汉与南匈奴而言,频繁的战争并不是他们希望的,但蒙古大漠上出现了新的主人,他们重复当年匈奴强盛时期的行动,东汉与南匈奴也只能面对。此时的南匈奴已经没有了大漠时代的灵魂,他们只能与东汉王朝捆绑在一起,一损俱损,一荣俱荣。

　　鲜卑的侵扰没有终止的迹象,侵犯高柳(代郡郡治,今山西省阳高县),杀了南匈奴渐将王。后又侵入代郡,太守阵亡。无论对南匈奴还是对东汉王朝而言,作为东胡分支的鲜卑游牧部族已经成了他们巨大的威胁。

　　秦汉时期,长城主要用来防范匈奴,当北匈奴政权瓦解,长城的防御作用已经降低，且长久失修。现在鲜卑取代了匈奴，成了新的草原霸主，直接威胁到了南匈奴。南单于拔上疏东汉朝廷，建议修复朔方以西的长城，汉顺帝（刘保，126—144在位）同意，这的确很讽刺。

东汉朝廷虽然同意了，但也担心南匈奴在鲜卑的持续打压下，放弃抵抗，顺势南下侵扰，那么东汉王朝将压力巨大。故此，东汉朝廷将保护京都的黎阳营调到中山（治卢奴县，今河北省定州市）北部边界驻守，并在边郡增兵，在边塞屯兵，同时加强备战训练。

从公元127年到公元132年，应对鲜卑侵犯的主要是乌桓校尉耿晔（耿恭之孙）。其间（128），在位五年的南单于拔去世，其弟休利继位，号去特若尸逐就单于。公元133年三月，使匈奴中郎将赵稠遣从事率南匈奴骨都侯夫沈等人出塞攻击鲜卑，获得一场大胜利。同年秋，鲜卑穿过边塞出兵马城，遭到代郡太守强烈抗击。不久，鲜卑大人其至鞬死，鲜卑对边地侵扰的频率减少。

不单鲜卑侵犯边地，乌桓也加入侵犯行列。公元135年冬季，乌桓侵犯云中郡，拦截道上商贾牛车千余辆。度辽将军耿晔率两千余士兵追击，初战不利，后战于云中郡的沙南县（今内蒙古自治区鄂尔多斯市准格尔旗东北、黄河西岸），斩杀五百多乌桓人。不过很快，乌桓在沙南县的兰池城将耿晔军队包围。顺帝遣积射士二千人，度辽营一千人，加上郡兵数千人前往救援。乌桓见取胜无望，只好撤兵。

鲜卑、乌桓的侵犯受到东汉与南匈奴的合力阻击，同时，东汉又第三次打通西域，西羌的叛乱得到了一定压制，但更大的叛乱却在南匈奴酝酿。

句龙王叛乱

公元140年夏，地处雁门郡的南匈奴左部句龙王吾斯、车纽等人反叛，率领三千余骑兵入侵西河郡。在控制了定襄郡、云中郡、五原郡后，招诱朔方郡的右贤王。两部联兵七八千骑左右夹击包围美稷。美稷是单于庭、汉使中郎将所在地。叛军的目的非常明确——根除东汉在南匈奴的势力。在包围美稷的同时，又分兵两路，左部向东进军代郡，右部向西进军朔方，杀死了东汉朝廷派驻朔方和代郡的长史，扩大了叛军占领区。

对南匈奴的大规模反叛，东汉朝廷立即部署军队平叛。度辽将军马续（公元136年，耿晔因病被朝廷征召，护羌校尉马续接任度辽将军）与中郎将梁并、乌桓校尉王元征调边郡部队以及乌桓、鲜卑、羌胡的兵力共计二万余人，迅速出击冲杀，叛军乱了阵脚，结果大败。

叛军虽然遭到冲击，但吾斯等人很快重新集结，继续攻陷城邑。如此大规模反叛，而且目的明确，大出东汉意料。东汉朝廷据此认为，单于休利有不可推卸的责任，顺帝遣使责备单于，明令单于尽快招降叛军。

单于休利虽未参与此次谋划，但面对大规模叛乱，也自知责任不小，亲自到中郎将梁并处请罪。此时梁并因重病被朝廷征召回京都，接替他的是五原太守陈龟。陈龟出身武将世家，行事简单干脆。

他认为南匈奴之所以出现当下的混乱局面，是因为单于御下无方，不堪其任。在未征得朝廷许可下，逼迫单于休利与单于之弟左贤王自杀。在位十三年的单于休利就这么窝囊死去，而单于的继承者左贤王也自杀了，相当于东汉朝廷杀死了两任单于。不仅如此，陈龟还打算将单于的近亲都迁徙到内地各郡，引得南匈奴部众更加狐疑和不安。

陈龟简单粗暴的越权行事并没有解决问题，反倒使问题更趋向严重与复杂化。陈龟此举无疑向南匈奴表明，南匈奴已无自主性，单于都可以随意处死，那么南匈奴从贵族到普通民众的处境可想而知。这为吾斯等人的反叛找到了新理由，也引发了包括南匈奴普通民众乃至鲜卑、乌桓、羌人等游牧部族的同情与支持。东汉朝廷察觉事态严重，将陈龟下狱。

针对当前局势，大将军梁商认为武力征讨并非上策，最好分化招降，同时建议顺帝重用马续。梁商致信马续，要他特别注意发挥中原坚营固守的优势，避开游牧机动灵活的优势，并提醒马续"勿贪小功，以乱大谋"（《后汉书·南匈奴列传》）。马续和各郡谨遵梁商指示行事。果然，右贤王的部属抑鞮等一万三千人向马续投降。

南单于位置空缺，势必造成更大的混乱，而南匈奴与东汉朝廷一时间竟然没有解决这个问题，反倒是叛军抓住了机会，于当年（140）秋天，立车纽为单于，令叛军无论是反叛的正当性还是号召性都大幅增强。吾斯东引乌桓，西收东羌（分布在朔方、北地、上郡、五原、西河地区的羌人）及各部胡人数万人，攻破驻屯上郡的京兆虎牙营，杀了上郡都尉和军司马，顺势兵分四路寇掠并州、凉州、幽州、冀州的常山，叛乱波及区域相当于今内蒙古自治区中南部、陕西北部、山西北部，以及河北西北部、宁夏南部、甘肃东北部地区。

见此形势，东汉朝廷又开始采取郡治后撤的策略，将西河的郡治移到离石（今山西省吕梁市离石区），上郡的郡治移到夏阳（今陕西省韩城市南），朔方的郡治移到五原（今内蒙古自治区包头市南部）。原先分布在西河、上郡、朔方等地的南匈奴部众陆续南迁，大多数迁到并州中部的汾水流域，原来的领地逐渐被鲜卑、乌桓诸部占据。

南匈奴的持续南迁，破坏了东汉原有的北疆治理模式，他们不可避免地卷入中原的混战中，给中原腹地带来巨大压力。对他们而言，也许南方才是安家之所，至于蒙古草原大概也只能想想了。

当年冬天，东汉朝廷派中郎将张耽率幽州乌桓与各郡的军队，攻打叛军，在马邑（今山西省朔州市）交战，斩首三千人，获得大量人口、兵器和牛羊。车纽率部众乞降，但吾斯拒降，依然率领部众与乌桓人马大肆抄掠。

公元141年春，张耽、马续率五千鲜卑骑兵到达毂城（今内蒙古自治区鄂尔多斯市东胜区西部的莫日古庆古城），攻打吾斯，斩杀数百人。张耽生性勇猛，做事果敢，对士兵多给予抚慰与激励，所以士兵作战有积极性。他们冒着巨大风险，以绳索连结攀爬上通天山（即石楼山，位于今山西省石楼县东），攻击驻扎此地的乌桓部落，大败乌桓部队，尽斩其将帅，救回汉民，缴获大批辎重。

虽然汉军取得了胜利，但因为频繁征召各部族人马，导致鲜卑、乌桓、羌与汉朝的关系日趋紧张。这年夏天，马续被免职，城门校尉吴武接任度辽将军，但是叛军的气势依旧高涨。

公元142年秋，吾斯与奥鞬台耆、且渠伯德等人又一次抄掠并州地区（辖境相当于今内蒙古河套、山西省太原市、大同市和河北省保定市一带）。

东汉朝廷也意识到，必须尽快选出合适的人任单于，希望他能凝聚匈奴人，尽快平息这场叛乱。南匈奴境内已经没有合适的人选，至少在东汉朝廷看来是这样。他们不但要选择有能力的单于，最重要的是一定要亲汉才可以。

公元143年，东汉朝廷于京师洛阳册立南匈奴守义王兜楼储为单于，号呼兰若尸逐就单于。兜楼储是因为南匈奴叛乱进入洛阳，还是作为侍子留在洛阳，没有史料记载。汉朝廷册立匈奴单于，又不在匈奴王庭，在历史上都是首次。

顺帝亲自主持仪式，颁授单于玺印，引单于上殿，赏赐车马、器物、金银、彩帛，甚为丰厚。派中郎将持节护送兜楼储返回单于庭。太常、大鸿胪以及诸国在京侍子在广阳门外给予饯行，举行宴会，演出歌舞，顺帝亲临胡桃宫（今河南省洛阳市东北汉魏故城西南）观看。东汉朝廷高规格册立兜楼储为单于，是希望他在恢复汉匈关系上有所作为。

兜楼储单于回到单于庭具体做了什么，史料没有任何记载。不过同年（143）冬天，汉廷再次启用暗杀，中郎将马寔招募人刺杀吾斯，将其首级送到洛阳。第二年（144），马寔全力攻击吾斯余党，斩杀一千二百人。乌桓七十多万人向马寔投降，据说带来的辎重和牛羊不可胜数。持续五年的句龙王叛乱至此结束。

举国叛乱

东汉朝廷精心选立的兜楼储单于（呼兰若尸逐就单于）在位仅五年（143—147）就去世了，居车儿即单于位，号伊陵尸逐就单于，两人何种关系不见记载。居车儿单于在位时间较长，达二十六年（147—172），正值东汉桓帝在位（147—168）。居车儿单于在位期间，南匈奴依然不太平静，其政权与东汉政权一样，走向衰亡已经成为趋势，不可逆转。

公元155年，南匈奴左奥鞬台耆、且渠伯德等人又起兵反叛，入侵抄掠美稷、安定郡，东羌（分布在朔方、北地、上郡、五原、西河地区的羌人）诸部也跟着响应。刚刚到任的安定属国都尉、敦煌郡人张奂，手下作战士兵只有二百余人。得到消息后，他立即出动军队，在他的部下看来无疑是以卵击石，便竭力劝阻。张奂并不担心，做了针对性的部署，他进兵屯守上郡边地的长城要塞，招募兵士，诱降东羌诸部，并进据龟兹县（今陕西省榆林市北，因多是龟兹国的移民，故而得名），切断了南匈奴与东羌诸部的交通要道。

羌人部落由于身处谷地，极为分散，为了争夺资源，相互为仇敌，很难建立像蒙古高原上的统一大帝国。很多羌人迁徙到内地，或者半耕半牧，或者干脆农耕，只要东汉朝廷不是过分压榨，羌人一般不会反叛。

张奂的系列举措取得了成效，东羌诸部豪帅相继归附，并与汉军合力进攻南匈奴叛军，且渠伯德等人见一切都是枉然，索性率部投降。南匈奴再次恢复平静。

东羌诸部豪帅赠给张奂战马二十匹，金耳环八枚。张奂当着他们的面以酒酹地，发誓道："使马如羊，不以入厩；使金如粟，不以入怀。"将其全部退还。在此之前，八任都尉大都贪图金财，使羌人感到无比痛苦，而张奂正身洁己，羌人无不心悦诚服，其政令和教化推行起来也畅通无阻。

其间，蒙古大漠又出现了一位新领袖，即鲜卑人檀石槐。他带领鲜卑人在弹汗山（今河北省尚义县和内蒙古自治区兴和县交界处的大青山）和歠仇水（今内蒙古自治区兴和县与河北省怀安县境东洋河）一带建立王庭，实现对东西两大部落的统领，建立了鲜卑人的统一政权。他们向南方劫掠东汉沿边郡县，向北方抗拒丁零，向东方击退夫余（今吉林、辽宁北部、黑龙江中部一带），向西方进击乌孙，匈奴故土完全并入鲜卑版图。此时的东汉政权除了内部机制腐化外，天灾依然不间断，公元157年、公元158年，连续两年京师出现大面积蝗灾。

在这样的背景下，南匈奴再次叛乱。公元158年，南匈奴各部同时反叛，并联合乌桓、鲜卑侵犯沿边九郡（五原、朔方、云中、代郡、雁门、定襄、北平、上谷、渔阳）。桓帝任命京兆尹陈龟为度辽将军，平定叛乱。陈龟就是逼迫单于休利自杀而被下狱的那位。

陈龟临行前向桓帝上疏，大致阐述了为何边乱持续不断的原因和解决方案。他认为，边郡不靖，烽烟数起，归根结底是吏治问题，建议更换匈奴、乌桓以及护羌中郎将、校尉等人，要严格选拔文武全才，并授予指挥权；他认为，边郡之地久经战争洗荡，一遇灾荒，生活艰难，尤其是并州、凉州（辖境相当于今甘肃、宁夏和青海湟水流域，及陕西西部）屡遭战火与天灾，建议实施安抚政策，免除并州、凉州今年的租赋，宽大和赦免罪犯。

桓帝采纳了陈龟的建议，大幅整顿边疆吏治，免除了并、凉等州一年的租赋，起用安定属国都尉张奂为中郎将，命其率军平定叛乱。

南匈奴、乌桓叛军在五原郡曼柏城焚烧了度辽将军府大门，烟火相望。张奂的士兵见此情景，做好了逃亡准备。张奂却安坐帐中，跟他的门生讲经论道，不受外面的干扰。士卒得知张奂如此泰然，军心才稍有稳定。张奂明白，如果硬碰硬根本无胜算，但是如果分化南匈奴与乌桓联军，则一定可以取胜。

张奂秘密遣使游说乌桓，并与其缔结密约。乌桓果然反水，突然发动攻击，格杀南匈奴各部首领，大破匈奴军队。南匈奴全部投降。

张奂认为南匈奴举国叛乱，单于居车儿要负责任，便将其软禁，奏请东汉朝廷改立左谷蠡王为单于。对此，桓帝以单于居车儿"一心向化，何罪而黜"为由，要求张奂立即护送居车儿返回王庭。

至于陈龟，虽然在边地做了卓有成效的工作，但因得罪了外戚大将军梁冀，遂辞职返乡，后来自知难逃梁冀毒手，绝食自杀。他死后，并、凉等州及西域各部族民众都追念其恩德。

自从北匈奴政权瓦解后，南匈奴一直处于动荡之中，有因为要回到大漠而叛乱的，有因为内部争权而叛乱的，有因为汉朝治理不当而叛乱的，有因为军事频繁而叛乱的，有因为汉朝虚弱而借机叛乱的，有因为要独立自主而叛乱的。就本质而言是要独立自主，要回到大漠自由生活。如果西汉时期呼韩邪单于不返回大漠，而是一直居住汉地，可能也是这样的局面。

针对南匈奴的叛乱，东汉朝廷或以武力镇压，或以暗杀手段刺杀叛乱首领，或招抚予以安置。南匈奴叛乱没有达到目的，结果是加剧了自身虚弱。

第三节　帝国消亡

北庭余音

公元89年到公元91年，东汉朝廷联合南匈奴征伐北匈奴，尤其是金微山一战，北匈奴政权彻底瓦解，从此退出蒙古高原。此时，尚在西域的班超积极配合东汉朝廷的军事行动。

公元91年，龟兹、姑墨、温宿等国向东汉归降。至此，除了焉耆、危须、尉犁等国，因杀前西域都护陈睦不敢投降外，西域其余诸国皆降。东汉朝廷此时才正式任命班超为西域都护，驻屯龟兹它乾城（今新疆维吾尔自治区阿克苏地区新和县）。任命徐干为长史，驻屯疏勒。并恢复戊己校尉，驻军车师前部高昌壁（今新疆维吾尔自治区吐鲁番市东），又设置戊部候，驻屯车师后部候城（今新疆维吾尔自治区吉木萨尔县），两地相距五百里，成掎角之势。

三年后（94），班超率领西域联军七万余人，讨伐焉耆，斩杀焉耆王、尉犁王，为陈睦复仇。西域五十余国全部臣属东汉，东汉再次统一西域。

从公元73年至公元102年，班超在西域经营三十年，以一己之力完成一个国家所应该完成的事业。他回到洛阳，一个月后就去世了。他的继任者任尚不能理解班超"宽小过，总大纲"的教诲，未至数年，西域诸国反叛。

汉殇帝延平元年（106），西域诸国联军围攻任尚于疏勒。任尚给予回击，虽初步平定叛乱，但被东汉朝廷召回，改派骑都尉段禧为都护，西域长史赵博为骑都尉，梁慬为副校尉。段禧等人虽尽力平定叛乱，但因通往西域的道路被阻隔，书信无法送达东汉朝廷。朝中主张放弃西域的一派占了上风，安帝决定放弃西域，而在放弃西域的过程中，导致了永初羌变（107—118）。

东汉放弃西域前，失联多年的北匈奴余部于公元104年主动请求与东汉和亲，缔结类似呼韩邪单于时期的盟约。和帝以礼数不具备，没有答应，虽给了丰厚赏赐，但不派使者答礼。第二年（105），北单于又遣使到敦煌进献物品，希望东汉朝廷遣使，北单于将派王子入侍为质，临朝的邓太后依然没有答应。北匈奴两次主动请求和好失败后，大概也就死心了。

当东汉放弃西域后，北匈奴余部重返西域，对东汉进行长达十余年的侵掠，造成边境动荡不宁，人民流离失所。鉴于此，汉安帝元初六年（119），敦煌太守曹宗遣长史索班领兵千余人，屯田伊吾（今新疆维吾尔自治区哈密市）。未经数月，北匈奴即与车师后王国共同攻杀索班，占据西域北道。鄯善国危急，向曹宗求救。为报索班之仇，重新收回西域，曹宗请求中央派出五千人的部队反击北匈奴。

曹宗的请求再次引起朝中争论，多数人主张干脆关闭玉门关，放弃西域。邓太后得知班勇有其父班超的风范，就询问他的看法，班勇主张不能放弃西域，对于诸位大臣的诘难，他一一化解。

班勇认为："旧敦煌郡有营兵三百人，今宜复之，复置护西域副校尉，居于敦煌，如永元（和帝年号）故事。又宜遣西域长史将五百人屯楼兰，西当焉耆、龟兹径路，南强鄯善、于阗心胆，北捍匈奴，东近敦煌。如此诚便。"（《后汉书·班梁列传》）

东汉朝廷部分采纳了班勇的建议，只是恢复了敦煌郡驻兵三百人，在敦煌设置西域副校尉，但没什么威慑力。北匈奴与车师抢掠，河西边地不得安宁。朝中大臣多数依然主张关闭玉门关、阳关，以绝后患。

汉安帝延光二年（123），敦煌太守张珰上疏，力陈如果放弃西域则河西不能自保，并给出"西域三策"：

北匈奴呼衍王部往来于蒲类海（今新疆巴里坤湖）和秦海（今新疆焉耆盆地东南面博湖县境内的博斯腾湖）之间，与西域诸国联兵侵犯河西。可以派酒泉属国的部队二千余人在昆仑塞（今甘肃省瓜州县）攻击呼衍王，根除祸源，随即征调鄯善（今新疆维吾尔自治区若羌县）军队五千人威胁车师后王国，此为上策。

如果朝廷不能出兵，可以设置军司马，领兵五百人，由河西供给一切费用，出塞驻军柳中（今新疆维吾尔自治区鄯善县西南鲁克沁古城），这是中策。

如果还不行，就放弃交河城（今新疆维吾尔自治区吐鲁番市西北），把鄯善国全部民众迁入塞内，此为下策。

张珰的"西域三策"又引发辩论，尚书仆射陈忠强调，如果不去援助亲汉之国，必然导致西域诸国归附北匈奴，进而使北匈奴实力更强，其势力会涉足南羌地区，一旦与羌人结盟，河西就更危险了。河西如果危险，肯定要去支援，导致开销比以往更大。此时不去支援，内无以慰劳吏民，外无以威示百蛮。

陈忠认为应当在敦煌设置校尉，依照旧例，增加河西的驻军，以镇抚四方各国。安帝于是任命班勇为西域长史，率兵五百人出塞，驻扎柳中。

班勇甫一到任，就显示出其父的风范。从公元123到127年，他以霹雳旋风式的手腕，破平车师，击走匈奴伊蠡王，为索班复仇；击败匈奴呼衍王，打通西域北道；降服焉耆、龟兹、疏勒、于阗、莎车等国。东汉第三次统一西域。

是后，北匈奴虽有零星活动，但无关大局。公元131年，顺帝因伊吾土地肥沃，下令重开屯田。自公元123年至132年，是东汉经营西域的第二个高峰期。

公元135年，北匈奴呼衍王攻击车师，敦煌太守救援，汉军不利，车师陷落。两年后（137），敦煌太守裴岑率兵于蒲类海（今新疆巴里坤湖）诛杀北匈奴呼衍王。

公元151年，北匈奴呼衍王攻伊吾，东汉遣敦煌太守司马达率军救援，追至蒲类海，呼衍王闻风而逃。这是史籍记载的东汉与北匈奴在西域的最后一次战争，也是北匈奴最后一次在西域的活动。汉桓帝永兴元年（153），车师后部王阿罗多叛汉，带领百余骑逃亡北匈奴，后又返回车师归汉。自此之后，北匈奴不见于历史记载，其余部也彻底离开了中原王朝的视野。

三次羌变

北匈奴在西域威胁河西，南匈奴持续叛乱，与羌变都存在一定关联，并形成连锁反应。羌变对东汉政权的威胁最大，某种意义上讲，羌变加速了东汉政权的瓦解，而与东汉息息相关、共生共存的南匈奴，也随之走向消亡。

公元107年，由于紧急征调羌人迎回西域屯田官兵，组织官员不告知行动目的与期限，引发怨恨日深的羌人反叛，这是东汉三大羌变的开始，即第一次的永初羌变（107—118）。

　　面对严重的羌变，东汉大将军邓骘主张放弃包括河西四郡在内的凉州（辖境相当于今甘肃、宁夏和青海湟水流域，及陕西西部），集中精力对付南匈奴的反叛。他召集公卿商议，郎中虞诩认为放弃凉州有三不可：

　　先帝开疆拓土不易，担心一点经费，就要丢弃，此不可一；

　　丢弃凉州，便以三辅为边塞，皇家祖陵暴露于外，此不可二；

　　俗话说："关西出将，关东出相。"武将多数出在凉州，惯于从军作战。如今羌人、胡人所以不敢占据三辅，因有凉州在其背后。一旦放弃凉州，民众对朝廷将会绝望，势必成为新的危害，此不可三。

　　东汉于是征辟西州（指凉州）重要人士担任官职，给予安抚。

　　永初羌乱持续了十二年，东汉朝廷投入军费高达二百四十余亿钱，死亡人数更是无数。羌人各部暂时瓦解，三辅（长安城及附近地区）、益州（今四川、贵州、云南及陕西汉中盆地）等地得以安定，但战乱造成并、凉二州从此败落，国库空竭，东汉元气大伤。

　　就在南匈奴句龙部叛乱之际，第二次羌变也在进行，即永和羌变（140—145）。羌变发生源于当地官员为政苛暴，侵扰羌民。羌变发展到羌人攻打陇西郡，军锋直抵三辅地区，焚烧西汉皇帝园陵，屠杀劫掠官吏、民众。

　　东汉政权建都洛阳，但三辅地区作为西汉园陵所在，又处"关梁之险"，具有重要的战略意义。羌人进军三辅地区，直接威胁到东汉的西方防线，令东汉朝廷大为震恐，只能派出大军镇压。

　　羌乱波及扩大，凉州再次震动，东汉朝廷被迫无奈，于公元141年冬季，将安定郡郡治迁到右扶风，北地郡郡治迁到左冯翊，也就是把两郡的郡治迁到了三辅，并命一万五千人的军队驻防。但是东汉朝廷后撤郡县、派兵防守的举措，无疑更加壮大了羌军的声势。

公元143年，自九月到十一月，凉州共发生地震一百八十次，山崩谷裂，房屋倒塌，多人惨死。面对巨大天灾，东汉朝廷采取了招抚政策，羌人也放弃了大规模军事行动。公元145年，随着最后两部羌人的投降，陇右恢复了安宁。

永和羌变持续六年，东汉朝廷所用军费八十余亿。羌变暴露出东汉朝廷在羌人治理上存在重大问题，官僚和将领贪污受贿、盗取军饷以饱私囊，上下放纵，不恤军事，士卒枉死，白骨相望于野。羌变平定后的十余年，凉州刺史种暠、安定属国都尉张奂、护羌校尉第五访，三人在凉州等地大力推行安抚政策，凉州等地保持了相对安宁。

公元158年的南匈奴反叛刚刚平定，持续十一年的第三次羌变，即延熹羌变（159年—169）爆发。羌变虽最终平定，但东汉政权就此伤筋动骨。

公元159年，东汉的情况是：京师发生大水；桓帝与宦官联手诛杀梁冀，铲除梁氏外戚势力，变卖的梁冀财产高达30余亿，全国田赋捐税减半；分封五个宦官为侯，由此进入宦官专权时代。

西羌的民变就是在这样的背景下爆发，但这并不是导致羌变的直接原因。在此次之前，护羌校尉为第五访，"甚有威惠，西垂无事"（《后汉书·西羌传》），从公元155年到159年第五访去世前，汉羌相安无事。可是第五访去世后，段颎接替护羌校尉，民变再起。段颎一改第五访的施政理念，主张铁血政策，以杀止乱。

面对羌变，段颎身先士卒，下马迎战，从早上打到中午，刀折断，箭射尽。羌人也没经历过这样的缠斗，纷纷后退。段颎并不罢休，穷追猛打，昼夜不停，饿了吃战马肉，渴了饮雪水。段颎这种打法，羌人也扛不住，到了公元161年，段颎已成压倒性优势，却因凉州刺史贪功，拖延段颎进军，造成自愿参与作战的胡兵反叛，段颎因此被免职，被征回京都洛阳下狱。

东汉朝廷委任的新护羌校尉无威信、无谋略，羌变越发严重。泰山郡太守皇甫规上疏，主动请缨。汉桓帝任皇甫规为中郎将，命他持节督察函谷关以西的军队，尽快平定羌乱。

皇甫规治羌的理念与段颎不同，而与张奂相同，主张恩威并行，认为羌变的关键是当地吏治腐败，对羌人过度压榨。皇甫规一边开展军事行动，一边弹劾当地主要官员，有的官员被免职，有的被处死。羌人态度改变，大批羌人向皇甫规投降。

皇甫规的举动惹恼了中央官僚，东汉的吏治腐败根子并非在基层，而是在高层。尤其是皇甫规"恶绝宦官，不与交通"（《后汉书·皇甫规传》），当权的宦官更是无法容忍，放出皇甫规"货赂群羌，令其文降（假降）"的谣言。桓帝轻信谣言，责问皇甫规。皇甫规虽做了自辩，依然被调回中央，在宦官的诬陷下入狱，引发了中国历史上第一次学潮。三百余名太学生上书为皇甫规诉冤，桓帝只好释放皇甫规。

羌变尚未平定，当此用人之际，桓帝只好再次起用皇甫规，命其担任度辽将军。另外一位重要人物张奂在公元159年，因是梁冀的故吏受到牵连，终身不予任职。皇甫规上疏力劝桓帝，重新起用张奂，而且他还表示能力远不及张奂，愿意作为副手。桓帝于是任命张奂为度辽将军,皇甫规为使匈奴中郎将。

对西州的民众而言,段颎才是他们的护卫者。自段颎被免职后,西北地区就没安宁过,尤其凉州多次受到攻击,一些官吏和民众代表守在皇宫门外请愿,为段颎诉冤。此时(163),西羌(分布在陇西、汉阳西及金城地区的羌人)势力正强,凉州几乎要沦陷。在现实与民意面前,桓帝再次起用段颎为护羌校尉。

段颎上任后,于164年、165年,先后击破西羌诸部,他乘胜穷追,转战山谷之间,从春到秋,天天作战,反叛的羌民溃败逃散,共计斩杀二万三千人,俘虏数万人,一万余部落投降。朝廷封段颎为都乡侯。

公元166年,东汉朝廷征调张奂赴京任职。鲜卑听说张奂离开,于是召集南匈奴和乌桓共同起兵反叛。他们分兵数路,劫掠沿边九郡。为了扩大战争规模,鲜卑又引诱东羌(分布在朔方、北地、上郡、五原、西河地区的羌人)部落共同盟誓,于是上郡、安定郡诸羌联合攻打武威郡、张掖郡。

面对危局,桓帝重新任命张奂为护匈奴中郎将,并给予九卿地位,督察幽(辖境相当于今北京、河北北部、辽宁南部及朝鲜西北部)、并、凉三州和度辽将军、护乌桓校尉两营的军事,兼负责考核州刺史和郡太守的政绩。可以说桓帝下了大决心,希望张奂不负厚望,一举平定叛乱。

南匈奴和乌桓听闻张奂回来,相继归附投降,共计二十万人。张奂仅诛杀首恶分子,对于其他人都进行安慰接纳。但是鲜卑不肯投降,因为他们已经有了不投降的实力,建立了统一政权,是昔日匈奴的重现。东汉王朝希望封檀石槐为王,并主动和亲。可是檀石槐不但不接受，还变本加厉地侵犯缘边要塞。

张奂的返回，解决了乌桓、南匈奴的叛乱。接着在公元167年正月，护羌校尉段颎大破叛羌，平定西羌。同年冬，东羌再次攻打三辅地区，张奂派遣司马尹端、董卓率军阻击，获得大胜，斩杀加上俘虏，共一万余人。幽州、并州、凉州等三州叛乱全部平定。

段颎平定了西羌，可是东羌还有诸部尚未归降。皇甫规、张奂连年不断进行招抚，羌人不断归降，又不断反叛。桓帝对此很头疼，实际上他在怀疑招抚政策是否还有效，他知道段颎一向用铁腕手段，所以征询他的意见。

段颎认为，叛羌"狼子野心，难以恩纳，势穷虽服，兵去复动；唯当长矛挟胁，白刃加颈耳！"，明确表示叛羌很难以恩德感化，只有以杀止乱。

段颎分析，东羌诸部只剩下三万余帐落，全部定居在边塞之内，并不具备险要地势，却长久地扰乱并、凉二州，不断侵犯三辅地区，迫使西河和上郡的郡治迁徙到内地，安定、北地又陷孤立中。自云中、五原，西到汉阳，二千余里，全被匈奴人、羌人据有，等于"痈疽伏疾，留滞胁下，如不加诛，转就滋大"。

段颎建议，倘若用骑兵五千、步兵一万、战车三千，只要三个冬季和两个夏季，足可以击破平定，约计费用五十四亿钱。如果能这样做，东羌诸部尽破，匈奴永远归服，迁徙到内地的郡治，也可迁回故地。

桓帝完全采纳段颎提出的方案，表明东汉朝廷放弃了招抚政策，将以杀止乱。

有了皇帝的批准，段颎率领一万余人急行军，携带十五日粮草,在逢义山(今宁夏回族自治区固原市北)跟东羌决战。羌军威势强大,段颎的部众很恐惧。段颎做了军事部署后,又做了战前总动员。他说:"今去家数千里,进则事成,走必尽死,努力共功名!"激发军队士气。在呐喊声中,全军发动攻击,羌军全面崩溃,被斩杀八千余人。

桓帝于公元167年十二月逝世,窦太后(窦妙)临朝,她下诏褒奖段颎"洗雪百年之逋负,以慰忠将之亡魂"(《后汉书·段颎传》),并表示"东羌全部平定,论功行赏。暂时赏赐钱二十万,任命段家一人为郎中",擢升段颎为破羌将军。

段颎继续追杀残余羌众,日夜兼程,取得一系列胜利,最后在灵武谷(今贺兰山双山南面之灵武口)决战,大败羌众。公元168年秋季,段颎继续追击,残余羌众只剩下四千帐落,全都逃散进入汉阳郡的山谷中。

对段颎穷追猛打、斩草除根的做法,张奂并不认可,他向朝廷上疏建议恩德招降。朝廷对此也没有定论,就把相关建议转给段颎。段颎为此上疏反驳。

段颎表示有人宣称:"羌一气所生,不可诛尽,山谷广大,不可空静,血流污野,伤和致灾。"对此他并不认可,他举例说,周、秦时代,西戎、北狄为害。汉中兴以来,羌人为害最大,根本杀不完,虽然归降,不久又反叛。他们攻陷县邑,抢夺财物,挖掘坟墓,曝露死尸,祸及生者和死者。上天震怒,才借他的手进行诛杀。

段颎认为,张奂"修文戢戈,招降犷敌"纯属虚妄之说。东羌的先零羌侵犯边塞,赵充国把他们迁到边塞之内;西羌的煎当羌扰乱边塞,马援把他们迁到三辅地区。可他们反叛不断,至今仍为祸害。今天沿边各郡汉人稀少，常遭羌人毒害，如果再把大批降羌内迁，无疑引狼入室，后患无穷。

段颎保证，本来规划三年支出费用五十四亿，迄今一载，消耗不到一半，残余的叛羌却已濒临灭绝。他希望军事上交由其全权处理。段颎的回复彻底终结了安抚政策，他要继续穷追猛打，直到斩草除根。

公元169年，灵帝下诏，派遣谒者前往汉阳郡，说服残余的羌众归降，这违背了段颎的理念。段颎始终认为军事是最好的解决办法，他几乎是步步为营，包抄羌民，根本不给他们逃亡的机会。最终，斩杀叛羌一万九千余人，招降的四千人被分别安置在安定、汉阳、陇西等三郡。

至此，东羌诸部的叛乱全部平定。段颎先后共经历一百八十次战役，斩杀三万八千余人，俘获杂畜四十二万七千余头，用费四十四亿，军士死亡四百余人。东汉朝廷改封段颎为新丰侯。

东汉时期对西域的"三绝三通"，以及围绕是否放弃凉州的三次论战，都与羌乱有关。钱穆先生认为："黄河西部的武力与东部的经济、文化相凝合，而造成秦、汉之全盛；所谓'关东出相，关西出将'，即足以表示其意义之一部分。东汉以来，东方人渐渐忘弃西方，中央政府在洛阳，东方人之聪明志气至是而止。西方得不到东方经济、文化之润泽而衰落。而东方的文化、经济，亦为西方武力所破毁。"

西州因地缘和军力，在东汉的建立过程中起到重要作用，这让光武帝很担忧，所以东汉奉行压制西州势力的政策。起初，平羌主要用关东军人，可随着羌变的扩大，东汉被迫起用西州本土军人，改变立国之初的政策，西州势力再此崛起。桓帝时期，西州本土将领已开始主导平羌，最著名的是"凉州三明"（因皇甫规字威明，张奂字然明，段颎字纪明，被京师称为"凉州三明"），董卓继承了"凉州三明"的军事遗产，最终摧毁了东汉政权。

南庭终结

公元172年，在位二十五年的南单于居车儿去世，其子继位，名字不详，号屠特若尸逐就单于。南匈奴政权也加速了灭亡进程，而鲜卑则是助推的力量。

公元177年，鲜卑从春到秋，三十余次侵掠边郡。护乌桓校尉夏育上疏，希望朝廷批准他以不起过两年时间消灭鲜卑。蔡邕持反对意见，在他看来，鲜卑可作战士兵就有十余万人，实力远超匈奴，即便以段颎之将才，平定西羌也费十年功。但汉灵帝（刘宏，168—189在位）决定对鲜卑用兵。

夏育大军出代郡高柳（今山西省阳高县），田晏大军出云中，匈奴中郎将臧旻率领南单于军队出雁门，各率骑兵一万余人，分三路出塞，深入鲜卑国土二千余里。檀石槐命令东、中、西三部大人率军迎战。夏育等三路大军惨败，甚至连符节和辎重都丢失了，各将领仅带数十名骑兵逃回，士兵死亡达十分之七八。夏育、田晏、臧旻入狱，后以钱赎罪，被贬为平民。

在此期间（172—177），单于庭由美稷迁至离石县境内的左国城（今山西省方山县境内）。

公元178年，南单于去世，其子呼徵继位，无称号。单于呼徵命不好，与中郎将张脩关系很僵。次年，张脩一气之下杀了呼徵，改立右贤王羌渠为单于。张脩为独断专行付出了代价，东汉朝廷以"不先请而擅诛杀"，治其死罪。

公元183年，东汉爆发黄巾民变。四年后 (187)，前中山丞相张纯反叛，自号弥天将军、安定王、弥天安定王，率领鲜卑人马入侵边郡，灵帝下诏征调南匈奴部队，由幽州牧刘虞统领，协助平定张纯叛乱。单于羌渠命左贤王率骑兵前往幽州支援。

南匈奴贵族担心单于以后无休止地征调作战，右部醢落和先前就已经叛乱的屠各部 (今山西省北部) 联合，共计十余万人起兵反叛，杀死单于羌渠。

单于羌渠在位十年 (179—188)，被杀后，主导南匈奴的贵族同样不支持其子於扶罗，而是拥立须卜骨都侯为单于。正在内地支持东汉朝廷平叛黄巾军的右贤王於扶罗，自立为持至尸逐侯单于，并得到东汉朝廷认可。如此一来，南匈奴一分为二，两个单于，两个政治中心。

须卜骨都侯单于在位两年 (188—189) 去世，贵族们索性不立单于了，而是以老王行国事，至于老王去世该如何，没有任何记载。在外的於扶罗单于不被南匈奴认可，也不准其回国。为了能回国秉政，於扶罗决定赴京师寻求支持，却赶上灵帝逝世。

公元189年，灵帝去世后，为了一举结束宦官专权，大将军何进冒险征召镇压黄巾民变和凉州平羌有战功的并州牧董卓率军进京，结果董卓专权暴政，引发中原混战。

於扶罗见天下大乱，也想浑水摸鱼，参加到反叛行列，带领数千骑与黄巾军余部白波军合兵侵犯河内 (黄河以北) 诸郡，但一无所获，想要返回南匈奴，贵族们依然不予接受，只好驻扎河东平阳

（今山西省临汾市）。

公元190年，关东成立讨伐董卓联盟，既然回不了国，於扶罗也加入其中。他追随袁绍，讨伐董卓；背叛袁绍，归附董卓；投奔袁术，对抗曹操；袁术战败，归顺曹操。于公元195年去世，在位七年。

从189年到195年，於扶罗主要在今河南省北部活动，其弟呼厨泉被立为单于，同样想回单于庭左国城，遭拒绝，只好返回河东平阳。

公元196年，呼厨泉单于派右贤王去卑率军参与护送汉献帝，从长安到洛阳，再迁许昌，完成任务后返回河东平阳，得到曹操的赞许。右贤王去卑一直活跃在河东地区，是匈奴铁弗部的首领。六年后（202），呼厨泉单于在平阳公开起兵反叛曹操，但终归难以成事，再次归顺曹操。

於扶罗去世当年，蔡邕之女蔡文姬被南匈奴左贤王刘豹（於夫罗之子）掳走，在匈奴生活十二年，与刘豹育有二子。公元207年，曹操派人去南匈奴迎回蔡文姬，这就是有名的"文姬归汉"。

蔡文姬在其《悲愤诗》中写道："平土人脆弱，来兵皆胡羌。猎野围城邑，所向悉破亡。斩截无孑遗，尸骸相撑拒。马边悬男头，马后载妇女。"描写了当时战乱残酷的景象。

公元216年，为了防止匈奴继续坐大，"恐其户口滋蔓，浸难禁制，宜豫为之防"，曹操软禁前来朝拜的呼厨泉单于，命右贤王去卑回平阳监国，导致单于名实分离。

同时，曹操将南匈奴分为左、右、南、北、中五部，册封匈奴贵族为各部部帅，又委派汉人为各部司马给予监督。左部居太原故兹氏县（今山西省汾阳市东南），右部居祁县（今山西省祁县东南），南部居蒲子县（今山西省隰县），北部居新兴县（今山西省忻州市），中部居大陵县（今山西省文水县东北）。

匈奴部落组织虽然名义上还被保留，但已经没有政治权力，单于只是徒有虚名的称号，南匈奴国家政权灭亡。之后的一百年，这个分化制度基本被延续。

公元216年，东汉已名存实亡，只不过缺少了四年后的禅让仪式。这一年，匈奴帝国彻底灭亡，只有其族群还在延续。匈奴帝国与汉帝国作为游牧帝国与农耕帝国，几乎是共兴共亡。某种意义讲，他们是彼此成就，游牧文明离不开农耕文明的物质及文化补给，农耕文明也离不开游牧文明的冲击而避免文明僵化。当游牧族群离开他们的文明赖以存在的土地，进入了农耕文明的土地，就意味着它的死亡。

第八章

志在统万城

东汉末年，中原大乱，南匈奴部众参与其中，转战于今山西、河北、河南等地，最后投降曹操。部众主要散居于并州五郡（太原、上党、西河、雁门、新兴）及司隶的河东和凉州的安定等郡。

是时，中原王朝势力已退出朔方及雁门以北地区。原来的五原、定襄、云中、朔方等四郡不再受中原王朝控制，于是曹操析并州太原郡，增设新兴郡，下辖五县（九原、定襄、云中、广牧和晋昌），相当于今山西省忻州市、五台县、盂县、定襄县及原平市东部与代县东南部地区，将原来四郡民众迁徙于此。

曹操为了防止南匈奴坐大，将其分为五部，选择贵族为每部部帅，委派汉人为司马进行监督。五部分布与人口是：左部有一万余落，居太原故兹氏县（今山西省汾阳市东南）；右部有六千余落，居祁县（今山西省祁县东南）；南部有三千余落，居蒲子县（今山西省隰县）；北部有四千余落，居新兴县（今山西省忻州市）；中部有六千余落，居大陵县（今山西省文水县东北）。五部被集中在今山西中部的汾河流域，有三万余落，每落以五口计，共约十五万人。

西晋（265—317）初年，塞外的匈奴及原属匈奴统治的其他部族又大批向内地迁徙，投归晋朝。大批部族向南部迁移的重要因素是气候，东汉末年到魏晋南北朝时期是中国古代史上第一个寒冷期。由于气候寒冷，导致草场、牧地向南延伸到黄河以南，游牧族群逐水草而居，南部更适合他们生存。

另外则是瘟疫大流行，以及战争和灾荒导致的人口锐减。瘟疫爆发前的汉桓帝永寿三年（157），全国人口为5650万，到了晋武帝太康元年（280），全国人口仅存1600余万，锐减达四分之三。在瘟疫最剧烈的中原地区，到三国末年，人口仅及汉代的十分之一。人口大量锐减，土地荒芜，新兴的中原王朝急需大量劳动力和兵员，故而大肆招徕北部游牧部族。

先后有七批匈奴部众约二十余万人迁入内地，与汉人杂处。"由是平阳、西河、太原、新兴、上党、乐平诸郡靡不有焉。"（《晋书·北狄匈奴传》）西晋沿曹魏旧制，设置匈奴五部，居地大致相同，仅改五部"帅"为"都尉"。

保守估计，有超过三十五万的匈奴人迁入内地，实际的数量可能比这还要多。除了匈奴之外，还有其他游牧部落，如鲜卑、羯、氐、羌等，被统称为"北狄"。此时，匈奴及杂胡遍于西北诸郡，今甘肃、陕西北部和关中、山西、河北都有匈奴部众。其中势力最强、人口最多、最集中的当属南匈奴五部。正如晋元康九年（299），太子洗马江统在《徙戎论》所讲："今五部之众，户至数万，人口之盛，过于西戎。然其天性骁勇，弓马便利，倍于氐、羌。"

西晋初年，入居塞内的北狄共计十九种，但多数已经不可考。与匈奴有关的主要有屠各、铁弗、卢水。

西汉时，原居于河西的匈奴休屠王所领部众，后散居西北诸郡。东汉时，称"休屠各""休屠""休著屠各"等。到魏晋时，对入居内地与汉人杂处的所有匈奴人均泛称为"屠各"。《晋书·北狄匈奴传》载："屠各最豪贵，故得为单于，统领诸种。"屠各的刘渊建立汉国。

由于南匈奴的一支居于新兴郡之北，与鲜卑邻近，两者通婚，作为匈奴（父）鲜卑（母）的后代被称为"铁弗"。铁弗部的赫连勃勃建立夏国。

卢水胡是以月氏为主体，融合了羌族、匈奴等族的杂胡。其主要代表是世居临松卢水（今甘肃省张掖市东南面的黑水）的沮渠氏，为匈奴后裔。卢水胡的沮渠蒙逊取代段氏北凉。

第一节　刘氏汉赵

刘渊复汉

南匈奴五部对汉朝保留了善意的记忆，对魏以及晋（265—420）则处于敌对状态。理由是单于已经成了虚空的名号，匈奴的贵族也没有寸土之封，而且很多人沦为奴隶，昔日匈奴帝国的辉煌只能存在于记忆与流传中，这就促使一些人开始动用武力，谋求独立与自由。

公元271年，匈奴右贤王刘猛自称单于，率部进攻并州，结果被左部帅李恪刺杀。二十余年后（294），匈奴人郝散在上党起兵反抗晋朝，坚持不到三个月，郝散在前往洛阳投降的途中被杀。其弟郝度元为兄复仇，举兵反抗，秦雍（今陕西省西安市一带）等地氐、羌民众纷起响应，推举氐帅齐万年为帝，引发了关陇（今关中和甘肃东部一带地区）及河西地区巨大的社会动荡，直到三年后（299）被镇压。

匈奴人大规模争取独立虽然失败，但是独立热情却未熄灭。经过百年的沉淀，匈奴人终于迎来了他们认可的天之骄子，就是刘渊。刘渊是南匈奴左贤王刘豹之子，而刘豹据说是於扶罗之子。实际上，单于世系到於扶罗后就不清楚了。

刘豹标榜为於扶罗之子，是为强调自己在匈奴的正统地位。采用汉朝皇室姓氏，则是为了获得在汉人中的影响力。刘豹在五部匈奴中担任左部帅，其子刘渊作为侍子长居洛阳。

刘渊，字元海，新兴（今山西省忻州市）匈奴人，生于曹魏嘉平年间（249—254）。长期的汉化生活环境让他自幼就喜爱中国古典文化，很难说他对匈奴传统文化了解多少。在洛阳生活期间，刘渊与中原士人有深入的交流，使他对中原文化或是农耕文化有了更加深刻的体悟。他认为道是由人来弘扬的，而这样的人必须文武兼备。

刘渊在汉人群体有很高的知名度，也因此得到晋武帝司马炎的召见。对刘渊的仪容，司马炎给予了高出汉朝金日磾的评价，就文武才干而言，刘渊更是高出金日磾。司马炎一度想让刘渊统兵，平定东吴，但有人提醒："若假之威权，平吴之后，恐其不复北渡也。非我族类，其心必异。"（《晋书·刘元海载记》）

这种担心符合当时的真实情况，从西晋初年开始，西北地区就不平静。公元270年，鲜卑人秃发树机能起兵凉州，也有人建议派刘渊率领五部匈奴去平叛，但评估的结果是，一旦刘渊获得凉州，后果比目前更加严重，"蛟龙得云雨，非复池中物也"（《晋书·刘元海载记》）。

怀才不遇，不能展示雄才大略，令他很郁闷。一次酒席中，他"慷慨嘘唏，纵酒长啸，声调亮然，坐者为之流涕"。此事惊动了齐王司马攸，他提醒晋武帝："陛下不除刘元海，臣恐并州不得久宁。"可谓一语成谶。"魏晋八君子"之一的王浑进言为刘渊担保，并提醒晋武帝如果诛杀刘渊，势必使本已复杂的族群矛盾更加严重，晋武帝也就没有采取行动。

公元279年，左部帅刘豹去世，刘渊继任左部帅（都尉）一职。十年后（289），晋武帝又任命刘渊兼任北部都尉。刘渊回到五部后，大有蛟龙入海之势，极力发展自己的势力。事实上，无论晋朝怎么封官，都是徒有虚名，而他要做的是名实归一。他"明刑法，禁奸邪，轻财好施，推诚接物，五部俊杰无不至者。幽冀名儒，后门秀士，不远千里，亦皆游焉"（《晋书·刘元海载记》）。这足见刘渊的政治韬略与影响力。

刘渊兼任北部都尉次年（290），司马衷继位，即晋惠帝。外戚杨峻辅政，为了树立私恩，杨峻任命刘渊为建威将军、五部大都督，封汉光乡侯。刘渊在五部的政治地位空前提高，五部统一的可能性大大提高。

291年，动摇晋王朝根基的"八王之乱"开始，各个藩王不顾及司马氏家族的天下，相互攻击讨伐。为了扩充实力，竞相招用"五胡"兵参战，匈奴诸部也卷入其中，八王之一的成都王司马颖掌权时，也想借助匈奴部众为援。

刘渊因为部人叛逃出塞而被免官，镇守邺城（今河北省临漳县）的成都王司马颖，建议朝廷封刘渊为"行宁朔将军、监五部军事"。这样，大约在公元300年，刘渊获得了五部匈奴军事统帅权。晋朝一反以往成例，为刘渊的坐大提供了政治合法性。

当时刘渊尚在司马颖帐下，刘渊的从祖父刘宣（原北部都尉、左贤王）召开五部贵族会议，以"今司马氏骨肉相残，四海鼎沸，兴邦复业，此其时矣。左贤王元海姿器绝人，干宇超世。天若不恢崇

单于，终不虚生此人也"（《晋书·刘元海载记》）为由，秘密推刘渊
为匈奴五部大单于，匈奴政权得以重建。五部匈奴派呼延攸（呼延
氏之弟）密告刘渊，刘渊想返回并州，司马颖不准。

随着司马颖一时得势，他一直给刘渊加官晋爵，一方面器重
刘渊，一方面希望刘渊死心塌地跟着他。时局变化很快，尤其是并
州刺史司马腾（东海王司马越之弟）、安北将军王浚等企图利用乌
桓、鲜卑的力量进攻司马颖。刘渊抓住机会，劝说司马颖借助匈奴
力量对抗。司马颖最终同意，任命刘渊为北部单于、参丞相军事。

公元304年八月，刘渊如愿返回并州离石的单于庭左国城（今
山西省方山县境内），上大单于称号，二十日间聚众五万人。

司马颖大败，刘渊按照之前的承诺，要发兵支援。刘宣等人劝
阻说，晋朝昏庸无道，对待匈奴人与对待奴隶一样，所以右贤王刘
猛才举兵反抗，只是时机不好，败而被杀，这是单于的耻辱。如今，
司马氏父子兄弟互相残杀，"此天厌晋德，授之于我。单于积德在
躬，为晋人所服，方当兴我邦族，复呼韩邪之业，鲜卑、乌丸可以为
援，奈何距之而拯仇敌！"（《晋书·刘元海载记》）

在刘宣等人看来，复兴匈奴族群与国家是上天之意，即便是
汉人也不会普遍反对。在他们的族群记忆里，呼韩邪是英雄，在他
的带领下，汉匈建立了新型的邦族关系，加强了游牧文明与农耕文
明的交流，减少了游牧族群与农耕族群的冲突，保障了匈奴族群的
延续与复兴。

刘渊赞同刘宣等人的分析，同意不出兵支援司马颖，但对效仿
呼韩邪他并不赞同。他慷慨陈词道：

夫帝王岂有常哉，大禹出于西戎，文王生于东夷，顾惟德所授耳。今见众十余万，皆一当晋十，鼓行而摧乱晋，犹拉枯耳。上可成汉高之业，下不失为魏氏。虽然，晋人未必同我。汉有天下世长，恩德结于人心，是以昭烈崎岖于一州之地，而能抗衡于天下。吾又汉氏之甥，约为兄弟，兄亡弟绍，不亦可乎？且可称汉，追尊后主，以怀人望。《晋书·刘元海载记》）

某种程度上，这可以看作是刘渊的独立宣言。刘渊表达了三点政治主张：一是谁来做帝王与出身无关，主要看德行高下，其实倡导的是族群同源与平等；二是不会效仿呼韩邪，而是要在中原建立帝业；三是基于历史现实考量，以西汉时匈奴与汉朝皇室通婚、结为兄弟，自己为外甥、兄终弟及为由，继承汉朝法统，以笼络天下人心。

同年（304）十月，刘渊于左国城即汉王位，年号元熙，册立妻子呼延氏为王后，长子刘和为太子，置百官，定国号为"汉"，宣告独立，史称"汉赵"或"前赵"，这是中国第一个汉化匈奴人建立的王朝。刘渊追尊蜀汉刘禅为孝怀帝，以蜀汉后主刘禅传人自居，并祭刘邦以下各位帝王的神主。刘渊行事尽量效仿刘邦，先称汉王，后称帝。

建国后，刘渊迅速扩大势力，当时的一些实力派人物也归入其麾下，如羯族的石勒、汉人的王弥。公元308年十月，刘渊于蒲子县（今山西省隰县）即皇帝位，改年号为永凤，册立归降的氐族酋长单徵之女为皇后，设置大司马、大司徒、大司空，以及相、御史大夫、太尉等官职，效仿中原王朝建立官制，并迁都到平阳（今山西省临汾市）。至此，刘渊基本构建了以匈奴为核心、其他族群为辅的胡汉联合且分治的政权。

汉的建立，加速了西晋走向灭亡。五胡十六国的开端被史家认为"元海为之祸首"。乱世英雄辈出，即便汉国之内也有几股势力，包括刘渊之子刘聪、羯人石勒、汉人王弥，他们只要稍有机会就可能独霸一方。

刘聪治国

刘渊灭晋兴汉的事业还没完成，就于称帝的第三年（310）去世。刘渊去世前嘱托后事，任命刘聪为大司马、大单于，统领尚书事务，沿袭匈奴旧制，在平阳西部建造单于台。单于台是大单于的行政机构，专门管理归附汉赵的六夷（羯、鲜卑、氐、羌、巴蛮、乌桓）。归附的胡人部族将以联盟的形式存在于汉赵，具有相对的独立性。

刘渊去世，太子刘和继位。刘和本人疑心较重，之前没有得到重用的呼延攸怨恨未能参与刘渊临终顾命，开始怂恿刘和，理由是刘和被掌握军权的四王架空，皇帝只是个摆设。刘和最信任舅舅呼延攸，决定铲除顾命四王（齐王刘裕、鲁王刘隆、北海王刘乂、楚王刘聪）。不承想，刘聪早有防备，发动政变，杀死刘和，斩首呼延攸。可叹刘和只当了七天皇帝。

刘和死后，群臣请刘聪即位，刘聪以北海王刘乂是单皇后嫡长子，当继皇位。刘乂坚持拒绝。刘聪同意即位，并承诺刘乂长大后将归还皇位。他们参照的模式是春秋时期鲁隐公的事例，鲁惠公死时太子允还年幼，于是隐公代掌国君之位，只不过鲁国是太子冤杀了隐公，汉则正好相反。

刘聪登基后，改元光兴，尊单氏（刘乂生母）为皇太后，其母张氏为帝太后。以刘乂为皇太弟，兼大单于、大司徒。册立妻子呼延氏为皇后，此呼延氏为刘渊妻子呼延氏的堂妹。封其子刘粲为抚军大将军，都督中外诸军事。

虽然如此，刘聪还是心里不安，因为按照中原王朝的嫡长子继承制，"立嫡以长不以贤，立子以贵不以长"，刘聪的兄长刘恭当皇帝才合规制，想来想去，他把兄长杀了。

刘聪基本稳定国内政局后，抓紧了灭晋兴汉的进程。西晋永嘉五年（311）刘聪遣石勒、王弥、刘曜等率军攻晋。当时关东发生蝗灾，洛阳缺粮，司马越抛弃晋怀帝，率朝中重臣及诸将东行。怀帝于是动员诸将讨伐，司马越病逝，在归葬封国途中于苦县宁平城（今河南省郸城县东北）遭到石勒追杀，晋军核心力量被歼灭。

宁平城之战后，刘聪遣呼延晏、刘曜、王弥、石勒等进攻洛阳，俘获晋怀帝。刘曜杀晋太子司马诠等人，士人民众死三万余人，又下令掘陵墓，焚烧宫庙、官府，史称"永嘉之乱"。

两年后（313），晋怀帝被杀，司马邺于长安即帝位，是为晋愍帝。公元316年，刘曜再度攻入关中，进围长安。长安城中粮食匮乏，出现了人相食的惨状，死者过半。晋愍帝司马邺无奈出降，西晋彻底灭亡，国祚仅历五十余年。

公元317年，晋愍帝被杀于汉赵都城平阳，在他被杀之前，琅琊王司马睿在江南建立政权，史称东晋。既然西晋已经灭亡，东晋偏安南方，北方的五胡开启了建国狂潮。

刘聪在灭晋的过程中，也在着手解决国内一些问题，包括完善胡汉分治政策，后宫制度的大胆创新，以及皇储的废立。前者具有重大历史意义，后两者则加速了汉政权的崩溃。

公元314年，刘聪完善了胡汉分治政策，在汉人中设置左右司隶，令其分别统领二十余万户；在大单于下设置左右辅，各主六夷十万落。大单于地位已经相当于太子。汉赵创立的胡汉分治政策兼顾游牧文明与农耕文明、胡人与汉人利益，在中国历史上是首创。

皇后呼延氏去世后的第三年 (315)，刘聪对后宫进行了改革，扩充了编制，立汉人名门刘殷的两个女儿以及四个孙女为贵嫔、贵人，首创了上皇后、左皇后和右皇后的"三后并立"制度。后来，又增加了中皇后，成为"四后并立"。这其中就包括中护军屠各人靳准的两个女儿靳月光、靳月华，前者被立为上皇后，后者被立为右皇后。除了上述四个皇后外，佩戴皇后印绶的还有七人。刘聪整日纵情于声色之中，造成外戚、宦官不断干政，政治乱象丛生。

政治乱象的加持，让皇位继承的争夺更加激烈，并以一种极端的方式收尾。到底谁才是未来的皇位继承人，在众多大臣看来已经不是问题，种种迹象表明，刘聪在扶持自己的儿子刘粲取代弟弟刘乂。刘聪政变称帝后，见单氏 (单太后) 年轻貌美，与其通奸。如果按照以往匈奴的风俗，光明正大收单氏为妻也无不可，可此时的匈奴，尤其屠各人已经相当汉化，行为上要遵守中原的伦理道德，所以只能偷偷摸摸。作为单氏的儿子，刘乂极力反对，劝说母亲不要行此事，单氏羞愧气愤而死。

本来刘聪宠幸单氏，刘乂的皇储之位至少还可以延长。当刘聪得知自己喜爱的女人死因后，对刘乂的恩宠大幅减弱。单太后去世，呼延皇后为使儿子刘粲成为皇储，积极劝说刘聪，刘聪给予正向回应, 说会慢慢处理。刘乂的舅父单冲看出事态的紧迫, 流泪劝告刘乂主动放弃皇储之位, 刘乂却天真地认为兄终弟及没错, 父子关系与兄弟关系没差异。

公元314年十一月, 刘聪任命其子刘粲为相国、大单于, 总领百官。本来刘聪首次设置相国, 只有大功大德的人死后才会追封, 可现在废丞相, 把职权并到相国, 且日常政务交由刘粲, 明摆着向天下人宣告将把帝位传给儿子而不是皇太弟刘乂。此时刘乂或主动放弃皇储之位, 或剑走偏锋发动政变, 但是他两者都不愿做。

刘聪沉浸在后宫游玩宴乐, 有时三日不醒, 有时百日不出, 政事委托给儿子刘粲, 只有关乎生杀委任之大事才由他宠信的宦官中常侍王沈、宣怀, 中宫仆射郭猗等人汇报, 可王沈等人见皇帝如此, 多是不做汇报, 自行决断。而外戚靳准同时受到刘聪父子宠信, 并且他与王沈、宣怀、郭猗等人的关系也非常好。

靳准、郭猗都与皇太弟刘乂有仇隙, 尤其是靳准对刘乂更恨之入骨。当初, 靳准的堂妹是刘乂的妾 (孺子), 却与仆人通奸, 被刘乂处死。刘乂既然杀了靳准的堂妹, 此事也就结束了, 毕竟靳准也觉得理亏, 可刘乂却经常拿此事奚落靳准, 让靳准惭愧愤怒至极, 埋下仇恨的种子。

仇恨的发酵就是外戚与宦官联合设计诬陷刘乂叛变。公元317年, 刘聪令刘粲率军包围刘乂府邸东宫。刘乂有一半的氐族血统, 曾为"大单于", 统领归附的氐、羌两族部属。刘粲下令靳准、王沈拘捕听命于刘乂的氐、羌酋长十余人, 严刑逼供, 酋长们最终屈打成招, 自污与刘乂合谋造反。

事情被定性为刘乂图谋造反, 遂清洗东宫势力, 杀大臣数十人，坑杀士卒一万五千余人。废黜刘乂皇储身份，改封北部王。没多久，刘粲命靳准刺杀刘乂了事。刘聪听闻刘乂死讯，悲恸痛哭地说："我们兄弟仅剩两人，却不能相容，如何让天下人明白我真实的内心！"这位上位名不正言不顺的皇帝，既想自己的儿子继承大统，又不想背负道义的负担。刘乂被杀导致氐、羌大规模反叛，刘聪命靳准征讨平定。

同年（317）七月，刘聪立刘粲为皇太子，继续担任相国、大单于，总摄朝政。次年（318），刘聪所居的螽斯则百堂不知何因引发火灾，烧死刘聪之子会稽王刘康等二十一人。刘聪得知后扑到床上，悲伤过度，一时气绝。此时汉政权弥漫着死亡的气息，蝗灾、水灾、瘟疫都在进行，就连靳准的两个儿子也在征讨氐、羌叛乱时被雷劈死。

刘聪见到女子，不论出身门第与品德，只要姿色绝艳，他都可以立为皇后。公元318年，他把宦官王沈、宣怀的养女分立为左皇后、中皇后。没过多久，刘聪病重，征召刘曜、石勒辅佐国政。朝堂政治混乱，手握重兵的刘曜、石勒看在眼里，怎么可能回到京都辅政，两人都推辞。刘聪对此二人根本没有办法，于是任刘曜为丞相，兼雍州牧；任石勒为大将军，兼领幽州、冀州牧，石勒推辞不接受；任国丈靳准为大司空，领司隶校尉。

公元318年七月下旬，刘聪去世，刘粲顺利即位，尊刘聪的皇后靳氏为皇太后，樊氏称弘道皇后，武氏称弘德皇后，王氏称弘孝皇后；立妻子靳氏为皇后，儿子刘元公为太子。大赦天下，改年号为汉昌。

靳准灭刘

刘聪的皇后靳氏是靳月华，另一位靳月光因为与禁卫私通，被揭发而羞愧自杀。刘粲的妻子靳氏名字不详，也是靳准的女儿。靳准家族为汉赵皇族贡献了四位美女，靳准也成了名副其实的两朝国丈。

靳太后等人年龄都不到二十岁，皆国色天香，刘粲较之其父更不逊色，早晚在宫里与她们厮混。这些非礼之举，靳准看在眼里，恨在心里。刘粲沉湎酒色，在后宫游玩宴乐，军国政务都交给靳准决断。靳准借此机会，任命堂弟靳明为车骑将军，靳康为卫将军。

靳准见时机已到，八月，率军登上光极殿，命甲士抓住刘粲，公布他的罪名并诛杀。史料没有记载刘粲的罪名，但应该与他乱伦、多行非礼之事相关。不仅如此，靳准还把平阳的刘氏，不分男女老幼皆斩杀于东市。又掘刘渊、刘聪的陵墓，斩断刘聪尸身，焚毁刘氏宗庙。

靳准自称大将军、汉天王，设置百官，遣使向南方的东晋称臣。靳准对安定人胡嵩道："自古以来没有胡人当天子的，现在把传国玉玺交给你，还给晋家。"胡嵩一时蒙了，不知靳准是真是假，不敢接受。靳准盛怒之下杀了胡嵩。

靳准又遣使通知司州刺史李矩："刘渊是屠各小丑，乘晋内乱，矫称天命为天子，使得两位皇帝被俘身死。我立即命人把二帝梓宫送往南方，请报知皇帝。"李矩急速上表晋元帝司马睿，晋朝内部大吃一惊，本着试一试的心态，派人接应，果然迎回二帝梓宫。

靳准的极端举动或者说报复，可见他对屠各刘氏恨之入骨，其真实原因到底是什么？仅凭现有的史料，也许永久都是谜。但就他本人不认可胡人可以做天子而言，只能推测他汉化得太彻底，比汉人还汉人。

镇守长安的刘曜得知都城政变，亲率大军赶往平阳。318年十月，行至赤壁（今山西省河津市西北），遇到了从平阳出逃的大臣，大臣们劝刘曜称帝。刘曜于是即帝位，改元光初。刘曜册封石勒为大司马、大将军，加九锡，晋爵为赵公。当时石勒驻守河北，刘曜同石勒成掎角之势，进攻平阳。

靳准见对方势大，便派人到石勒处讲和，拥立石勒为国君。石勒把使者囚禁，送到刘曜处，刘曜对使者讲："先帝末年，实乱大伦，群阉挠政，诛灭忠良，诚是义士匡讨之秋。司空执心忠烈，行伊霍之权，拯济涂炭，使朕及此，勋高古人，德格天地。朕方宁济大艰，终不以非命及君子贤人。司空若执忠诚，早迎大驾者，政由靳氏，祭则寡人，以朕此意布之司空，宣之朝士"（《晋书·刘曜载记》）。

刘曜的一番公开表态，说得合情合理，具有很大诱惑性。靳准当然明白，刘曜的母亲和兄长都被自己所杀，如果投降，只怕是凶多吉少。靳准虽然明白这个道理，但是他的堂弟靳明与靳康却不懂，被刘曜的话迷惑了，他们催靳准投降，靳准却一直犹豫。

公元319年，靳康联合其他人杀死了靳准，共推靳明为盟主，靳明将传国玉玺送给刘曜，准备投降刘曜。石勒得知后大怒，派军急攻平阳。石勒也是有趣，之前靳准想投降他，他的一番操作才导致靳准被杀，靳明倒向刘曜。靳明向刘曜求救，刘曜派军接应靳明。平阳男女一万五千人随靳明归降刘曜，刘曜则斩靳明全族男女。

　　攻入平阳的石勒焚毁了宫室。二月，石勒派王脩向刘曜告捷，刘曜给石勒进爵赵王，如曹操辅汉故事。刘曜意图安抚石勒，以便集中精力平定关陇地区，但因为王脩的舍人从中挑拨，刘曜杀死王脩，导致刘曜与石勒彻底对立。

刘曜建赵

　　平阳已经被毁，又被石勒实际控制，刘曜必须迁都。六月，刘曜在长安建立宗庙、社稷和南郊、北郊，正式迁都长安。刘渊建立的汉国已经灭亡，刘曜不愿再继承两汉统祚，下诏道："我的祖先从北方兴起，光文帝（刘渊）建立汉国宗庙是为了顺从民望。现在应当改国号，以单于为祖先。"

　　刘曜强调了族群历史，改变政权属性，激发匈奴人的族群记忆。国号"汉"再不能继承使用，他以刘渊最早被封为卢奴伯、刘曜被封中山王为依据（卢奴、中山本属赵国），将国号改为"赵"，这就是"汉赵"的由来。

　　同时，以水德承接晋的金德，崇尚黑色，"冒顿配天，元海配上帝"，刘曜此举是效仿周人敬天法祖。"周公既相成王，郊祀后稷以配天，宗祀文王于明堂以配上帝"（《史记·封禅书》）。以冒顿比后稷，表明赵国始祖为匈奴，改变此前匈奴汉国的两汉法统。以元海（刘渊）配上帝，就是以元海为父。不过刘曜也强调匈奴是夏后氏的后裔，"我皇家之先，出自夏后"（《十六国春秋辑补》）。

　　对严重汉化的匈奴而言，虽然他们恢复了族群认同，但是汉人的价值观念已经潜移默化在他们的心理与行动中。刘曜是刘渊的族子,被刘渊抚养成人,史载他"读书志于广览,不精思章句,善属文,工草隶。雄武过人,铁厚一寸,射而洞之,于时号为神射。尤好兵书,略皆暗诵"。他胸怀大志,常自比于乐毅、萧何、曹操。

其实不仅刘曜,刘聪的汉文化造诣也颇高,史载他"年十四,究通经史,兼综百家之言,孙吴兵法靡不诵之。工草隶,善属文,著述怀诗百余篇、赋颂五十余篇。十五习击刺,猿臂善射,弯弓三百斤,膂力骁捷,冠绝一时"。

匈奴刘氏家族汉化如此之深,尊重汉文化也就非常正常。刘曜通过在长安建立太学、小学,设置国子祭酒、崇文祭酒等措施,大力推行儒学。

刘曜依然推行胡汉分治,在尊重汉文化、拉拢重用汉人的同时,以其子刘胤为大司马、大单于,置单于台于渭城(今陕西省咸阳市),自左、右贤王以下皆以胡、羯、鲜卑、氐、羌等酋长担任。

刘曜在长安建立赵国后,同年(319)十一月,石勒于襄国(今河北省邢台市襄都区)即赵王位,正式独立。建社稷,立宗庙,营东、西宫。因石勒所建政权国号亦称赵,故史家称刘曜政权为前赵,石勒政权为后赵。这样,前赵的领土被分为东西两部分,西部的前赵与东部的后赵构成对立状态。

刚刚建国的前赵首先要解决的是周边问题,关中地区本是氐、羌及西部各族群的聚居之地,与兴起于并州(主要为今山西中部地区)的汉国基本为匈奴人相比,前赵的族群成分相当复杂,因此受到极大的挑战。

刘曜称帝后,励精图治,沿用胡汉分治,发展国内经济。同时全力平定关陇地区,仿效刘渊、刘聪徙民于都的办法,将被征服的氏族、羌族大量徙置长安一带，纳入其控制之下。全盛时前赵拥兵二十八万，据有今陕西、山西、河南、甘肃各一部分。

但是历史没有给前赵机会，西部的前凉（318—376）、前仇池（296—371）始终是潜在威胁，尤其是东部后赵的快速崛起，彻底终结了其发展进程。公元328年七月，刘曜在大败后赵进攻后，试图夺回洛阳，却在五个月后，遭到后赵石虎的反击而大败，刘曜在退兵时马陷石渠，坠于冰上，受伤十余处被俘。

石勒让刘曜写信令太子刘熙投降。刘曜在信中要求刘熙和大臣们协力恢复社稷，不要顾及他的安危。石勒遂杀刘曜。刘熙决定从长安向西逃亡，在第二年（329）九月，于上邽（今甘肃省天水市）被石虎所杀，"汉赵"至此彻底灭亡。从刘渊建立第一个汉化匈奴人政权到刘熙被杀，共立五世二十六年。

第二节　赫连大夏

朔方创基

南匈奴分五部，左部刘豹家族的刘渊建立了汉国（汉赵），北部刘猛家族也一样成就了一番事业，其后人刘勃勃建立了大夏。

刘豹是南单于於扶罗之子、呼厨泉之侄、刘渊之父。刘去卑据说是於扶罗的次子，时任右贤王。这样说来，刘去卑是刘豹的兄弟、刘渊的叔父。有种说法，刘去卑生有刘猛、刘诰升爰（刘训兜）两个儿子。

西晋时，刘猛任北部帅，在新兴（今山西省忻州市）领有四千余落，大约两万余人。公元271年，刘猛反叛晋廷，率部出塞，但很快为部下所杀。其部众一分为三，一部分返回塞内；一部分随刘猛之子刘副仑投奔居于盛乐（今内蒙古自治区呼和浩特市和林格尔县）的鲜卑拓跋部，成为独孤部的始祖；一部分在刘猛之弟刘诰升爰的率领下，继续活动于代北（今山西北部及河北西北部一带），成为铁弗部。

刘诰升爰死后，其子刘虎（乌路孤）代为北部帅，自称其部落为"铁弗"。公元310年，叛晋降汉赵的刘虎联合驻牧于并州东北的白部鲜卑，与西晋并州刺史刘琨激战。刘琨向盛乐的鲜卑拓跋部请援。拓跋部乘机南下，与晋军合力攻打刘虎，刘虎被迫退出代北，带领部众西迁，渡黄河，进入朔方。

此时的朔方地理范围较大，应包括两汉朔方郡、五原郡、上郡、北地郡和西河郡，大致为今内蒙古自治区中部、宁夏回族自治区、山西北部地区，整体来说相当于鄂尔多斯高原及其周边地区。

刘虎归顺汉赵，因为宗亲关系，被刘聪任命为安北将军、监鲜卑诸军事、丁零中郎将，封楼烦公，雄踞肆卢川（今山西省忻州市与原平市间之平川）。经过刘虎的长期经营，朔方逐渐成为铁弗部的根据地。

部族兴亡

匈奴铁弗部原来活动的代北地区则被鲜卑拓跋部占领。公元315年，拓跋部首领拓跋猗卢因帮助西晋并州刺史刘琨对抗刘聪、石勒有功，被西晋封为代公，进而封为代王。不过第二年（316）拓跋猗卢被刺杀,拓跋郁律(?—321)继任代王。

公元318年,刘虎率军从朔方渡过黄河,进军拓跋部所在的代地西部,企图光复故地,遭到拓跋郁律率军迎击,刘虎大败,单人匹马突围,逃到塞外。刘虎的从弟刘路孤率领部众投降拓跋部,代王拓跋郁律把女儿嫁给他。刘路孤与拓跋郁律之女育有一子,即刘库仁。

二十年后(338),拓跋什翼犍建立代国,都于盛乐。刘虎并不甘心,在代国建立的第四年(341),再次侵犯代国西部,代国予以迎击,再次大败刘虎。

同年,屡战屡败的刘虎去世,其子刘务桓(刘豹子)继任铁弗部首领。刘务桓放弃其父的对外政策,主动向代国求和,拓跋什翼犍相当配合,把女儿许配给他。刘务桓又向后赵朝贡,后赵则任命刘务桓为平北将军、左贤王。

公元356年,在位十六年的刘务桓因病去世,其弟刘阏陋头继立。但不久,刘阏陋头被侄子刘悉勿祈(刘务桓的儿子)赶下台。刘悉勿祈在位两年(358—359)便去世了,继位的儿子很快被叔叔刘卫辰(刘悉勿祈之弟)所杀。

夺权成功的刘卫辰,先是归降前秦(351—394),得到苻坚的信任。之后,又与代国和亲,迎娶拓跋什翼犍的女儿。表面上看来,刘卫辰要采取和平的外交策略,但事实是,他权谋多变,反复无常,周旋于前秦、代国之间。

自从铁弗部西入朔方,拓跋部南下占据代北。铁弗部与拓跋部分别以朔方和代北为根基,进行了长达百余年的缠斗。在相当长的时间里,占据优势的是拓跋部,即便是刘卫辰时期也是如此。

当立国关中的前秦势力扩张至北境后,刘卫辰最终选择以前秦之力对抗代国,这也符合前秦要统一北部中国的战略意图。公元376年,刘卫辰为向导,前秦出动大军,趁代国内乱之际,一举灭掉代国。

苻坚将拓跋代国分为两部,黄河以东归属独孤部刘库仁,黄河以西归属铁弗部刘卫辰。两部虽然都是匈奴人且为宗亲,但彼此不和,达到了牵制的目的。拓跋什翼犍之孙拓跋珪被苻坚准许留在家乡,希望拓跋珪长大成为首领后会念及苻坚之恩。拓跋珪随母亲贺氏从贺兰部迁至独孤部,得到了原为代国南部大人刘库仁(拓跋什翼犍的外甥)的悉心照顾。

两部一直发展,没有矛盾,并非前秦所愿。苻坚有意重用刘库仁,让位居刘库仁之下的刘卫辰感到羞辱,一怒之下反叛前秦。刘库仁率军攻打刘卫辰,俘获刘卫辰的妻儿。苻坚也不希望刘库仁坐大,于是任命刘卫辰为西单于,督率统领河西各部,驻扎在代来城(今内蒙古自治区鄂尔多斯市东胜区柴登镇城梁村)。

公元383年,前秦于淝水战败,国内分崩离析。刘卫辰久居朔方,兵强马壮,成为后秦(384—417)与西燕(384—394)的拉拢对象。刘卫辰成为一方霸主,势力范围扩张到今内蒙古自治区中西大部、宁夏回族自治区、甘肃东南部等地。

前秦在北方的统治瓦解,后燕(384—407)、后秦(384—417)分据东西。拓跋珪在后燕的支持下,于公元386年在代北复国,后改称魏,即北魏。鲜卑拓跋部复国,把对匈奴铁弗部的复仇提上了日程。

公元391年,魏军西渡黄河,反击铁弗部,攻入代来城,尽诛刘卫辰宗族共五千余人，将尸体全部丢入黄河。幼子刘勃勃（刘屈丐、刘屈子）侥幸逃脱。这场复仇导致自刘虎以来，在朔方活跃八十年之久的铁弗部核心家族基本消亡。

勃勃建国

十一岁的勃勃死里逃生，投奔叱干部，得到叱干阿利的同情并救助，两人投奔前秦将领没奕于，没奕于收留勃勃，并将女儿嫁给他。

公元392年，没奕于归降后秦，受封车骑将军、高平公，随同归降的勃勃得到姚兴的器重。姚兴知道勃勃与北魏为世仇，欲委以重任，协助没奕于驻防北边，但朝廷中有反对的声音，指勃勃此人不讲仁义，重用必有祸患。

由于当时北方局势复杂，北魏与后秦均无力对朔方地区实行长期有效的控制。鉴于此，姚兴决定调拨鲜卑、杂夷等两万余人给刘勃勃，令其以安北将军、五原公的身份镇守朔方。这样勃勃得以重返祖辈经营数代的故地。

此时朔方周边的情况是，北有柔然，东有北魏，南有后秦，西有西秦和南凉。柔然因与后秦通好，对勃勃不构成威胁，且经常侵扰北魏，成为北魏北部地区的主要劲敌。

北魏与后秦从各自利害关系考虑，开始改善关系，此举引起与北魏有不共戴天之仇的勃勃不满，他决定与后秦决裂。他先是劫掠柔然送给后秦的八千匹马，接着集合部众三万人，伪装至高平川（今宁夏回族自治区清水河流域）狩猎，袭杀其岳父高平公没奕于，吞并其部众。

公元407年，勃勃以匈奴乃夏后氏之苗裔，自称大夏天王、大单于，建号"大夏"，改元"龙升"，正式宣布独立建国，仿照中原王朝的制度，设置百官。大夏虽立，不过其统治范围仅限于鄂尔多斯以及高平（今宁夏回族自治区固原市）附近。

建都易姓

此时周边情形是，北有柔然，南有后秦，东有北魏，西有西秦（385—400，409—431）、北凉（397—439）、南凉（397—414）。比较各方实力，大夏只能选择向西和南发展，但要成就一番事业，对雄心勃勃的勃勃而言，只能向南发展，夺取关中地区。

勃勃向南进军，取得胜利。他的将领建议定都高平，"陛下将欲经营宇内，南取长安，宜先固根本，使人心有所凭系，然后大业可成。高平险固，山川沃饶，可以都也。"（《晋书·赫连勃勃载记》）对此，勃勃发了一通高论："卿徒知其一，未知其二。吾大业草创，众旅未多，姚兴亦一时之雄，关中未可图也。且其诸镇用命，我若专固一城，彼必并力于我，众非其敌，亡可立待。吾以云骑风驰，出其不意，救前则击其后，救后则击其前，使彼疲于奔命，我则游食自若，不及十年，岭北、河东尽我有也。待姚兴死后，徐取长安。"（《晋书·赫连勃勃载记》）

勃勃审时度势，并不急于夺取关中，耐心等待姚兴去世。发挥游牧部族机动灵活的长处，不建立都城，以免被一城一池所羁绊。在不断迁徙中维持独立的状态，以游击战术，疲劳消磨后秦的战斗意志，蚕食他们的领土，十年之内占领关中。这是勃勃最终夺取关中的战略方针与宏伟蓝图。

　　不定都高平，与高平的地理位置不适合建都也有关系。高平地处六盘山北麓清水河谷，是中原通向西北的交通要塞，也是西北诸部族迁徙流动的中间站，属于战祸不断之地。

　　勃勃提到的"岭北"是非常重要的战略要地，指陇山以东、关中西北的泾河上游地区。该地区自古便有连接关中与朔方、秦凉之地利，宜农宜牧。此地有高平、安定、阴密等军事重镇。

　　不到十年时间，勃勃先后消灭后秦军近十万人，抢掠人口两万多户，牲畜财产不计其数。蚕食岭北，把势力范围推进到杏城（今陕西省黄陵县西南）、安定（今甘肃省泾川县）一线。由原来游牧区向农耕区延展，不专一城的游击作战策略需要改变了。

　　改变首先是基于实力的增强，其次是要适应农耕区，再次则是勃勃要建立族群大业。在十六国时代，北部中国的政权基本都是胡夷所建，汉人基本退出。他们没必要再打着汉人的旗号，刘渊自称刘汉的传人，后被刘曜改易。此时勃勃直接表示"常与汉魏为敌国"，不但与汉人政权切割，而且表明是敌对关系。他自称是大禹之后，要复兴大禹之业，并不提及冒顿单于。

　　公元413年，勃勃以叱干阿利为将作大匠，征发治内十万人，筑都城于鄂尔多斯沙漠南缘一线，并命名"统万"，寓意"统一天下，君临万邦"。统万城遗址在今陕西省靖边县北红墩界乡的白城子，地处河套与关中的中间地带，属于农牧交错地区，是草原文明与农耕文明的交融汇集地。

　　勃勃没有选择铁弗故地诸城为都，主要是为避开北魏，同时也是为了兼顾农耕区。为了把都城建得坚固，叱干阿利采取"蒸土筑城"的方式，并用锥刺城墙，如果"锥入一寸，即杀作者而并筑之"（《晋书·赫连勃勃载记》）。历经六年都城方竣工。

在营建都城的同时，勃勃开始改姓氏。他认为"其祖从母姓为刘，非礼也"，而且姓氏也并非固定不变。故而，他以"帝王者，系天为子，是为徽赫实与天连"为由，改姓赫连氏。赫连享有上天之尊，唯有嫡系子孙才配有，对于非嫡系的铁弗匈奴则以铁伐为氏，希望宗族子孙"刚锐如铁，皆堪伐人"。

至于"铁弗"改为"铁伐"，可能为了去贱称。"铁弗"本意为父系匈奴与母系鲜卑混血而生，在鲜卑拓跋部看来，意思更接近于"杂种"。两个姓氏的划分符合游牧文化的传统，只有赫连氏家族才能拥有皇位（单于）继承权，是黄金家族，而铁伐氏家族主要承担作战等任务。

长安称帝

赫连勃勃定都统万城后，以此为起点，强化对后秦的攻势。为了减轻大夏后方威胁，公元415年，勃勃遣使至河西北凉，与沮渠蒙逊结盟。

公元416年，后秦姚兴去世，其国内部矛盾激化，叛乱迭起。勃勃本想借着后秦内乱占领关中，但见东晋出兵，随即撤出安定，坐收渔翁之利。次年（417），东晋刘裕占领长安，灭了后秦。

刘裕计划稍作休整，意欲经略关中，不料留守东晋的重臣刘穆之病逝。为了避免东晋政局出现动荡，刘裕只得留下十二岁的儿子刘义真以及文武大臣共守长安，自己则统军南归。

果然如赫连勃勃所料，刘裕不会久居关中。在刘裕离开长安不久，勃勃以长子赫连璝、第三子赫连昌为先锋，迅速占领关中平原,并于翌年 (418) 十月包围长安,并迅速占领长安。

公元418年十二月,赫连勃勃筑坛于灞上,即皇帝位,改元昌武。至此,勃勃多年的夙愿终于实现,大夏走到了极盛时期,其疆域大致包括今陕西渭水以北、内蒙古自治区河套地区 (鄂尔多斯高原)、山西西南部及甘肃东南部。

占领长安是勃勃的战略规划,现在占领了长安,群臣都建议迁都长安。对此,赫连勃勃又发了一通高论:"朕岂不知长安累帝旧都,有山河四塞之固! 但荆吴僻远,势不能为人之患。东魏与我同壤境,去北京裁数百余里,若都长安,北京恐有不守之忧。朕在统万,彼终不敢济河,诸卿适未见此耳! "(《晋书·赫连勃勃载记》)

勃勃考虑周到,定都长安必然成为被打击的靶子,最主要的是后方的北魏才是最大的担忧。除此之外,就个人生活习惯而言,勃勃更喜欢草原游牧的马上生活。公元419年二月,勃勃在长安设置了南台,令赫连璝驻屯于此,他则返回统万城。

在返回统万城期间,勃勃认识到继续南下已经很难,一方面担忧接壤的北魏,另一方面也要面对崛起的东晋,向西发展才能拓展生存空间。于是,联合沮渠氏北凉,不断侵扰西秦。西秦不堪其扰,多次向北魏遣使,请求出兵攻打大夏。

419年十一月,勃勃回到了统万城,因为宫殿基本竣工,于是实行大赦,改年号为真兴。在都城南部刻石颂功,即《统万铭》。追尊高祖父刘训兜为元皇帝,曾祖父刘虎为景皇帝,祖父刘务桓为宣皇帝,父亲刘卫辰为桓皇帝、庙号太祖,母亲苻氏为桓文皇后。

勃勃虽然离开了长安,但依然心系长安。翌年 (420),于统万城南山起冲天台，为了使其能"登之以望长安"（《十六国春秋辑补·夏录二·赫连勃勃》）。勃勃虽然夺取了长安，却不能定都于此，心中总是不舒服。建都长安，其政治寓意就是要建立天下国家，这是他的雄心与梦想。

仁义不施

勃勃有雄心，却少仁义，这严重阻碍了他的发展空间。他在长安时，征召隐士京兆人韦祖思。韦祖思了解勃勃为人，连救命恩人岳父都可以杀，与姚兴相比，简直就是恶魔。韦祖思见到勃勃，过于谦卑恐惧，惹恼了勃勃。他大怒道："吾以国士征汝，奈何以非类处吾! 汝昔不拜姚兴，何独拜我? 我今未死，汝犹不以我为帝王，吾死之后，汝辈弄笔，当置吾何地! "（《晋书·赫连勃勃载记》）于是，杀掉韦祖思。

勃勃杀韦祖思，单就杀人而言，并不奇怪，史载其"性凶暴好杀，无顺守之规。常居城上，置弓剑于侧，有所嫌忿，便手自杀之，群臣忤视者毁其目，笑者决其唇，谏者谓之诽谤，先截其舌而后斩之"（《晋书·赫连勃勃载记》）。每次征战中，烧杀抢掠，对战俘格杀勿论。不仅如此，他还把尸体堆筑为"京观"，号"髑髅台"，可以说是嗜杀成性。

勃勃杀韦祖思还有更深层含义，一方面展现匈奴人占领关中、俯视天下的优越感；另一方面则是即便他贵为帝王，唯我独尊，但仍需要汉人来对其认可。这种矛盾的心态，使他本能地采取简单粗暴的杀戮方式来掩饰自卑的心理。

勃勃成长于游牧区，对游牧部族，尤其是匈奴有着天然的自豪感。可是他的一切丰功伟绩，都需要中原文化来记载流传。在仅存的遗留文献《统万铭》中，就有"德音著于柔服，威刑彰于伐叛，文教与武功并宣，俎豆与干戈俱运"和"广五郊之义，尊七庙之制，崇左社之规，建右稷之礼"的记载。这些文字向人呈现出治国有道的画面。

事实上，勃勃一直利用中原的政治观念来阐述自己的正统观，以抗衡其他政权。公元424年，勃勃将国都统万城四个城门命名，东曰"招魏"，南曰"朝宋"，西曰"服凉"，北曰"平朔"，这些名称表现出赫连勃勃以统万城为中心统治中国全境的雄心。可实际上，只有北凉臣服而已。

同年（424），勃勃突然欲废太子赫连瑱而改立酒泉公赫连伦。更换太子的消息一出，翌年（425），赫连瑱从长安发兵河西，杀死弟弟赫连伦。五月，太原公赫连昌趁赫连瑱从河西返回长安之际，以平乱为名袭杀赫连瑱。对于诸子相互残杀，赫连勃勃没有阻止。

当赫连昌率领八万五千人凯旋开到统万城，勃勃非常高兴，以赫连昌为太子主理朝政。不久，一代枭雄赫连勃勃去世，终年四十五岁。

终亡仇家

赫连昌继位，改年号为承光。在他即位次年（426），大夏开始遭到北魏攻击。赫连昌轻率出城，与北魏三万大军对决，结果大败，来不及进城，慌忙奔逃上邽（今甘肃省天水市）。公元427年，坚固的统万城陷落。

公元428年，北魏军队杀向上邽，生擒赫连昌，并将其解送北魏大都平城（今山西省大同市）。赫连昌之弟赫连定收集残部数万人,逃奔平凉(今甘肃省平凉市),即皇帝位,改年号为胜光。

赫连定试图恢复昔日大夏的辉煌,曾登苟蓝山(今甘肃省平凉市西南)望统万城,泣曰:"先帝若以朕承大业者,岂有今日之事乎!使天假朕年,当与诸卿建王季之业。"(《十六国春秋辑补·夏录三·赫连定》)在他看来,如果赫连勃勃当初选他为继承人,就不会有今日的局面。他也很无奈地表示,如果上天多给一些时间,他一定会复兴大夏。

赫连定年年征战,并积极采取外交策略,希望能有转机。公元431年一月,他灭了西秦。为了拓展大夏的生存空间,他决定率军灭掉沮渠蒙逊的北凉。六月,在渡黄河途中,被吐谷浑(313—663)突袭,赫连定被生擒。大夏灭亡,立国二十六年。

公元432年,吐谷浑将赫连定献给北魏,北魏斩杀赫连定。两年后,赫连昌背叛北魏,寻机西逃,两天后,赫连昌被北魏边防将领截获并斩杀。北魏皇帝拓跋焘下令将其兄弟全部诛杀。

历经百年,代北兴起的两大政治军事集团,最终匈奴铁弗部输给鲜卑拓跋部。大夏留下的统万城则又兴盛了数百年,直到公元994年,北宋军队攻占了西夏的夏州后,宋太宗下令迁民毁城,统万城才逐步被毁。

大夏的灭亡原因很多,时人北魏崔浩评价赫连勃勃并预言大夏的结局:"屈丐国破家覆,孤子一身,寄食姚氏,受其封殖。不思酬恩报义,而乘时徼利,盗有一方,结怨四邻;撅竖小人,虽能纵暴一时,终当为人所吞食耳"(《资治通鉴·晋纪四十》)。崔浩认为,勃勃人品极差,无情无义,又结怨四邻,不亡才怪。

第三节　沮渠北凉

蒙逊开国

五胡十六国时代，在河西地区有五个割据政权，因为都以"凉"为国号，被称为"五凉"。之所以称为"凉"，是因为东汉至魏晋时期，河西地区属于凉州刺史部。"五凉"存在的历史年代是公元301年至公元439年。为了便于区别，后人以其建国早晚或方位，分别称之前凉（301—376）、后凉（386—403）、北凉（397—439）、南凉（397—414）、西凉（400—421）。"五凉"所在的河西地区主要指今河西走廊及青海河湟地区，但在"五凉"极盛时期，其所辖地域还包括西域。

"五凉"开端的前凉，从西晋的张轨出任凉州刺史（301）算起，到张天锡被迫出降前秦（376），立国七十六年，是十六国中立国最久的国家。其都城姑臧（今甘肃省武威市）是西北地区政治、经济和文化中心。盛时疆域辖今甘肃、内蒙古自治区西部、宁夏回族自治区西部、青海以及新疆维吾尔自治区大部。

张氏子孙世代保守凉州，凉州一时成为中国北部较为安定的地区。内地大量"士族北上"，涌入凉州，使其成为中国北方保存中原传统文化最多的地区，也是接受西域新文化最早的地区。

当氐人政权的前秦灭了前凉、统一了北方大部分地区后，也考虑经营整个西域，于是命吕光组建了阵容强大的西征军。公元383年，吕光告别苻坚，离开长安。经过一年多的征战，吕光统一了西域全境。两年后（385），吕光载着丰厚的战利品撤离了西域。

途中得知，苻坚在淝水惨败，中国北方又回到分裂状态，吕光遂于公元386年改元大安，可迟至十年后（396）才自称大将军、凉州牧，后改称天王，建立大凉，史称后凉。建都姑臧，统治范围包括今甘肃西部和宁夏回族自治区、青海、新疆维吾尔自治区、内蒙古自治区、蒙古国一部分。

在凉州还有一股传统势力，就是卢水胡，其主要代表是沮渠氏部族。《晋书·沮渠蒙逊》载："沮渠蒙逊，临松卢水胡人也，其先世为匈奴左沮渠，遂以官为氏焉。"说明沮渠氏世居临松卢水，一般认为临松卢水是今天甘肃省张掖市东南面的黑水，是卢水胡沮渠氏最早的聚居地。左右大且渠是匈奴设置的官职，世代由须卜氏贵族出任，沮渠氏以官为姓氏，表明自己为匈奴后裔。

沮渠氏部族在东汉初年就已经在河西地区形成一股势力。沮渠蒙逊曾表示，他的祖上曾辅佐窦融保宁河西，其父沮渠法弘曾担任过前秦的中田护军。

公元397年，后凉吕光命其子吕纂、其弟吕延率领大将沮渠罗仇、沮渠鞠粥兄弟远征陇西鲜卑西秦，结果大败，吕延战死。究其原因是吕延麻痹轻敌。

沮渠两兄弟深知吕光一定会把战争失败的罪责加诸他们，鞠粥劝说兄长罗仇脱离后凉，自立为王。罗仇虽认为鞠粥说得有理，但以"吾家累世忠孝，为一方所归，宁人负我，无我负人"（《晋书·沮渠蒙逊载记》）为由拒绝。果然，兄弟两人回到后凉，就被吕光诛杀。

当沮渠罗仇、沮渠鞠粥的灵柩运回到故乡临松（今甘肃省张掖市民乐县）安葬，作为两人的侄子、沮渠部落首领的沮渠蒙逊，在万余人的丧礼上发表了悲愤激昂的演讲，向外界表达与吕光势不两立。

在场的宗族群情激奋，歃血为盟，愿意追随沮渠蒙逊起兵讨伐吕光。不到十日，蒙逊的队伍已经发展到万余人。蒙逊攻占临松后，屯军金山（今甘肃省张掖市山丹县）。尽管蒙逊一度败逃深山，但得到了从兄、后凉晋昌太守沮渠男成的响应，率部进军建康（今甘肃省张掖市高台县）。

建康太守、汉人段业同意起兵，脱离北凉。于是，蒙逊、男成、段业三部联军，实力大增。蒙逊与男成推举段业为凉州牧、建康公，建元神玺，立都建康（俗称骆驼城），正式独立。因张掖在河西之北，故史称“北凉”。

蒙逊与男成攻城略地，次年（398），占领张掖，迁都于此。这样一来，后凉境内西郡（治日勒县，今甘肃省永昌县）以西地区纳入北凉版图。公元399年，段业称凉王，不过就在第二年，敦煌太守、汉人李暠（李广后裔）独立，建立西凉，北凉丧失西部领土。

最重要的问题是，蒙逊已经不能容忍段业的存在。蒙逊本希望男成全力支持自己，但男成却支持段业。经过周密谋划，蒙逊以段业之手杀掉男成，又以为男成报仇为由杀死段业。

公元401年六月，蒙逊被推举为大都督、大将军、凉州牧、张掖公，改元永安，沮渠氏北凉由此开始。

远交近攻

蒙逊的北凉在河西诸国中领土面积最小，其领土仅局限在东至西郡、西至张掖间极为狭小的范围内。其周围则是诸国并立，西有西凉、东有北魏、南有后凉,在后凉之南有南凉(鲜卑拓跋乌孤所建)以及西秦(鲜卑乞伏国仁所建),东南有后秦(羌人姚苌所建)。处在如此地缘政治中,北凉要独立,必须增强实力,向外扩张。为此,蒙逊对内则选贤任能,倡导儒学,轻徭薄赋,整顿吏制,严明法纪;对外则实行"远交近攻"的策略。

蒙逊先与南凉联手,给后凉施压,待后凉被后秦灭掉后,向后秦称蕃的蒙逊开始对接壤的南凉、西凉用兵。公元411年,蒙逊最终占领南凉都城姑臧,并于翌年由张掖迁都至姑臧,改称河西王。

南凉在北凉的持续打压下,国力削弱,于公元414年被西秦所灭。与南凉联手的西凉孤立无援,于公元421年被北凉所灭。

至此,北凉统一河西地区,其疆域"西控西域,东尽河湟,尝置沙州于酒泉,秦州于张掖;而凉州仍治姑臧,前凉旧壤,几奄有之矣!"(《读史方舆纪要》)扩张到今甘肃西部、宁夏回族自治区、新疆维吾尔自治区、青海一带,势力所及达于葱岭,西域诸国向其称臣朝贡。当时,北凉社会稳定,经济发展,文化繁荣,佛教盛行。

即便如此,北凉的对外战争依然还要进行。南凉被灭后,北凉与东部的西秦发生冲突。西秦与北魏为同盟,北凉于是与西秦、北魏的共同敌人大夏联手,不断与西秦展开攻防战。

西凉灭亡后,北凉向东扩张的势头加大,希望一举灭掉西秦,与吐谷浑联手打击西秦。但在对西秦的作战中,北凉屡屡战败。当西秦与北魏的关系得到强化后,北凉直接向大夏称臣,获得大夏的支持。在大夏的打击下,西秦由盛转衰。

大夏在给北凉的盟书上写道:"今我二家,契殊曩日,言未发

而有笃爱之心,音一交而怀倾盖之愿,息风尘之警,同克济之诚,
戮力矢心,共济六合。"(《十六国春秋辑补·夏录二·赫连勃勃》)
强调了基于同为匈奴的族群认同。

北凉与西秦多年拉锯战,最终成就了大夏。失去统万城的大
夏,为了能东山再起,只能向西扩张。公元431年,大夏灭了西秦
后,想要趁势灭掉同族的北凉,但遭到北凉盟国吐谷浑的突袭,大
夏彻底被灭,北凉得以延续。

西秦与大夏被灭后,北凉直接面对的是大国北魏。在此之前
(418),北凉向东晋称蕃,被任命为凉州刺史。公元422年,被取代
东晋的刘宋任命为凉州刺史、张掖公,紧接着又被任命为凉州牧、
河西王。

牧犍失国

北魏的骤然强大,让北凉感到切身的压力。公元431年,蒙逊
令其子入北魏为质,与北魏建立外交关系。北魏出于应对刘宋的外
交政策,特别优待北凉,将蒙逊任命为凉州牧、凉王。此时,北魏
因经略东方和北伐柔然,暂不考虑兴兵西向。

公元433年四月,蒙逊病逝,时年六十六岁,其子沮渠牧犍继
位。为了保持与北魏的和平关系,按照蒙逊的遗嘱,牧犍将妹妹
嫁给北魏太武帝拓跋焘。北魏也在外交上破例遣使去北凉监护丧
礼,并拜牧犍为都督凉沙河三州及西域羌戎诸军事、车骑将军、开
府仪同三司、领护西戎校尉、凉州刺史、河西王。

北魏暂时休养生息,并不急于直接统一河西,而是希望北凉臣
服自己,把西北地区经营好。虽然拓跋焘很欣赏牧犍,可牧犍并不

想任其摆布，遂主动向刘宋称臣，刘宋亦拜牧犍为都督凉秦等四州诸军事、征西大将军、凉州刺史、河西王。如此，沮渠牧犍成了南北两大国都给予承认的藩王。

北魏与西域诸国有了外交往来，更需要牢牢掌控北凉，以保障河西道路的畅通。有鉴于此，公元437年，拓跋焘将妹妹武威公主嫁给沮渠牧犍，以相互通婚强化彼此关系。牧犍受宠若惊，但是接下来他的一些表现，引起北魏的不满。

牧犍与其嫂李氏私通，被武威公主发现，李氏遂对武威公主下毒。东窗事发后，北魏要求牧犍交出李氏，但牧犍拒绝，这成了北魏讨伐北凉的口实。拓跋焘罗列牧犍十二条罪状，出兵北凉。

公元439年八月，拓跋焘大军抵达姑臧城下，喝令沮渠牧犍投降。因北凉已向柔然求援，援兵很快就到，所以牧犍并不理会。可是，沮渠牧犍的侄子沮渠万年却出城向北魏投降，姑臧随即被攻破，沮渠牧犍率文武百官五千人投降，北凉亡国。八年后（447），有人告发软禁在平城（今山西省大同市）的牧犍有谋反迹象，牧犍自杀。

此外，北凉灭亡后，宗室沮渠无讳一度抵抗北魏，并在高昌（今新疆维吾尔自治区吐鲁番市高昌区）重新建国，史称高昌北凉。公元444年，沮渠无讳病故，其弟沮渠安周继任。公元460年，柔然攻破高昌，沮渠安周被杀，高昌北凉遂亡。

人文渊薮

河西"五凉"中，只有北凉算得上真正意义的独立政权。如果不是北魏灭掉北凉，北凉已经从武功进入文治。即便如此，在两代君主统治的三十九年里，河西地区也一度成为当时中国北部的文化中心。

沮渠蒙逊长期生活在汉文化圈内，深受儒家文化影响。他"博涉群史，颇晓天文，雄杰有英略，滑稽善权变"（《晋书·沮渠蒙逊载记》）。而沮渠牧犍"聪颖好学，和雅有度"（《十六国春秋·北凉录》）。父子两人大力提倡儒学，崇尚文教，并且与刘宋政权进行广泛的图书交流。

除了弘扬儒家，沮渠蒙逊也重视佛教与道教，他盛事佛道，穷海陆之财，弗吝金碧，殚生民之力。曾请天竺（今印度）高僧昙无谶到姑臧传授佛学和译经，曾在攻打西秦战争之余，专程去盐池（今青海湖地区）祭祀西王母石室。

有了沮渠蒙逊、沮渠牧犍父子的倡导，加之北凉地处河西的独特地理位置，不但在中原动乱之际可以保持相对的独立和安定，还可以为东西方文化在这里汇聚、交融、辐射奠定基础。特别是佛教文化、游牧文化、中原文化的交汇融合，最终形成独具特色的北凉文化。

北魏灭了五胡十六国中最后一个国家——北凉，实现了北方统一，中国历史步入南北朝对峙时期。

结语：融合与消亡

汉赵政权灭亡后，屠各分布地集中在今秦陇、渭北和河北、山西等地，后期因反抗北朝统治而出现于史籍。南北朝后，屠各之名不见于史籍，彻底融入汉人；大夏政权灭亡后，铁弗部民众后来一部分融入吐谷浑，余下的为北魏统治，最后随鲜卑一起汉化；北凉政权灭亡后，卢水胡再未见于史籍，可能逐渐与其他族群融合。也就是说，南北朝后，匈奴人作为一个独立族群已经不复存在。

汉化匈奴人共建立三个汉魏式国家政权，很难说他们恢复了昔日帝国的霸业与辉煌，毕竟他们已经没有回到故土的可能。他们的生活习惯已经逐渐改变，尤其是匈奴贵族已经成为汉文化的信奉者与坚守者。他们要称霸中原，就要争取中原的认可，最终的走向是彻底融入汉人，湮没在历史长河中。

北匈奴又西迁何地呢？从史料来看，公元91年至公元153年，北匈奴余部主要活动在乌孙到西域东部之间，并没有完全离开原先的活动区域。自此之后，依靠几则孤立的史料，大致可以勾勒出西迁路线，先到乌孙，然后康居，最后到奄蔡（今咸海至里海一带）。

《北史·西域传》载："粟特国，在葱岭之西，古之奄蔡，一名温那沙。居于大泽，在康居西北，去代一万六千里。先是，匈奴杀其王而有其国，至王忽倪，已三世矣。其国商人先多诣凉土贩货，及魏克姑臧，悉见虏。文成初，粟特王遣使请赎之，诏听焉。自后无使朝献。"

公元439年，北魏攻克北凉都城姑臧时，得知粟特国是匈奴政权，自建国已历三任国王。第一位匈奴王是杀粟特王之后自立的。如果从北魏高宗（文成帝）即位之初的兴安元年（452）往上推"三世"（九十年），则是公元362年。就是说，可能在公元362年左右，北匈奴来到奄蔡，杀其王，夺其国。至于以后什么情况就不得而知了。

至于横扫欧洲且间接灭掉西罗马的匈人（Huns），从相关文献资料来看，与匈奴人在体貌特征、生活习俗、生产技术等方面有着很大差异。目前，尚未见有说服力的证据证明匈人就是匈奴人，自然也无法证明西迁的匈奴人就是匈人。

开放的欧亚大草原、自由驰骋的战马，促成了骑马游牧民开放与自由的精神内核。作为行国始祖，匈奴为蒙古草原上其他后继崛起的游牧部族做了示范，其开创的诸多制度被沿袭。在与中原王朝数百年的碰撞、交流中，迫使保守内向的中原王朝开通西域，被动实现中西文明的交流。公元97年，班超派甘英出使大秦（罗马帝国），虽然甘英止步地中海东岸，却也大大扩展了中原王朝的天下观。

匈奴帝国与汉帝国，一北一南，数百年来构成某种共生关系，几乎同时走向灭亡。当匈奴退出蒙古大漠，意味着它的时代已经落幕，这是旧大陆时代游牧政权的宿命，其部族或者融入强者，或者融入农耕世界。对此，我们也不必遗憾，在人类历史文明的天空中，终究有他们耀眼的时刻。在旧大陆时代，地缘政治可以说最为重要，但是到了新大陆时代却并非如此，只要拥有自由与开放的精神，一个生存空间狭小的族群也一样绽放出精彩，引领人类文明。

　　游牧民也好，农耕民也好，虽然文化不同，文明不同，但是人性基本相通，都有着对自由的向往和面向开放的冲动，每个人、每个生命的故事都在有意无意地诠释、演绎着这一主题。

匈奴大事年表

公元前318年　（周慎靓王三年　秦惠王文王后七年）

　　韩、赵、魏、燕、齐帅匈奴共攻秦。

公元前307年　（周赧王八年　赵武灵王十九年）

　　赵国实行"胡服骑射"。

公元前215年　（秦始皇帝三十二年　匈奴头曼单于？年）

　　有传言"亡秦者胡也"，秦始皇认为"胡"就是匈奴，派将军蒙恬率领大军北击匈奴。

公元前214年　（秦始皇帝三十三年　匈奴头曼单于？年）

　　蒙恬将匈奴势力彻底逐出"河南地"，解除了匈奴骑兵对关中的直接威胁。同时，设置郡县、修筑长城。

公元前209年　（秦二世元年　匈奴冒顿单于一年）

　　冒顿弑父头曼，自立单于，匈奴帝国建立。

公元前206年　（汉高帝元年　匈奴冒顿单于四年）

　　匈奴控制了大兴安岭西麓，包括西拉木伦河谷以及下游辽河流域的草原地带，这原属于东胡领地。

公元前205年　（汉高祖二年　匈奴冒顿单于五年）

匈奴开始对西部的月氏发兵，战事持续三年。

公元前201年 (汉高祖六年　匈奴冒顿单于九年)

韩王信献出马邑投降匈奴，匈奴与韩王信联兵南下越过句注山进攻太原，抵达晋阳。

公元前200年 (汉高祖七年　匈奴冒顿单于十年)

刘邦被困白登山七天七夜，史称"白登之围"。

公元前199年　（汉高祖八年　匈奴冒顿单于十一年）

匈奴入侵代国，身为代王的刘喜弃国逃回洛阳；娄敬建议与匈奴和亲。

公元前198年　（汉高祖九年　匈奴冒顿单于十二年）

汉与匈奴正式和亲。

公元前192年 (汉惠帝三年　匈奴冒顿单于十八年)

冒顿致信吕后，言辞冒犯；汉朝以宗室女为公主，嫁匈奴，继续和亲。

公元前182年　　（汉高后六年　匈奴冒顿单于二十八年）

　　匈奴入狄道,攻阿阳。

公元前181年　　（汉高后七年　匈奴冒顿单于二十九年）

　　冬十二月,匈奴寇狄道,略两千余人。

公元前177年（汉文帝三年　匈奴冒顿单于三十三年）

　　匈奴右贤王率部从原来的驻牧地大湖盆地进驻河南地,并攻袭上郡。

公元前176年（汉文帝四年　匈奴冒顿单于三十四年）

　　冒顿单于使右贤王至西方求月氏击之。

公元前174年（汉文帝六年　匈奴冒顿单于三十六年　老上单于一年）

　　冒顿逝世,老上(稽粥)即单于位;汉文帝遣宗室女为公主至匈奴和亲。

公元前169年　　（汉文帝十一年　匈奴老上单于六年）

　　匈奴寇狄道。

公元前166年（汉文帝十四年　匈奴老上单于九年）

　　老上单于亲率十四万大军侵犯汉朝边地,侦察骑兵逼近甘泉宫,离长安近在咫尺,直接威胁到帝国中心的安危。

公元前162年 (汉文帝后元二年   匈奴老上单于十三年)

汉文帝给老上单于书信中再次重申汉朝政策, 老上单于积极回应; 汉匈继续和亲。

公元前161年 (汉文帝后元三年   匈奴老上单于十四年   军臣单于一年)

老上单于逝世, 其子军臣继位。

公元前158年 (汉文帝后元六年   匈奴军臣单于四年)

匈奴分兵两路, 分别侵入上郡及云中郡, 烽火通长安, 汉以三将军屯边, 三将军屯京师应对。

公元前156年 (汉景帝前元元年   匈奴军臣单于六年)

四月, 汉与匈奴和亲。

公元前155年 (汉景帝前元二年   匈奴军臣单于七年)

秋, 汉与匈奴和亲。

公元前154年 (汉景帝前元三年   匈奴军臣单于八年)

七国之乱, 赵王欲连兵匈奴, 未遂。

公元前152年 (汉景帝前元五年   匈奴军臣单于十年)

汉公主嫁匈奴; 匈奴与汉通市。

公元前148年 (汉景帝中元二年　匈奴军臣单于十四年)

二月,匈奴兵入燕地。

公元前147年 (汉景帝中元三年　匈奴军臣单于十五年)

匈奴王二人率其徒来降,皆封为列侯。

公元前145年 (汉景帝中元五年　匈奴军臣单于十七年)

卢绾 (汉初叛降匈奴) 孙以东胡王降汉,汉封其为亚谷侯。

公元前144年 (汉景帝中元六年　匈奴军臣单于十八年)

六月,匈奴兵至雁门,入上郡,取汉苑马,吏卒战死者两千人。

公元前142年　 (汉景帝后元二年　匈奴军臣单于二十年)

春,匈奴兵入雁门,太守战死。

公元前138年　 (汉武帝建元三年　匈奴军臣单于二十四年)

张骞出使西域。

公元前135年　 (汉武帝建元六年　匈奴军臣单于二十七年)

军臣单于主动提出和亲,汉武帝召开御前会议,允许和亲。

公元前134年　 (汉武帝元光元年　匈奴军臣单于二十八年)

汉武帝召开御前会议,展开和战之辩,汉朝最终放弃和亲政策。

公元前133年 (汉武帝元光二年   匈奴军臣单于二十九年)

六月，汉武帝使四将军，兵三十余万，马邑设伏诱击匈奴单于，无功。

公元前129年 (汉武帝元光六年   匈奴军臣单于三十三年)

龙城之战，汉朝首次对匈奴发动正面战争。

公元前128年 (汉武帝元朔元年   匈奴军臣单于三十四年)

边塞之战，匈奴试图恢复以往的边界状态，但是汉朝最终把雁北防线推到了乌兰察布，加大了战略纵深。

公元前127年 (汉武帝元朔二年   匈奴军臣单于三十五年)

河南之战，双方军事力量发生转变，汉朝无可置疑地处于优势和主动。

公元前126年 (汉武帝元朔三年   匈奴军臣单于三十六年   伊稚斜单于一年)

军臣单于逝世，其弟伊稚斜抢夺太子於单的单于位。於单不敌，带领追随者逃到汉朝；夏季，伊稚斜单于以数万骑入代郡，杀太守，掠千余人。秋季，又入雁门，杀略千余人；张骞返回汉廷。

公元前125年 (汉武帝元朔四年   匈奴伊稚斜单于二年)

夏，匈奴入代、定襄、上郡，杀数千人。

公元前124年 (汉武帝元朔五年　匈奴伊稚斜单于三年)

　　漠南之战之高阙之战,匈奴右贤王的主力受到重创。

公元前123年 (汉武帝元朔六年　匈奴伊稚斜单于四年)

　　漠南之战之阴北之战,汉卫青统六将军击匈奴。

公元前122年 (汉武帝元狩元年　匈奴伊稚斜单于五年)

　　五月,匈奴入上谷,杀数百人。

公元前121年 (汉武帝元狩二年　匈奴伊稚斜单于六年)

　　河西之战,汉两次出奇兵,彻底打垮了匈奴右部势力;汉在匈奴休屠王、浑邪王故地建立酒泉郡。

公元前120年 (汉武帝元狩三年　匈奴伊稚斜单于七年)

　　秋,匈奴入右北平、定襄,杀略千余人。

公元前119年 (汉武帝元狩四年　匈奴伊稚斜单于八年)

　　漠北之战,匈奴完全退出漠南;张骞率领使团二次出使西域,联和乌孙对抗匈奴。

公元前117年 (汉武帝元狩六年　匈奴伊稚斜单于十年)

　　年仅二十四岁的军事天才霍去病病逝。

公元前115年 (汉武帝元鼎二年　匈奴伊稚斜单于十二年)

　　张骞二次出使西域返回汉廷;汉廷自酒泉郡分匈奴休屠王故地设立

武威郡，用以隔绝匈奴与羌人。

公元前114年　（汉武帝元鼎三年　匈奴伊稚斜单于十三年　乌维单于一年）

伊稚斜单于逝世，其子乌维继位；汉朝将北地郡西部地区析出另置安定郡；张骞逝世。

公元前112年（汉武帝元鼎五年　匈奴乌维单于三年）

羌人结匈奴攻汉安故，围抱罕，匈奴则入五原，杀五原太守；汉武帝亲率大军到安定郡，巡行西北。

公元前111年　（汉武帝元鼎六年　匈奴乌维单于四年）

汉二将军（公孙贺、赵破虏）率骑入匈奴二千里，无功；汉灭南越国；羌人退至湟中。

公元前110年（汉武帝元封元年　匈奴乌维单于五年）

十月，汉武帝统帅十八万大军出巡北疆，登单于台，向匈奴挑战，乌维单于拘汉使。

公元前108年（汉武帝元封三年　匈奴乌维单于七年）

汉军俘虏楼兰王、击破姑师；乌孙派使臣向汉朝传达愿意和亲，结为兄弟之国。

公元前107年（汉武帝元封四年　匈奴乌维单于八年）

秋，匈奴数扰汉边。

公元前106年（汉武帝元封五年　匈奴乌维单于九年）

大将军卫青逝世。

公元前105年（汉武帝元封六年　匈奴乌维单于十年　乌师庐儿单于一年）

乌维单于逝世，其子乌师庐即单于位；匈奴王庭益西北；乌孙再次向汉朝求娶公主，以乌孙良马为聘礼；李广利西征大宛。

公元前104年（汉武帝太初元年　匈奴乌师庐儿单于二年）

匈奴遭遇大暴雪，儿单于又喜好杀伐，引发国中不安；汉筑受降城于塞外。

公元前103年（汉武帝太初二年　匈奴乌师庐儿单于三年）

汉赵破奴率两万余骑兵在距受降城四百里之处，遭到匈奴左贤王部骑兵包围，赵破虏被俘，全军投降。

公元前102年（汉武帝太初三年　匈奴乌师庐儿单于四年　句黎湖单于一年）

乌师庐单于逝世，右贤王句黎湖即单于位；汉武帝派光禄勋徐自为在阴山北部修建防御工事“光禄塞”。

公元前101年（汉武帝太初四年　匈奴句黎湖单于二年　且鞮侯单于一年）

句黎湖单于病死，左大都尉且鞮侯继任单于；匈奴尽归所拘汉使。

公元前100年 (汉武帝天汉元年　匈奴且鞮侯单于二年)

　　突发虞常事件,汉使苏武、常惠等被扣留匈奴。

公元前99年 (汉武帝天汉二年　匈奴且鞮侯单于三年)

　　天山—浚稽山之战,汉将李陵败降匈奴;汉廷命令成娩率楼兰兵出击车师,匈奴派右贤王带兵援救,汉军撤退。

公元前98年 (汉武帝天汉三年　匈奴且鞮侯单于四年)

　　匈奴大军侵入雁门,雁门太守因为懦弱畏敌而获罪,被处死。

公元前97年 (汉武帝天汉四年　匈奴且鞮侯单于五年)

　　余吾水之战,匈奴从容应对汉朝的大军进攻。

公元前96年 (汉武帝太始元年　匈奴且鞮侯单于六年　狐鹿姑单于一年)

　　且鞮侯单于逝世,左贤王狐鹿姑即单于位。

公元前92年 (汉武帝征和元年　匈奴狐鹿姑单于五年)

　　楼兰新王继立,楼兰王向汉朝与匈奴各遣送一个王子为质。

公元前91年 (汉武帝征和二年　匈奴狐鹿姑单于六年)

　　秋,匈奴入上谷,五原;巫蛊之祸。

公元前90年（汉武帝征和三年　匈奴狐鹿姑单于七年）

　　燕然山之战，李广利率众投降。

公元前89年（汉武帝征和四年　匈奴狐鹿姑单于八年）

　　李广利被匈奴单于诛杀；汉武帝下"轮台罪己诏"；狐鹿姑单于致书汉武帝，再次强调了"南有大汉，北有强胡"。

公元前87年（汉武帝后元二年　匈奴狐鹿姑单于十年）

　　汉武帝逝世，汉匈双方暂时停止相互攻伐，四十余年的战争让双方元气大伤；冬，匈奴入朔方。

公元前85年（汉昭帝始元二年　匈奴狐鹿姑单于十二年　壶衍鞮单于一年）

　　狐鹿姑单于逝世，其子左谷蠡王继单于位，即壶衍鞮单于；匈奴开始了近三十年的危机。

公元前83年（汉昭帝始元四年　匈奴壶衍鞮单于三年）

　　匈奴派军入侵汉代郡，杀其都尉。

公元前81年（汉昭帝始元六年　匈奴壶衍鞮单于五年）

　　匈奴与汉议和，释放苏武等人；汉廷召开"盐铁会议"；汉朝在河西增设金城郡。

公元前78年（汉昭帝元凤三年　匈奴壶衍鞮单于八年）

　　乌桓掘已故匈奴单于的坟墓，匈奴东击乌桓。汉朝趁机参战，斩杀乌桓三王。

公元前77年 (汉昭帝元凤四年　匈奴壶衍鞮单于九年)

汉立尉屠耆为国王,改楼兰国名为鄯善。

公元前74年 (汉昭帝元平元年　匈奴壶衍鞮单于十二年)

匈奴进攻乌孙,乌孙向汉求援,汉准备出兵,却赶上昭帝去世。

公元前72年 (汉宣帝本始二年　匈奴壶衍鞮单于十四年)

汉五路大军联合乌孙共击匈奴。

公元前71年 (汉宣帝本始三年　匈奴壶衍鞮单于十五年)

冬,匈奴击乌孙,却遭遇大雪,损失惨重;屯兵车师的军队被迫撤走,车师降汉。

公元前68年 (汉宣帝地节二年　匈奴壶衍鞮单于十八年　虚闾权渠单于一年)

壶衍鞮单于逝世,虚闾权渠立为单于;汉遣郑吉在渠犁屯田积粮,准备进攻车师。

公元前64年 (汉宣帝元康二年　匈奴虚闾权渠单于五年)

匈奴攻车师,郑吉被围,汉以车师故地归匈奴;乌孙与汉结盟。

公元前60年 (汉宣帝神爵二年　匈奴虚闾权渠单于九年　握衍朐鞮单于一年)

虚闾权渠单于逝世,立右贤王屠耆堂为握衍朐鞮单于;匈奴日逐王先贤掸将众降汉，罢西域僮仆都尉，匈奴势力退出西域；持续三年的汉平羌战争结束；汉在乌垒设立西域都护府。

公元前58年（汉宣帝神爵四年　匈奴握衍朐鞮单于三年　呼韩邪单于一年）

　　匈奴内争，稽侯狦被拥立为呼韩邪单于，握衍朐鞮单于兵败自杀。

公元前57年（汉宣帝五凤元年　匈奴呼韩邪单于二年）

　　匈奴五单于并立。

公元前56年（汉宣帝五凤二年　匈奴呼韩邪单于三年　郅支骨都侯单于一年）

　　内讧失败的部分匈奴贵族降汉；呼韩邪的兄长左贤王呼屠吾斯，自立为郅支骨都侯单于。

公元前55年（汉宣帝五凤三年　匈奴呼韩邪单于四年　郅支骨都侯单于二年）

　　六月，汉设西河、北地属国，以安置匈奴降者。

公元前53年（汉宣帝甘露元年　匈奴呼韩邪单于六年　郅支骨都侯单于四年）

　　呼韩邪单于就附汉与否展开讨论；呼韩邪、郅支各遣子入侍汉廷；乌孙解忧公主与汉使谋杀狂王；汉赐乌孙国王信印，乌孙成为汉之属国。

公元前52年（汉宣帝甘露二年　匈奴呼韩邪单于七年　郅支骨都侯单于五年）

　　冬十二月，呼韩邪单于款五原塞，愿奉国宝，于明年正月朝拜汉天子。

公元前51年（汉宣帝甘露三年　匈奴呼韩邪单于八年　郅支骨都侯单于六年）

　　正月，呼韩邪单于入汉朝，汉授玺绶，正式承认匈奴的藩属地位；二月，汉使骑送呼韩邪单于归国，允其居汉光禄塞下；郅支单于派使者到汉朝进贡；解忧公主返回汉土。

公元前49年（汉宣帝黄龙元年　匈奴呼韩邪单于十年　郅支骨都侯单于八年）

　　正月，呼韩邪单于朝汉；二月，呼韩邪单于归国。

公元前48年（汉元帝初元元年　匈奴呼韩邪单于十一年　郅支骨都侯单于九年）

　　汉使云中、五原输谷，支援呼韩邪单于；汉又设置戊己校尉，屯田车师故地。

公元前44年（汉元帝初元五年　匈奴呼韩邪单于十五年　郅支骨都侯单于十三年）

　　郅支单于杀汉使谷吉，徙帐康居。

公元前43年（汉元帝永光元年　匈奴呼韩邪单于十六年　郅支骨都侯单于十四年）

呼韩邪回归漠北；汉匈盟誓（诺水东山之盟）。

公元前36年（汉元帝建昭三年　匈奴呼韩邪单于二十三年　郅支骨都侯单于二十一年）

汉西域都护甘延寿、陈汤发西域兵攻入康居，杀郅支单于。

公元前33年（汉元帝竟宁元年　匈奴呼韩邪单于二十六年）

正月，呼韩邪单于朝汉；昭君出塞。

公元前31年（汉成帝建始二年　匈奴呼韩邪单于二十八年　复株累若鞮单于一年）

呼韩邪单于逝世，其子雕陶莫皋继位，称复株累若鞮单于。

公元前28年（汉成帝河平元年　匈奴复株累若鞮单于四年）

令人生疑的匈奴右皋林王伊邪莫演降汉。

公元前25年（汉成帝河平四年　匈奴复株累若鞮单于七年）

正月，复株累单于首次朝汉，待遇比照竟宁年间。

公元前20年（汉成帝鸿嘉元年　匈奴复株累若鞮单于十二年　搜谐若鞮单于一年）

复株累单于逝世，按约传位于弟且麋胥，称为搜谐若鞮单于。

公元前12年 (汉成帝元延元年　匈奴搜谐若鞮单于九年　车牙若鞮单于
一年)

搜谐单于在去参加第二年汉朝正月朝礼的途中病逝,其弟且莫车继
位为单于,称车牙若鞮单于。

公元前8年 (汉成帝绥和元年　匈奴车牙若鞮单于五年　乌珠留若鞮单
于一年)

车牙单于逝世,传位其弟囊知牙斯,称乌珠留若鞮单于;"斗地"
之争。

公元前5年 (汉哀帝建平二年　匈奴乌珠留若鞮单于四年)

乌孙卑爰疐的部众入侵匈奴西部,乌珠留单于派兵反击。

公元前1年 (汉哀帝元寿二年　匈奴乌珠留若鞮单于八年)

正月,匈奴乌珠留单于、乌孙大昆弥入朝;二月,乌珠留单于归国,
不悦。

公元2年 (汉平帝元始二年　匈奴乌珠留若鞮单于十年)

汉要王昭君女须卜居次云入侍;车师后王帍汉戊己校尉,亡入匈奴;
婼羌去胡来王率妻子人民入匈奴;王莽迫匈奴允四条件;汉要匈奴改单
字名。

公元9年 (新莽始建国元年　匈奴乌珠留若鞮单于十七年)

王莽换单于玺,授新章;乌桓杀匈奴使者,拒绝纳税;新莽宣布西域

诸王降为侯。

公元10年（新莽始建国二年　匈奴乌珠留若鞮单于十八年）

　　新莽更名匈奴单于为"降奴服于"，备甲兵三十万，准备攻匈奴，预分其地为十五国；车师降匈奴；陈良等四人杀戊己校尉刀护，率人马投降匈奴。

公元11年（新莽始建国三年　匈奴乌珠留若鞮单于十九年）

　　王莽使人诱赂呼韩邪诸子，乌珠留单于派兵入侵云中。

公元13年（新莽始建国五年　匈奴乌珠留若鞮单于二十一年　乌累若鞮单于一年）

　　乌株留单于逝世，咸被立为乌累若鞮单于；乌累单于改左贤王为护于。

公元14年（新莽天凤元年　匈奴乌累若鞮单于二年）

　　匈奴请和。

公元15年（新莽天凤二年　匈奴乌累若鞮单于三年）

　　新莽将"匈奴"改为"恭奴"，把"单于"改为"善于"。

公元16年（新莽天凤三年　匈奴乌累若鞮单于四年）

　　西域诸国反叛新莽。

公元17年 (新莽天凤四年　匈奴乌累若鞮单于五年)

　　新莽全国各地纷纷举兵,形成赤眉军和绿林军两大军事势力。

公元18年 (新莽天凤五年　匈奴乌累若鞮单于六年　呼都而尸道皋若鞮
单于一年)

　　乌累若鞮单于(单于咸)逝世,舆立为呼都而尸道皋若鞮单于;单于
遣使向新莽奉献;新莽迫匈奴大臣须卜当至常安,拜为须卜单于。

公元23年 (玄汉更始元年　匈奴呼都而尸道皋若鞮单于六年)

　　汉军攻入常安,王莽、云、奢都被杀,新朝灭亡。

公元24年 (玄汉更始二年　匈奴呼都而尸道皋若鞮单于七年)

　　玄汉遣使到匈奴,授呼都而尸单于舆玺绶,恢复当初的印文。

公元25年 (汉光武帝建武元年　匈奴呼都而尸道皋若鞮单于八年)

　　卢芳称西平王,结匈奴。

公元27年 (汉光武帝建武三年　匈奴呼都而尸道皋若鞮单于十年)

　　汉渔阳太守彭宠自立为燕王,结匈奴。

公元28年 (汉光武帝建武四年　匈奴呼都而尸道皋若鞮单于十一年)

　　匈奴派两王引兵南下为彭宠助战,大败;匈奴欲扶植卢芳返回汉地
为皇帝。

公元29年（汉光武帝建武五年　匈奴呼都而尸道皋若鞮单于十二年）

　　彭宠被家奴杀死；卢芳于九原称"汉帝"；窦融承旧制封莎车王康为西域大都尉。

公元30年（汉光武帝建武六年　匈奴呼都而尸道皋若鞮单于十三年）

　　汉冯异破卢芳、匈奴兵；匈奴遣使向汉奉献。

公元33年（汉光武帝建武九年　匈奴呼都而尸道皋若鞮单于十六年）

　　吴汉率军在高柳攻打卢芳部将，匈奴派兵救援，吴汉不敌。

公元34年（汉光武帝建武十年　匈奴呼都而尸道皋若鞮单于十七年）

　　吴汉再次攻打卢芳部将贾览，匈奴骑兵援救，吴汉力战赶走匈奴援兵。

公元35年（汉光武帝建武十一年　匈奴呼都而尸道皋若鞮单于十八年）

　　汉省朔方剌史属并州。

公元36年（汉光武帝建武十二年　匈奴呼都而尸道皋若鞮单于十九年）

　　匈奴与乌桓助卢芳扰汉边。

公元37年（汉光武帝建武十三年　匈奴呼都而尸道皋若鞮单于二十年）

　　二月，卢芳入匈奴；五月，匈奴寇河东。

公元38年（汉光武帝建武十四年　匈奴呼都而尸道皋若鞮单于二十一年）

　　西域诸国苦匈奴敛税重刻，请汉置都护，光武帝不许。

公元39年（汉光武帝建武十五年　匈奴呼都而尸道皋若鞮单于二十二年）

　　汉迁雁门、代、上谷吏民于居庸、常山关以东，避匈奴；匈奴左部转居塞内；匈奴护卢芳居高柳。

公元40年（汉光武帝建武十六年　匈奴呼都而尸道皋若鞮单于二十三年）

　　十二月，卢芳降汉，被封代王。

公元41年（汉光武帝建武十七年　匈奴呼都而尸道皋若鞮单于二十四年）

　　匈奴、赤山乌桓、鲜卑连兵入汉塞；莎车王贤诈称是西域都护，向西域各国发送文书。

公元42年（汉光武帝建武十八年　匈奴呼都而尸道皋若鞮单于二十五年）

　　卢芳叛汉，又入匈奴。

公元44年（汉光武帝建武二十年　匈奴呼都而尸道皋若鞮单于二十七年）

　　五月，匈奴掠上党等地；十二月，匈奴略天水等地。

公元45年（汉光武帝建武二十一年　匈奴呼都而尸道皋若鞮单于二十八年）

冬,匈奴入上谷、中山,杀略钞掠甚众,北边无复宁岁;西域十八国各遣子入侍为质,请求汉廷派出都护,刘秀以中国初定,未遑外事拒绝。

公元46年（汉光武帝建武二十二年　匈奴呼都而尸道皋若鞮单于二十九年　蒲奴单于一年）

呼都而尸单于舆逝世,左贤王蒲奴立;匈奴连年蝗旱; 莎车并吞龟兹。

公元47年（汉光武帝建武二十三年　匈奴蒲奴单于二年）

匈奴奠鞬日逐王比使人奉匈奴地图至西河,向汉求内附。

公元48年（汉光武帝建武二十四年　匈奴呼韩邪南单于一年　蒲奴北单于三年）

正月,日逐王比遣使款五原塞,请为汉扞边。十月,比立为单于,是为南单于。从此,匈奴分称南、北匈奴。

公元49年（汉光武帝建武二十五年　匈奴呼韩邪南单于二年　蒲奴北单于四年）

正月,汉祭肜赂鲜卑攻匈奴;南单于向汉称藩,使子入侍;汉恢复护乌桓校尉。

公元50年 (汉光武帝建武二十六年　匈奴呼韩邪南单于三年　蒲奴北单于五年)

正月,汉授南单于玺绶,听入居云中,设使匈奴中郎将;夏,南单于部下内讧,左贤王自立为单于,月余死;冬,北匈奴始攻南单于,汉使南单于居西河美稷;南单于以兵屯八郡,为汉侦候。

公元51年 (汉光武帝建武二十七年　匈奴呼韩邪南单于四年　蒲奴北单于六年)

北匈奴至武威,请和亲,不许。

公元52年 (汉光武帝建武二十八年　匈奴呼韩邪南单于五年　蒲奴北单于七年)

北匈奴使人向汉奉献,请和亲,汉以礼回应。

公元55年 (汉光武帝建武三十一年　匈奴呼韩邪南单于八年　蒲奴北单于十年)

北匈奴遣使向汉奉献,汉以玺书回复,不遣使回访。

公元59年 (汉明帝永平二年　匈奴醯僮尸逐侯鞮南单于一年　蒲奴北单于十四年)

北匈奴护于丘率领部众一千余人投降南匈奴。

公元61年（汉明帝永平四年　匈奴醢僮尸逐侯鞮南单于三年　蒲奴北单于十六年）

北匈奴发西域十五国兵围于阗，征服之，实现了对西域天山南北控制。

公元62年（汉明帝永平五年　匈奴醢僮尸逐侯鞮南单于四年　蒲奴北单于十七年）

十一月，北匈奴扰五原。十二月，扰云中，南单于击却之。

公元63年（汉明帝永平六年　匈奴胡邪尸逐侯鞮南单于一年　蒲奴北单于十八年）

醢僮尸逐侯鞮单于适逝世，单于莫之子苏立为单于，即丘除车林鞮单于；丘除车林鞮单于苏在位数月后又去世，单于适之弟长立为单于，即胡邪尸逐侯鞮单于。

公元64年（汉明帝永平七年　匈奴胡邪尸逐侯鞮南单于二年　蒲奴北单于十九年）

北匈奴向汉求市，许之。

公元65年（汉明帝永平八年　匈奴胡邪尸逐侯鞮南单于三年　蒲奴北单于二十年）

三月，汉郑众出使北匈奴还；初置度辽将军，屯五原曼柏；十月，北匈奴寇西河诸郡。

公元66年 (汉明帝永平九年　匈奴胡邪尸逐侯鞮南单于四年　蒲奴北单于二十一年)

二月,南匈奴遣子入汉学。

公元72年 (汉明帝永平十五年　匈奴胡邪尸逐侯鞮南单于十年　蒲奴北单于二十七年)

汉明帝欲遵武帝故事,击匈奴,通西域,命耿秉、窦固等屯凉州。

公元73年 (汉明帝永平十六年　匈奴胡邪尸逐侯鞮南单于十一年　蒲奴北单于二十八年)

汉四路击北匈奴,窦固取伊吾;班超使西域,杀北匈奴使者;北匈奴大入云中。

公元74年 (汉明帝永平十七年　匈奴胡邪尸逐侯鞮南单于十二年　蒲奴北单于二十九年)

汉二次兵伐天山;始置西域都护、戊己校尉。

公元75年 (汉明帝永平十八年　匈奴胡邪尸逐侯鞮南单于十三年　蒲奴北单于三十年)

汉匈西域争夺战。

公元76年 (汉章帝建初元年　匈奴胡邪尸逐侯鞮南单于十四年　蒲奴北单于三十一年)

十三将士归玉门;汉罢西域都护。

公元77年（汉章帝建初二年　匈奴胡邪尸逐侯鞮南单于十五年　蒲奴北单于三十二年）

　　北匈奴复据伊吾地。

公元83年（汉章帝建初八年　匈奴胡邪尸逐侯鞮南单于二十一年　蒲奴北单于三十八年）

　　北匈奴三木楼訾大人率众降汉。

公元84年（汉章帝建初九年　匈奴胡邪尸逐侯鞮南单于二十二年　蒲奴北单于三十九年）

　　北匈奴向汉请市，许之。大且渠驱牛、羊至关市，为南单于抄掠而去。

公元85年（汉章帝元和二年　匈奴胡邪尸逐侯鞮南单于二十三年　伊屠于闾鞮南单于一年　蒲奴北单于四十年）

　　北匈奴大人降汉者七十三起；西域、丁零、鲜卑、南匈奴共攻北匈奴，北单于西迁；南单于长逝世，宣立为伊屠于闾鞮单于。

公元87年（汉章帝元和四年　匈奴伊屠于闾鞮南单于三年）

　　七月，鲜卑大破北匈奴，杀优留单于；十月，北匈奴大乱，五十八部二十万口降汉。

公元88年（汉章帝章和二年　匈奴休兰尸逐侯鞮南单于一年　北单于一年）

　　南单于宣（伊屠于闾鞮单于）去世，前单于长（胡邪尸逐侯鞮单于）之弟屯屠何继位，即休兰尸逐侯鞮单于；南单于欲"破北成南，并为一国"。

公元89年（汉和帝永元元年　匈奴休兰尸逐侯鞮南单于二年　北单于二年）

　　六月，汉窦宪破北匈奴于稽落山、勒石燕然；北单于向汉奉献。

公元90年（汉和帝永元二年　匈奴休兰尸逐侯鞮南单于三年　北单于三年）

　　二月，汉复设西河、上郡属国都尉；五月，窦宪攻北匈奴伊吾；九月，北单于向汉称臣；十月，南单于与汉兵袭北匈奴。

公元91年（汉和帝永元三年　匈奴休兰尸逐侯鞮南单于四年　北单于于除鞬一年）

　　二月，汉军破北匈奴于金微山，单于远走；北匈奴于除鞬立为单于，至蒲类海、款汉塞请降；汉复置西域都护、骑都尉、戊己校尉。

公元92年（汉和帝永元四年　匈奴休兰尸逐侯鞮南单于五年　北单于于除鞬二年）

　　正月，汉授于除鞬单于玺绶，屯伊吾，以兵监护之。

公元93年（汉和帝永元五年　匈奴南单于安国一年　北单于于除鞬三年）

　　北单于于除鞬叛，遣中郎将任尚讨灭之；休兰尸逐侯鞮单于屯屠何逝世，继单于位的是宣之弟安国。

公元94年 (汉和帝永元六年　匈奴亭独尸逐侯鞮南单于一年　北单于逢侯一年)

安国与师子不和, 安国被属下杀; 师子立为亭独尸逐侯鞮单于; 十一月, 北匈奴新降者十五部二十余万人拥逢侯为单子起事 (逢侯之乱)。

公元95年 (汉和帝永元七年　匈奴亭独尸逐侯鞮南单于二年　北单于逢侯二年)

汉又开西域, 置都护。

公元96年 (汉和帝永元八年　匈奴亭独尸逐侯鞮南单于三年　北单于逢侯三年)

五月, 南匈奴右温禺犊王乌居战出塞; 秋七月, 汉追击, 迁其余众于安定, 北地; 冬, 逢侯左部万余人降汉。

公元98年 (汉和帝永元十年　匈奴万氏尸逐鞮南单于一年　北单于逢侯五年)

单于师子逝世, 檀立为万氏尸逐鞮单于。

公元104年 (汉和帝永元十六年　匈奴万氏尸逐鞮南单于七年　北单于逢侯十一年)

十一月, 北匈奴称臣, 愿和亲, 汉不许。

公元105年 (汉和帝元兴元年　匈奴万氏尸逐鞮南单于八年　北单于逢侯十二年)

北匈奴至敦煌贡献, 请汉修故约, 汉不许。

公元107年（汉安帝永初元年　匈奴万氏尸逐鞮南单于十年　北单于逢
侯十四年）

　　汉罢西域都护；永初羌变。

公元109年（汉安帝永初三年　匈奴万氏尸逐鞮南单于十二年　北单于
逢侯十六年）

　　南单于檀反叛。

公元110年（汉安帝永初四年　匈奴万氏尸逐鞮南单于十三年　北单于
逢侯十七年）

　　南单于降汉，还所掠汉男女及羌所卖入匈奴者。

公元116年（汉安帝元初三年　匈奴万氏尸逐鞮南单于十九年　北单于
逢侯二十三年）

　　汉与南单于破先零羌于灵州。

公元118年（汉安帝元初五年　匈奴万氏尸逐鞮南单于二十一年）

　　春，逢侯降汉。

公元119年（汉安帝元初六年　匈奴万氏尸逐鞮南单于二十二年）

　　鲜卑寇马城，度辽将军邓遵率南单于击破之；北匈奴复役属西域
诸国。

公元120年 (汉安帝永宁元年　匈奴万氏尸逐鞮南单于二十三年)

北匈奴结车师后王,杀汉使,逐车师前王。

公元123年 (汉安帝延光二年　匈奴万氏尸逐鞮南单于二十六年)

四月,北匈奴数扰河西,汉班勇屯柳中以遏之;十一月,鲜卑败南匈奴于曼柏。

公元124年 (汉安帝延光三年　匈奴万氏尸逐鞮南单于二十七年　乌稽侯尸逐鞮南单于一年)

正月,班勇发西域兵攻北匈奴伊蠡王于车师前庭;五月,南匈奴大人阿族等反叛;单于檀逝世,拔被立为南单于,即乌稽侯尸逐鞮单于。

公元125年 (汉安帝延光四年　匈奴乌稽侯尸逐鞮南单于二年)

七月,班勇斩匈奴在车师后庭之使者。

公元126年 (汉顺帝永建元年　匈奴乌稽侯尸逐鞮南单于三年)

班勇发诸国兵击北匈奴呼衍王,北单于来援,勇逐之。

公元127年 (汉顺帝永建二年　匈奴乌稽侯尸逐鞮南单于四年)

正月,汉与南匈奴破鲜卑其至鞬。

公元128年 (汉顺帝永建三年　匈奴乌稽侯尸逐鞮南单于五年　特若尸逐就南单于一年)

南单于拔去世,其弟休利继位,号去特若尸逐就单于。

公元133年 (汉顺帝阳嘉二年　匈奴特若尸逐就南单于六年)
　　三月,汉与南匈奴击鲜卑。

公元134年 (汉顺帝阳嘉三年　匈奴特若尸逐就南单于七年)
　　四月,车师后部击北匈奴于阗吾隆谷。

公元135年 (汉顺帝阳嘉四年　匈奴特若尸逐就南单于八年)
　　春,北匈奴呼衍王攻车师后部。

公元137年 (汉顺帝永和二年　匈奴特若尸逐就南单于十年)
　　八月,汉兵攻呼衍王。

公元140年 (汉顺帝永和五年　匈奴特若尸逐就南单于十三年)
　　四月,南匈奴句龙大人吾斯、车纽等攻西河、围美稷、扰朔方。五月,
汉破之;汉中郎将陈龟杀南单于;九月,吾斯立车纽为单于,结乌桓、羌
胡,寇上郡;汉迁西河、上郡、朔方于内陆;十二月,破车纽于马邑,车
纽降。

公元141年 (汉顺帝永和六年　匈奴南庭虚位)
　　使匈奴中郎将张耽大破乌桓、羌、胡于通天山。

公元142年 (汉顺帝汉安元年　匈奴南庭虚位)
　　吾斯与薁鞬台耆、且渠伯德等人抄掠并州。

公元143年（汉顺帝汉安二年　匈奴呼兰若尸逐就南单于一年）

　　六月，汉立守义王兜楼储为单于，号呼兰若尸逐就单于；十一月，汉中郎将暗杀吾斯。

公元144年（汉顺帝健康元年　匈奴呼兰若尸逐就南单于二年）

　　四月，汉破南匈奴左部。

公元147年（汉桓帝建和元年　匈奴呼兰若尸逐就南单于五年　伊陵尸逐就南单于一年）

　　兜楼储单于逝世，车居儿立为伊陵尸逐就单于。

公元151年（汉桓帝元嘉元年　匈奴伊陵尸逐就南单于五年）

　　四月，呼衍王寇伊吾。

公元153年（汉桓帝永兴元年　匈奴伊陵尸逐就南单于七年）

　　车师后王亡走北匈奴。

公元155年（汉桓帝永寿元年　匈奴伊陵尸逐就南单于九年）

　　七月，南匈奴左奥鞬台耆、且渠伯德等攻美稷，东羌应之。汉招诱东羌破台耆，伯德等。

公元156年（汉桓帝永寿二年　匈奴伊陵尸逐就南单于十年）

　　鲜卑檀石槐尽有匈奴故地。

公元158年 (汉桓帝延熹元年　匈奴伊陵尸逐就南单于十二年)

　　十二月, 南匈奴诸部结乌桓、鲜卑扰沿边九郡。汉诱乌桓杀匈奴各部帅; 延熹羌变。

公元166年 (汉桓帝延熹九年　匈奴伊陵尸逐就南单于二十年)

　　七月, 鲜卑结南匈奴扰九边; 十二月, 南匈奴、乌桓二十万口降汉。

公元172年 (汉灵帝熹平元年　匈奴伊陵尸逐就南单于二十六年　屠特若尸逐就南单于一年)

　　南单于居车儿去世, 其子继位, 名字不详, 号屠特若尸逐就单于。

公元177年 (汉灵帝熹平六年　匈奴屠特若尸逐就南单于六年)

　　八月, 汉与南匈奴兵击鲜卑, 大败。

公元178年 (汉灵帝光和元年　匈奴屠特若尸逐就南单于七年　呼徵南单于一年)

　　南单于去世, 其子呼徵继位, 无称号。

公元179年 (汉灵帝光和二年　匈奴呼徵南单于二年　羌渠南单于一年)

　　汉中郎将张脩杀呼徵单于, 改立右贤王羌渠为单于。

公元187年 (汉灵帝中平四年　匈奴羌渠南单于九年)

　　十二月, 休屠各胡叛。

公元188年（汉灵帝中平五年　匈奴羌渠南单于十年　持至尸逐侯南单于一年）

南匈奴内讧，一部与屠各胡合攻杀羌渠单于，其子於扶罗立为持至尸逐侯单子，起义者另立须卜骨都侯为单于；九月，南单于於扶罗与白波、黄巾合攻河东。

公元189年（汉灵帝中平六年　匈奴持至尸逐侯南单于二年）

须卜骨都侯去世。南单于虚其位，以老王行国事。

公元195年（汉献帝兴平二年　匈奴持至尸逐侯南单于八年　呼厨泉南单于一年）

於夫罗去世，其弟呼厨泉立为单于；南匈奴右贤王去卑护卫汉献帝；

公元202年（汉献帝建安七年　呼厨泉南单于八年）

九月，曹操击降南单于。

公元216年（汉献帝建安二十一年　呼厨泉南单于二十二年　左部帅刘豹一年）

七月，呼厨泉单于朝见魏王，曹操留之，使去卑监其国；曹操分南匈奴为五部，各立贵人为帅，以汉司马监之，匈奴帝国彻底灭亡。

进入中原，汉化匈奴时期

公元304年~329年（汉赵政权时期）

公元304年，刘渊建立汉赵，这是第一个汉化匈奴人建立的王朝。

公元407年~431年（大夏政权时期）

公元407年，刘勃勃以匈奴乃夏后氏之苗裔，自称大夏天王、大单于，建号"大夏"。

公元397年~439/460年（北凉政权时期）

公元397年，卢水胡沮渠蒙逊推举段业为凉州牧、建康公，建元神玺，立都建康，正式独立，史称"北凉"；公元401年六月，蒙逊被推举为大都督、大将军、凉州牧、张掖公，改元永安，沮渠氏北凉由此开始。